마주 보는 한일사 III

마주보는 한일사 Ⅲ

평화와 공존을 위한 역사 교실

2014년 6월 27일 1판 1쇄

지은이 │ 전국역사교사모임(한국)·역사교육자협의회(일본)

편집 │ 김정민·조건형·이진
디자인 │ 백창훈
지도 │ 김경진
제작 │ 박흥기
마케팅 │ 이병규·최영미·양현범

출력 │ 한국커뮤니케이션
인쇄 │ 천일문화사
제책 │ 정문바인텍

펴낸이 │ 강맑실
펴낸곳 │ (주)사계절출판사
등록 │ 제406-2003-034호
주소 │ (우)413-120 경기도 파주시 회동길 252
전화 │ 031)955-8588, 8558
전송 │ 마케팅부 031)955-8595 편집부 031)955-8596
홈페이지 │ www.sakyejul.co.kr 전자우편 │ skj@sakyejul.co.kr
독자카페 │ 사계절 책 향기가 나는 집 cafe.naver.com/sakyejul
페이스북 │ facebook.com/sakyejul
트위터 │ twitter.com/sakyejul

ISBN 978-89-5828-768-1 03910

이 도서의 국립중앙도서관 출판예정도서목록(CIP)은 서지정보유통지원시스템 홈페이지(http://seoji.nl.go.kr)와
국가자료공동목록시스템(http://www.nl.go.kr/kolisnet)에서 이용하실 수 있습니다.
(CIP제어번호: CIP2014018764)

평화와 공존을 위한 역사 교실

마주 보는 한일사

III
한일 근현대사

전국역사교사모임·한국 | 역사교육자협의회·일본

사계절

함께 기억하고 함께 쓰는 한일 근현대사

19세기 중엽 이후 동아시아 각국은 자신들의 의사와 관계없이 문호를 개방하게 되었다. 그러나 동아시아 국가들은 강제적 문호 개방에 저항했을 뿐만 아니라 서구 문물을 수용해 '새로운 국가 만들기'라는 시대적 과업에 나섰다. 그리고 이런 움직임은 각국 내부의 의견 차이와 외부의 압력에 따라 다른 결과를 보여 주었다. 결국 일본은 근대국가로 나아가게 된 반면, 중국은 반식민지, 한국은 식민지로 전락했다. 식민지로 전락하기 전까지 한국은 근대적 개혁을 위한 주체적인 노력을 적극적으로 전개했지만, 나라 안팎의 도전에 효과적으로 대처하지 못했다. 한편 근대국가 건설에 성공한 일본에서는 메이지유신을 주도한 하급 군인들이 실권을 차지했다. 군벌 중심의 이런 국가 구조는 일본이 어려움에 처할 때마다 군사적 도발을 통한 무력 해결의 방식을 취하게 했고, 일본의 군사적 침략은 동아시아 각국에 수많은 인명과 재산의 피해를 가져왔다.

이렇게 동아시아의 역사가 불안정하게 전개되는 가운데 새로운 미래를 만들려는 노력들이 여러 곳에서 진행되었다. 한국의 3·1운동과 중국의 5·4운동은 이런 노력을 보여 주는 상징적인 운동이었다. 이것들은 압박받는 민중의 연대를 가져왔고, 반전과 평화를 추구하는 운동으로 발전했다. 한국과 중국의 민중은 연대를 통해 일본군에 대한 무장투쟁을 전개했다.

특히 동아시아의 여성들은 주체적인 삶을 위해 여성의 인권을 신장하는 데 노력을 기울였다.

1945년 일본이 항복한 뒤에도 세계는 기대와 달리 평화스럽지 않았다. 각국이 민주주의 국가의 틀을 잡아 갈 즈음, 세계는 미국과 소련을 축으로 하는 냉전 체제를 강화했다. 중국은 공산화되었고, 한반도는 분단되어 냉전의 최전선에 서게 되었다. 패전 후 미군정이 실시되고 있던 일본은 미군의 아시아 지역 군사기지로 그 구실이 굳어졌고, 미군의 상당수가 주둔하던 오키나와의 반환은 늦어졌다. 한반도에서는 동족 간에 피비린내 나는 전쟁이 벌어졌고, 베트남에서는 제국주의 국가의 탐욕과 냉전 논리가 결합해 장기간에 걸친 전쟁이 일어났다. 두 전쟁은 국제전으로 확대되었고, 베트남에는 제2차 세계대전 때보다 많은 폭탄이 떨어졌다. 이 전쟁들의 상처는 아직도 동아시아 각국에 다양한 형태로 남아 있다.

한편 냉전의 전개는 핵무기의 확산으로 이어졌다. 이미 원폭의 피해를 겪은 일본이 1950년대 미국의 핵실험에 따라 바다에서 방사능 피해를 다시 겪게 되었다. 이를 계기로 반핵 운동은 장기간에 걸쳐 일본 시민운동의 중요한 흐름이 되었다. 그리고 냉전의 상징이며 현실인 미군 기지는 한일 양국에게 고통으로 다가왔다. 미군 기지가 만들어진 지역의 시민들은 전쟁 없는 평화를 갈망하고 있다.

남북으로 갈라진 한반도는 분단의 아픔뿐만 아니라 이를 이용한 억압적인 통치를 오랫동안 겪었다. 그리고 한국 민중은 독재 세력에 맞서 기나긴 싸움을 통해 민주주의를 쟁취했다. 한국 민주주의의 발전은 '한강의 기적'이라고 불리는 경제성장과 함께한 것인데, 이 경제성장의 이면에는 빈부·도농 격차 및 환경 파괴 같은 문제가 있다.

2006년에 펴낸 『마주 보는 한일사 I, II』는 한국과 일본 양국의 독자들이 상대방의 역사를 이해하는 데 중점을 두었다. 이를 위해 선사시대부터 개항 이전까지를 대상으로 의미 있는 주제를 각 분야에서 선정했다. 주제는 한일 양국이 짝을 이루어 하나씩 배치하는 것을 원칙으로 했으며, 이를 통해 서로 같음과 다름을 알고 역사에 대한 이해를 심화하려고 했다.

이번에 펴내는 『마주 보는 한일사 Ⅲ: 한일 근현대사』는 문호 개방 이후 현재까지의 주제를 다루고 있다. 양국의 역사 발전을 균형 있게 다루려고 노력했지만, 『마주 보는 한일사 Ⅰ, Ⅱ』처럼 같은 주제를 나란히 배치하지는 않았다. 양국이 침략과 수탈, 가해와 피해 등 다른 처지에 있었고 시민운동의 전개 상황도 차이가 많았기 때문이다.

일본 제국주의가 쓴 침략의 역사는 제2차 세계대전의 종전으로 끝을 맺었다. 그러나 전쟁과 식민 지배의 종결이 곧 새로운 역사의 출발을 의미하는 것은 아니었다. 일본의 침략 전쟁에 따른 가해-피해의 역사는 그 이후 동아시아 역사 전개에 그늘을 드리웠으며, 오늘날 우리의 삶과 의식 속에 여전히 흔적을 남기고 있다. 과거 사실은 은폐되거나 망각될 수 있는 것이 아니기 때문이다. 일본 정부와 민중이 그런 사실을 제대로 기억하고 반성할 때만이 다시는 그런 고통에 아시아 민중은 물론이고 일본인 자신들도 빠지지 않을 것이다.

이 책의 일본 관련 주제들은 제국주의에 저항한 일본 민중의 모습을 많이 보여 준다. 또한 패전 이후 일본에 관한 주제들도 과거 기억에 대한 반성보다는 현재의 문제를 극복하기 위한 일본 민중의 노력들을 주로 서술한다. 이 책의 집필을 주관하는 단체는 한국의 〈전국역사교사모임〉과 일본의 〈역사교육자협의회〉다. 이 단체들은 역사를 가르치는 교사가 중심이 되어 만들었으며, 역사를 통해 평화와 인권을 가르치려고 한다는 공통의 목적의식이 있다. 따라서 책의 주제들은 일본의 침략 사실과 그에 대한 한국의 저항보다는 두 나라의 평범한 시민들이 일상에서 평화와 인권을 위해 어떤 실천을 하고 있는지를 보여 주려고 했다. 사람마다 생각이 다르고, 역사는 항상 불확정적이다. 따라서 이 책의 편집 방침에 대해 다른 견해를 가질 수도 있다. 필자들도 주제를 선정하고 집필하는 과정에서 많은 논쟁을 치렀다.

특히 이 책은 기존의 어떤 한일 공통 역사 교재에서도 서술하지 않은 독도/다케시마 문제를 다루고 있다. 갈등을 비켜 서지 않고 직접 마주 서는 것만이 미래를 바라보는 것이라는 판단 때문이다. 이 책을 펴내는 2014년 독도 문제를 보면, 이에 냉철하게 이성적으로 대처하자는 주장은 드물다. 필자들은 극단으로 치닫는 독도를 외면하고는 양국의 미래가 없다고 판단했다. 하지만 객관적 역사 서술이 많은 비판을 불러일으킨다는 것도 예견했다. 그런데도 이 문제를 다룬 것은 독도 너머에 있는 세상 역시 중요하기 때문이다.

어떤 미래를 만들어 나갈 것이냐는 개인의 역사적 성찰과 미래에 대한 의지에 달려 있다. 역사를 아전인수 격으로 해석할 수 있다는 의미는 아니다. 개인의 삶과 의지가 인류의 평화와 화해, 공존의 나침반과 함께해야 한다는 전제가 꼭 필요하다.

한국과 일본의 교사들이 2002년 8월에 『마주 보는 한일사 Ⅲ: 한일 근현대사』 출판을 합의하고, 그로부터 12년 동안 양국을 오가면서 서로 의견을 나누고 책을 펴냈다. 가해와 피해의 근현대사를 함께한 한일 양국의 시민들이 지나온 길을 함께 되돌아본다는 데는 미래를 함께 설계한다는 의미가 있다. 지난 100여 년간 한일 양국의 역사와 관계, 우리 앞 세대들의 꿈과 희망, 고통과 절망을 다시 보면서 화해와 공존의 가능성을 찾아 나서는 데 이 책이 도움이 되길 바란다.

『마주 보는 한일사Ⅲ: 한일 근현대사』 집필위원 일동

차례

동아시아 각국은 구미(歐美) 제국의 군사적 압박 속에서 근대국가 건설이라는 과제를 안게 되었다. 한국과 일본 양국은 새로운 시대에 대응하기 위해, 그때까지의 관습을 바꾸려는 여러 개혁을 추진했다. 한국과 일본 사람들은 여기에 어떻게 대응했을까?

한국과 일본은 근대화를 위해 구미의 개명된 사상을 소개하고, 의회 제도를 도입해 뿌리내리게 할 필요가 있었다. 이와 동시에 국가를 지탱하는 국민을 만들어야 했다. 일본에서는 자유와 권리를 요구하는 운동에

1

근대국가의 수립,
근대인의 생활 방식

관여한 사람들이, 한국에서는 개화파라고 불리던 지식인들이 이 일에 앞장섰다.

근대국가 건설을 진행하고 있던 두 나라를 크게 변화시킨 것은, 한반도를 주된 전쟁터로 한 청일전쟁이다.
이 전쟁 후 두 나라, 그리고 중국까지도 그 전과 다른 길을 걷게 되었다. 한편 동아시아에는 구미 제국의 압
박에 대해 독립을 중시하고, 여러 민족의 교류와 연대를 모색하는 사람들이 있었다. 그러나 이런 사람들이
활동하는 중에 일본은 한국을 지배하는 길을 선택했다.

1

단발이 이야기하는
새로운 시대

에도시대와 조선 시대의 남성들에게 상투는 신분의 상징이었다. 특히 지배층 남자에게 상투는 목숨을 걸고 지
켜야 할 것이었다. 따라서 상투를 자른다는 것은 사회의 변화를 받아들이겠다는 뜻이었다. 이들은 구체적으로
어떤 생각에서 상투를 자르고 단발을 했을까?

일본의 단발

도쿠가와 씨가 무사 계급의 최고 지위인 쇼군의 자리에서 집권하며 봉건사
회 체제를 확립한 에도시대에 일본 사회는 대체로 지배계급인 무사와 서민
인 농민·상공업자로 나뉘어 있었다. 1603년부터 260여 년간 이어진 이 시
기에 두 신분은, 직업은 물론이고 복장과 머리 모양까지 크게 달랐다.

  그런데 에도 정권을 무너뜨리고 천황 중심의 중앙집권 국가를 이룬 변
혁 과정인 메이지유신 이후 정부가 에도시대의 신분 차별을 하나씩 없앴
다. 신분의 벽을 무너뜨리고 동등한 '국민'으로 재편성하는 것이 근대국가
의 대전제라고 생각했기 때문이다. 1870년 9월 백성·조닌(도시에 거주하는
상인과 수공업자)을 '평민'으로 하고, 무사의 특권 중 하나였던 성(姓)을 평민
에게 허락했다. 그다음 해에는 머리 모양과 복장을 자유롭게 하도록 했다.

메이지 시대 초기의 풍속화

두 이발사 중 한 사람은 상투를 틀었고, 다른 한 사람은 단발이다. 입구 가까이의 손님은 이발을 끝낸 뒤 거울을 보고 있는데, 상투에서 단발로 변한 자기의 얼굴을 보고 무엇을 생각했을까?

신분을 뛰어넘은 결혼도 허용하고, 직업 선택도 자유롭게 했다. 그리고 피차별민의 호칭을 폐지해 '신분·직업 모두 평민과 똑같은' 것으로 했다. 직업과 결혼과 복장이 이렇게 신분에서 떨어져 나왔다.

단발한 머리를 두드려 보면

앞의 그림은 메이지 시대 초기 이발소의 모습을 보여 준다. 이발소는 1868년 요코하마에서 나타나고, 다음 해에는 도쿄에서도 문을 열었다. 이발 의자

앞에는 커다란 거울이 있고, 머리 위에는 유리로 만든 석유램프가 밝게 빛
나고 있다. 상투를 튼 사람 둘이 순서를 기다리며 바둑을 둔다. 아마도 이
사람은 무사였을 것이다. 그때 도쿄에서는 이런 노래가 유행했다.

상투 튼 머리를 두드려 보면 / 고리타분한 소리가 나고
단발한 머리를 두드려 보면 / 문명개화의 소리가 난다네.

1873년경 신문은 '도쿄 주민 가운데 7할이 상투를 하고 3할은 단발을 했
다'고 전한다. 단발한 여성들도 나타났는데, 정부가 여성의 단발은 금지했
다. 여성을 남성과 동등한 '국민'으로는 보지 않았기 때문이다. 그
러나 이것은 도쿄 중심부만의 이야기다. 한 걸음만 교외로 발을 옮기면, 그곳의 풍속은 에도시대의 것과 같았다.

일본의 상투
일본 전통 씨름인 스모 경기를 통해 에도시대 서민 남성
의 머리 모양을 볼 수 있는 풍속화다.

1873년에 메이지 천황이 단발을 하자 지방의 상황도 달라졌
다. 중앙정부의 방침을 받아 지방 각 현이 자기 관내부터 상투를 없앤다고 기를 썼다. 단발이 옛 습관을 버리고 개화로 나아가는 길이라고 하든가, 만국과 교류한 바에는 야만이라고 무시당하지 않기 위해서 단발을 한다든가, 상투는 비위생적이고 건강 장수

를 위해서는 단발이 좋다는 식으로 설득했다. 마을의 관리가 강제로 단발을 한 지역이 있고, 단발을 거부하는 자에게는 과세한다고 위협한 지역도 있다.

1889년 메이지 헌법 발포식장에는 아직 상투를 하고 참석한 귀족이 있었지만, 1890년대가 되면 남성은 대부분 단발을 했다.

문명개화의 물결

서민들이 문명개화의 새로운 세상이 되었다고 실감하게 한 것은 머리 모양만이 아니었다. 에도시대에는 막부가 불교를 민중 지배에 이용했기 때문에 고기를 먹는 것은 원칙적으로 금기시되고 있었다. 하지만 메이지 정부는 신도를 국가 종교로 삼고 더는 불교를 보호하지 않았다. 게다가 구미화가 곧 개화라는 풍조가 유행하면서 육식에 대한 금기가 무너졌다. 쇠고기 전골 식당이 크게 유행하기도 했다. 쇠고기 전골은 얇게 썬 쇠고기를 파나 표고버섯 같은 채소와 함께 간장이나 된장으로 맛을 낸 것이다. 옆에 있는 그림 속의 인물은 단발에 양복을 입고 한 손에 술잔을 들고 있다. 이 사람이 쇠고기 전골을 먹으면서 완전한 문명인이 되었다고 자부하지는 않았을까? 이런 문명개화에 대한 열풍은 '여우와 토끼 목도리가 유행하

쇠고기 전골의 유행
에도시대에 널리 읽힌 소설의 삽화인데, 지은이가 중앙의 신사에게 '쇠고기 전골을 먹지 않는 놈은 시대에 뒤떨어진다'고 말하게 한다.

새로운 교육
단발하고 양복을 입은 교사가 소학교에서 산수를 가르치고 있다.

고 있다. 새로운 가게 열 곳 가운데 대여섯 곳은 서양 물건을 팔고 있다'고
한 1873년 신문에 잘 나타난다.

새로운 학교 제도가 만들어지면서 아이들의 생활에도 개화의 물결이 밀
려들었다. 1872년에는 프랑스 제도를 바탕으로 소학교에서 대학까지 학교
제도가 정해졌다. 특히 소학교 4년은 의무교육이었다. 정부가 '지금부터는
신분과 지위를 막론하고, 또한 남녀에 상관없이, 마을에는 한 집도 배우지
않는 집이 없고, 집에는 한 사람도 배우지 않는 사람이 없도록 노력한다'고
선언했다. 교과서로는 후쿠자와 유키치의 『학문을 권함』같이 새로운 시대
에 필요한 지식과 견문을 전하는 계몽서가 많이 사용되었다.

개화의 실태

메이지 신정부는 철도, 전신·전화, 건축 등 구미의 기술 문화와 함께 앞에서 본 것과 같은 새로운 생활문화를 받아들였다. 하지만 이는 개인의 자유와 평등을 기반으로 하는 사회를 일본에 실현하기 위한 것이 아니었다.

신분제도의 경우 에도시대의 신분 차별은 폐지되었다. 하지만 국민 위에 있는 특별한 새 신분으로서 천황과 황족이 존재했고, 국민은 화족(華族)·사족(士族)·평민 등 세 계층으로 나뉘었다. 영지(領地)인 번을 다스리던 다이묘와 조정 고관이던 쿠게는 화족이 되었다. 이들은 여전히 귀족 신분이고, 구 영주로서 막대한 재산을 물려받도록 보장되었다. 사족도 에도시대에 받던 급여를 받는 등 여전히 사회적으로 높은 지위를 차지했다. 1873년에 시행된 신형법에서도 화족과 사족에 대한 형벌이 평민의 형벌과 달랐다. 가벼운 죗값은 돈으로 치르는 것을 인정하고, 평민이라면 징역형에 해당하는 죄를 금고형에 처했다. 결국 사람이 모두 평등하다는 이념에 기초해 만들어진 것은 아니었다.

1880년대 들어서 민중의 권리 신장을 요구하는 자유민권운동이 전국적으로 번지자, 교육 목적이 국가에 유용한 국민을 육성하는 것으로 바뀌었다. 1890년 메이지 정부는 '교육칙어'를 선포해 일본인들에게 천황을 위해 기쁘게 목숨을 던지는 충량한 '신민(臣民)'이 되라고 명령했다. '대일본제국헌법'에 따르면 천황이 바로 일본의 주인이기 때문이다.

조선의 단발

한편 조선은 1894년에 시작된 근대적 개혁인 갑오개혁을 통해 양반의 특권을 보장한 과거제를 폐지했다. 양반과 평민의 차별은 물론이고 노비 제도까지 없앴다. 이 개혁을 추진한 개화파라 불리는 사람들은 조선이 근대화에 성공하려면 근대적 국민을 양성해야 하고, 이를 위해 신분제를 없애야 한다고 주장했다. 개화파의 일원으로 개혁을 주도한 유길준은 '국민이 다 독립하는 사람이 된 연후에야 국가의 독립을 실현할 수 있다'고 했다. 개

조선 후기 풍속화에 나타난 갓과 상투
김홍도의 〈씨름〉으로, 갓을 쓴 모습은 물론이고 땅에 놓인 갓과 맨 상투 차림도 볼 수 있다.

인의 기본 권리가 보장되면 국민의 긍지가 생기고 자주독립 정신이 발휘되어 국력도 강해진다고 생각한 것이다.

조선 정부는 1895년 12월 30일, 단발령을 공포했다. 단발을 하면서 갓이 필요 없어지자 서양식 모자를 쓰게 되었다. 그 전처럼 갓이나 옷으로 신분을 구별하지 않게 되면서 사람들은 신분제가 폐지된 것을 몸으로 느낄 수 있었다.

갑오개혁으로 봉건적 신분 제도를 폐지하고 새로운 관리 임용 제도를 시행했는데, 이를 뒷받침해 준 것이 교육제도의 근대화다. 양반과 평민을 가리지 않고 가르치는 학교 교육을 시행한 것이다. 고종이 1895년 2월에 '교육은 나라를 보존하는 근본'이라는 내용의 조칙을 발표하고, 이에 따라 정부는 소학교와 사범학교·외국어 학교 등 각종 관립 학교들을 세웠다.

갑오개혁의 한계

1894년 일본은 청일전쟁을 수행하는 데 협조적인 정부를 조선에 만들기 위해 군사력을 동원해 경복궁을 점령했다. 친청파인 왕비 민씨 세력을 무력으로 몰아내고 이를 대신해 개혁 관료들의 정권을 수립하게 했다.

이들이 개혁을 추진했으니 한계가 있을 수밖에 없었다. 일본군 장교의 지휘를 받는 훈련대를 설치했을 뿐, 군사력 강화 방안이 개혁안에서 제외된 것은 그 구체적인 사례가 될 것이다. 교육에서도 한계가 나타났다. 갑오개혁에서 구상한 교육체계는 초등교육기관인 소학교로부터 중학교, 대학교, 전문학교 등에 이르는 연계성이 있는 것이었다. 하지만 청일전쟁에서 승리한 일본이 내정간섭을 강화하면서 대학교 설립 구상은 백지화되고, 그 대신 일본 유학이 적극 장려되었다.

고종은 단발령을 내리면서 넓게는 정치 개혁과 백성과 나라의 부강을 위해, 좁게는 위생과 일의 편리함을 위해 상투를 자르라고 했다. 단발령을 공포한 날 국왕이 세자와 함께 단발을 했고, 다음 날에는 정부의 관료와 군인·순검 들이 단발을 했다.

정부는 1896년 1월 1일 자로 백성들에게 대대적으로 단발을 강요했다. 관리들이 지나가는 사람들의 머리를 강제로 깎자, 그것을 피하기 위해 시골이나 산골로 숨어 들어가는 백성들의 원성이 길을 가득 메웠다. 자존심과 긍지로 생각되던 상투가 무참히 잘려 나가는 것을 본 사람들은 분노했다.

개화 세력의 근대화 정책 추진에 반발한 대표적인 세력이 보수적인 유학자들이었다. 양반과 평민의 구별이 엄연하다고 생각하던 이들은 갑오개혁으로 신분제가 폐지되자 위기의식에 빠졌다. 여기에 왕비가 일본인 공사를 비롯한 무리에게 죽임을 당한 데 이어 단발령까지 시행되자 유학자들은 전국적으로 의병을 조직해 들고일어났다. 유학자 최익현은 '내 목은 자를 수 있으나 내 머리칼은 자를 수 없다'며 단발령에 저항했다. 현직 학부대신까지 '단군 이래 4000년 동안 이어 온 풍습을 하루아침에 바꾸려고 해서는 안 된다'며 관직을 버리고 고향으로 돌아가기도 했다.

한편 일반 백성들은 단발령을 강제하는 개화 세력을 침략자 일본의 앞잡이로 보고 단발은 곧 '일본화'라고 생각해 정면으로 거부했다. 백성들이 일본에 적대감을 갖게 된 데는 경복궁 점령과 같은 군사적 침략 이외에도 개항 이후 나타난 경제 변화 같은 원인이 있었다. 일본 상인들은 주로 조선의 쌀과 콩을 싼값에 사들여 일본에 수출하고, 일본에서 만든 면제품을 조선에 팔았다. 당시 일본은 노동자의 저임금을 기반으로 급속히 경제를 발전시키고 있었다. 일본 노동자들이 적은 임금을 받고도 살아갈 수 있으려

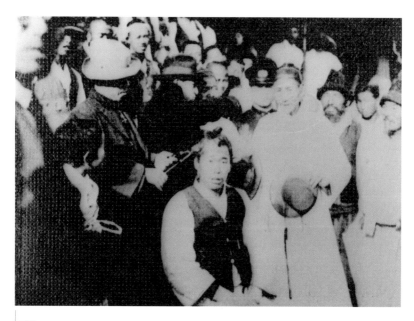

단발

양복 차림에 모자를 눌러쓴 관리가 가위를 들고 상투를 자르고 있다.

면 식량인 쌀의 값이 싸야 했다. 이를 위해 일본은 조선의 쌀을 대량 수입해 갔다. 조선의 쌀 수출이 증가하면서 조선의 쌀값이 오르게 되었다. 이에 따라 토지를 소유한 지주들은 많은 이익을 보았지만, 쌀을 사 먹어야 하는 도시민들의 생활은 어려워졌다. 심지어 농사를 짓는 사람들도 쌀값이 쌀 때 돈이 필요해서 쌀을 팔았다가, 쌀값이 비싸질 때는 오히려 쌀이 떨어져서 비싼 쌀을 사 먹는 일이 빈번하게 일어났다. 이들은 이런 일들이 일본 상인들의 농간 때문이라고 여겼다.

단발이 퍼지다

일본의 영향력이 강하던 조선의 상황은 얼마 후 고종이 일본의 손아귀에서 벗어나 러시아 공사관으로 피신하면서 급격히 바뀌었다. 일본의 위세는 하루아침에 떨어졌고, 단발령을 추진한 내각도 그날로 붕괴되었다. 일본의 군사력을 등에 업고 개혁을 추진하던 내각의 중심인물들은 군중에게 맞아 죽거나 일본으로 도망했다. 고종은 단발을 강요하지 않는다는 조칙을 공포했다. 그렇지만 단발은 차츰 조선 사회에 번져 가고 있었다. 1896년 5월 『독립신문』을 보자.

일전 우리들은 신문에 머리 깎고 양복 입는 것은 집 고친 후에 새로 도배장판하는 것 같다고 비유하였는데…… 도배와 장판은 언제 해도 할 것인즉…….

요컨대 강요가 아니라 해도 단발은 어차피 해야 할 일이라는 말이다. 미국인 선교사가 세운 근대적 학교인 배재학당은 1898년에 학생회 토론을 거쳐 단발을 결정하고 학생 전원이 단발을 하기도 했다. 지식인들은 점차 상투를 자르는 행위를 새로운 세상에 적응하기 위한 불가피한 선택으로 이해해 스스로 단발을 했다. 국가의 자주와 독립을 지키려면 단발과 같은 근대 문화를 적극적으로 받아들여야 한다는 생각이 점점 일반화되었다.

하지만 여성은 달랐다. 일본처럼 여성은 단발령의 대상이 아니었다. 서울에 단발을 한 여

1930년경 여학생들의 자수 수업

성이 처음 등장한 것은 1920년대 초다. 엄청난 용기를 낸 일이었지만 남성들은 '구역질이 난다'고 비아냥댔다. 가부장 문화에 젖은 사회에서 남성과 여성은 달랐던 것이다. 앞의 사진처럼 1930년대 여학생들은 단발을 한 남학생과 달리 여전히 머리를 땋고 있었다. 그렇지만 점점 단발을 하는 여성이 늘어났다. 사회에 진출하는 여성이 늘어나고 의식이 바뀌어 갔기 때문이다.

민중이 있고 국가가 있는가, 국가가 있고 민중이 있는가

메이지유신 후 일본은 세계 여러 나라들과 새로운 관계를 맺었다. 세상이 크게 변하는 중에 후쿠자와 유키치가 『학문을 권함』이라는 책을 출판했다. 이 책은 무려 70만 부가 팔렸다. 당시 열 명 가운데 한 명이 이 책을 읽은 것이다. 이 무렵 우에키 에모리는 자유민권운동을 열심히 주창했다. 후대 사람들에게 큰 영향을 준 후쿠자와 유키치와 우에키 에모리의 생각을 비교하면서 그 시대 사람들이 무엇을 바랐는지 알아보자.

『학문을 권함』에 쓰여 있는 것

『학문을 권함』 중 "하늘은 사람 위에 사람을 만들지 않고 사람 아래 사람을 만들지 않는다." 하는 문장이 잘 알려져 있다. 하지만 이것은 이 책의 주제가 아니다. 후쿠자와는 현실 사회에는 하늘과 땅처럼 차이가 있다고 말한다.

세상에는 어려운 일도 있고, 간단한 일도 있다. 어려운 일을 하는 사람을 지위가 높다고 하고, 간단한 일을 하는 사람을 지위가 낮다고 한다. 대체로 마음을 움직이게 하는 일은 어렵고, 손발을 사용하는 일은 간단하다. 따라서 의사·학자·정부의 관리 그리고 대상인, 많은 사람을 부리는 대농가 등은 지위가 높고 중요한 사람이라고 할 수 있다.

—『학문을 권함』

후쿠자와는 이런 차이가 배우는가 아닌가에 따라 생기기 때문에 열심히 배워야 한다고 했다. 그는 이렇게 주장한다. "앞으로 언제 전쟁이 일어날지 모른다. 만약 외국과 전쟁할 때 국민이 '목숨까지 버리는 것은 너무 지나치지 않은가'라고 말하며 도망친다면, 그 나라는 절대로 독립할 수 없다. 그러니 나라 안의 사람들은 각각 국민으로서 책임을 다하지 않으면 안 된다."

후쿠자와 유키치
1만 엔 지폐에 얼굴이 새겨질 정도로 일본에서 존경받고 있다.

결국 후쿠자와는 구미와 대항할 수 있도록 일본이라는 국가를 지탱하는 국민을 육성하지 않으면 안 되는데, 그것을 위해서는 학문이 꼭 필요하다고 생각한 것이다.

후쿠자와 유키치의 청년 시대

후쿠자와는 현재 오이타 현의 일부인 나카스 번에 있던 무사 가문의 차남으로 1834년에 태어났다. 나가사키로 나가 네덜란드어와 접촉할 기회를 얻은 후 오사카의 난학(蘭學) 학원에서 본격적으로 배우고 힘을 길러 학원생들 사이에서 조정하는 역을 맡았다. 난학은 네덜란드를 통해 전한 유럽의 문물에 대한 연구인데, 1858년에는 번의 명령을 받아 에도에서 난학 학원을 열었다. 바로 이 무렵 미일수호통상조약을 통해 무역이 시작되었다.

어느 날 무역으로 번창하는 요코하마로 나간 후쿠자와는 자신이 알고 있는 네덜란드어가 아니라 영어가 많이 쓰인다는 것을 깨달았다. 그는 바로 네덜란드어를 버리고 영어를 배웠다. 1860년에는 허드렛일 하는 사람으로 막부의 미국 방문단을 따라가고, 귀국 후에는 막부의 번역 부서에서 일했다. 또 1861년에는 막부의 유럽 방문단에 통역원으로 참여하고, 1867년에는 막부의 군함 구입 교섭단의 수행원으로 다시 미국을 방문해 견문을 넓혔다. 나카스 번의 관리에서 막부의 관리가 되는 길이 열린 것이다.

그러나 막부 관리의 길은 오래 이어지지 않았다. 두 번째 미국 방문 때 윗사람과 마찰이 있었고, 귀국할 즈음 사츠마 번(가고시마 현)·초슈 번(야마구치 현)을 중심으로 하는 막부를 타도하려는 보신전쟁(戊辰戰爭)이 일어났다. 후쿠자와는 번역 일을 하면서 게이오기주쿠라고 이름 지은 영어 학교를 계속 운영했다. 유럽과 미국을 방문했을 때 사들인 원서를 번역하고 자신의 견문을 더해 계몽서로 불리는 책도 출판했다.

보신전쟁은 막부의 패배로 끝나고 새로운 정부가 세워졌다. 후쿠자와는 새 정부의 관리가 되는 길을 선택하지 않았다. 영어 학교와 번역과 계몽서의 출판으로 살겠다고 결심한 것이다. 이때 쓴 책이 『학문을 권함』이다.

우에키 에모리의 『민권자유론』

국가를 지탱하는 국민을 기른다는 생각을 후쿠자와만 한 것은 아니다. 자유민권운동의 지도자인 우에키 에모리도 생각이 같았다. 자유민권운동은 유럽과 미국에서 발달한 자유와 권리의 사상을 배우기 시작한 일본에서 1870년대 후반부터 1880년대 초반에 일어난 사회 개혁 운동이다. 우에키는 새로운 메이지 정부가 일부 번 출신 사람들만의 전제정치를 추진하고 있다고 비판하고, 의회를 만들어 헌법을 제정해야 한다고 주장했다. 이런 주장의 중심에 선 사람이 고치 현 출신의 자유당수 이타가키 다이스케다.

강연
자유민권운동이 전개되던 시절에는 연설회가 자주 열렸다.

우에키는 이타가키와 고향이 같았다.

우에키 에모리는 후쿠자와 유키치보다 스물두 살 아래로 무사 가문에서 태어났다. 번의 학교에서 우수한 성적을 받아 도쿄로 갈 기회를 얻지만, 군인 양성 교육에 반발해 학교를 뛰쳐나와서 혼자 공부했다. 우에키는 고치현과 도쿄를 오가면서 당시에 일어나기 시작한 자유민권운동에 가담했다. 도쿄에서는 후쿠자와의 연설을 듣고 정치에 대한 관심이 강해졌다고 한다. 마침 정한론을 둘러싸고 정부가 분열하던 때다.

우에키는 1879년에 『민권자유론』이라는 책을 냈다. 이 책은 "일본의 백성들, 당신들은 모두 큰 보물을 갖고 있습니다. 큰 보물이란 자유권이라는 것입니다." 하고 많은 사람들에게 호소하는 식으로 쓰였다.

제1장은 '인민은 국가의 일에 관심을 갖지 않으면 안 된다'는 내용이다. 우에키는 민중을 '인민'으로 불렀다. 그는 인민이 국가의 일에 대해 알지 않으면 안 되고, 그것은 국가가 안전하면 인민도 안락해지며 국가가 위험하

우에키 에모리

면 인민의 목숨도 보장할 수 없기 때문이라고 강조한다.

그리고 '인민은 자유권을 얻지 않으면 안 된다'며 자유의 가치와 천부인권론, 즉 인권은 하늘에서 부여받은 것이라는 생각을 말했다. "행복도 안전도 자유가 없으면 얻을 수 없습니다. 크게 민권을 주장하고 자유를 확산시킵시다." 그가 한 말이다.

또 국가는 자유와 인민의 권리를 신장하지 않으면 안 되고, 인민의 자유와 헌법이 없으면 국가를 확실히 보호할 수 없다고 주장했다. 인민이 강해져야만 국가가 강해지기 때문에 국가는 인민의 권리를 신장하지 않으면 안 된다, 인민의 권리를 넓히지 못하면 외국에 대해서 국가의 권리를 넓히고 독립을 지킬 수 없다, 전제정치는 국가를 멸망시키고 국가를 팔아먹게 된다는 결론에 이른 것이다.

이렇게 우에키가 자유민권을 넓히려는 뜻은 민중이 국가의 일꾼으로서 좀 더 자각하도록 해야 한다는 데 있었다. 그는 국가의 일꾼으로 자각한 사람을 기르는 것, 즉 국민을 만들어 내는 것을 생각하고 있었다. 이런 면에서 후쿠자와와 공통점이 있다. 그리고 이런 생각은 자유민권운동의 지도자들에게 공통으로 보인다. 에도시대에는 병역을 무사가 담당했고, 민중은 세금은 내도 병역 의무는 없었다. 그래서 1871년에 징병령이 나오자 백성들이 이것을 싫어해 징병 면제의 길을 찾고, 징병에 반대하는 민란을 일으켰다. 하지만 자유민권운동의 지도자들은 징병제에 반대하지 않았다. 국민이 국가를 지키기 위해서 병사가 되는 것이기 때문에 그 국민에게 참정권을 부여하는 것이 당연하다는 논리로 메이지 정부의 참정권 제한을 비판했을 뿐이다.

후쿠자와가 본 정부와 인민의 관계

후쿠자와가 『학문을 권함』의 큰 주제로 거론한 것이 또 있다. 정부와 인민(후쿠자와도 민중을 '인민'으로 불렀다.)은 대등해야 하는데, 일본에서는 정부가 너무 강하다는 주장이다. 후쿠자와는 일본 사회에는 관(정부)을 부당하게 중시하는 전통이 있어서, 관의 권위에 의지하지 않는 인민의 구실을 좀 더 높여야 한다고 강조했다. 이는 관리의 길을 선택하지 않은 후쿠자와 자신의 인생과 연결된 것이었다.

이와 동시에 후쿠자와는 '정부와 논쟁하는 국민이 되라'고 했지만, 현실에서 인민이 정부와 정치적으로 대립하면 질서의 유지를 우선하는 정부를 옹호하는 편에 섰다. 『학문을 권함』에도 악법도 법이라고 말하려는 듯한 대목이 있다.

지금, 이 메이지의 일본을 사는 사람은 현재 시대의 법률에 따른다는 약속을 따르고 있다. 일단 국가의 법률로 정해진 것은 개인에게 불편함이 있다고 해도 정식으로 개정의 수순을 밟지 않고서는 바꿀 수 없다. 주의해서 법률을 지켜야만 한다. 이것이 인민의 책임이다.

후쿠자와는 국회 개설을 당연하게 여기면서도 자유민권운동에는 가담하지 않았다. 자유민권운동이 정치적인 운동으로 치우쳐 있다고 비판하기도 했지만, 질서유지를 중시해서 거리를 둔 면도 크다. 이는 『지지신보』라는 신문을 발행한 1880년대에 한층 명확해졌다. 이즈음부터 민중의 계몽보다 정부가 어떻게 일본 사회를 유지해 갈지에 대한 정치적 제언을 많이 했다.

또 1880년대 초 후쿠자와는 조선의 개혁에도 관심을 가졌다. 김옥균을

게이오기주쿠에서 유학한 조선 학생들(1895)

비롯한 조선의 개혁을 바라는 세력과 연락을 취하고, 조선에서 온 유학생을 게이오기주쿠에서 받아들였다. 자금 원조를 요구하는 조선의 일행을 일본 정부 관계자에게 소개하는 등 꽤 깊이 관계하고 있었다. 이런 활동은, 발전하고 있는 일본이 조선을 동정해 이끈다는 선진 의식에 기초한 것이었다.

그런데 후쿠자와의 활동이 1884년, 일본의 힘에 기댄 조선 개화파의 쿠데타인 갑신정변의 실패로 귀결되었다. 그는 김옥균을 자택에 숨겼다. 하지만 쿠데타에 대한 비판이 높아지자, 자신은 쿠데타에 전혀 관여하지 않은 것처럼 관계자를 돌보지 않았다. 그리고는 일본이 중국과 조선 같은 아시아의 나라와는 거리를 두고, 유럽과 미국의 친구가 되어야 한다는 '탈아론'을 썼다. 특히 주목해야 할 것은 사람들의 눈을 조선과 청의 대립에 돌리게 해 국내를 안정시킬 수 있다는 주장이다. '내안외경(內安外競)', 즉 '국내를 안정시키기 위해서는 외국과 전쟁도 불사하는 경쟁을 하자'고 한 데서 그의 뜻이 드러난다.

한편 후쿠자와는 '인륜의 큰 근본은 부부'라며 일부다처와 첩을 두는 것을 비난하고, 여성에게도 자유를 주어야 하며 여성도 남성과 같이 인간이기 때문에 똑같이 교육받을 권리가 있다고 했다.

청일전쟁과 후쿠자와

1894년에 일본이 청과 전쟁을 시작하자, 후쿠자와는 열광적이라고 할 만큼 일본의 전쟁을 지지하고 사람들의 전의(戰意)를 선동하는 논설을 『지지신보』에 발표했다. 일본을 문명국 쪽에 두고 일본이 문명을 위해 정당한 전쟁을 하고 있다고 주장하는 한편, 중국은 '문명의 진보를 방해하는 자'로서 '문명을 받아들이지 않아 무지하다'고 단정하며 중국인에 대한 멸시를 강하게 나타냈다. '청일전쟁은 문명과 야만의 전쟁'이라며 이렇게 썼다.

전쟁에서 모두 죽임을 당한 청나라 병사는 죄 없는 사람들이지만, 세계 문명의 진보를 위해 이런 희생을 치르는 것은 어쩔 수 없는 일이다. 그들도 청나라처럼 '부패 정부' 아래에서 태어났다는 것이 불운이라고 할 수밖에 없다.

실제로 전쟁에서 청나라 병사만 죽은 것은 아니다. 일본 병사의 희생도 많았다. 대다수의 전사자는 보통 민중이었다. 후쿠자와의 주장은, 목숨을 잃은 일본 민중이 가엾지만 배움이 없는 가정에서 태어난 불행을 슬퍼할 수밖에 없다고도 읽을 수 있다. 중국인을 멸시한 후쿠자와는 일본 민중의 편에 선 인물도 아니었던 것이다.

우에키 에모리의 세계정부 구상

우에키는 이미 1873년에 '전쟁이 천하의 큰 죄라고 하는 것은, 전쟁이 고귀한 영혼을 가진 인명을 해치기 때문이다. 사람의 용모와 품격은 나라에 따라 다르지만, 고귀한 영혼을 가진 동일한 생물이다. 서로 돕지 않으면 안 된다'는 사상을 갖고, 강한 자가 약한 자를 학대하거나 큰 자가 작은 자를 억압하는 일이 없도록 '만국 통일의 논의 장소'가 필요하다는 구상을 말했다. 그리고 '만국 공의(萬國公議) 정부를 세워 세계 공통 헌법과 같은 것을 만드는 데 목표를 둬야 한다'고 했다. 1887년에는 '인민이 국가를 건설하는 것은 자유를 보전하고 권리를 강하게 하기 위함'이라며 국가 중심의 사상을 비판한다. 이런 세계정부 구상을 가진 사람은 자유민권 사상가 가운데에서도 그다지 많지 않았다.

우에키는 왜 이런 발상을 했을까? 이는 우에키의 '나는 민권가'라는 강한 자각과 관계가 있다. 우에키는 「민권가」라는 글에서, 단지 인민의 이익을 위해 일하는 것이나 인민의 일을 생각하는 것만으로 민권가라고 할 수는 없다고 했다. 미국이 영국으로부터 독립하던 때의 일을 언급하면서 "간단하게 말하면, 불법을 따르지 않고 민권을 지키는 것. 민권가란 그런 것이다."라고 썼다. 전제 정부와 대립해도 국민의 권리를 주장하고 실현하기 위해 행동하는 것이 민권가라는 것이다. 우에키는 인민의 권리는 하늘에서 받은 것이기 때문에 민중의 편에서 그것을 실현하는 것이 자신의 과제라고 보았다. 이런 생각이 확고했다는 것이 국가와 전쟁에 대해서도 끊임없이 민중, 민권에 기초해 생각한다는 것과 연결되었다고 할 수 있다.

우에키는 청일전쟁을 보지 못하고 1892년에 35세라는 젊은 나이로 죽었다. 만약 살아 있었다면 청일전쟁이라는 비상사태에 생각이 어떻게 되었을지는 알 수 없다. 우에키는 1884년 조선에서 갑신정변이 일어나 일본과 중국이 조선을 둘러싸고 대립했을 때 "유럽의 여러 나라들은 왜 조선의 독립을 지원하지 않는 것일까?"라고 기술하고, 조선을 속국으로 삼는 중국에 대해 자유의 나라인 유럽과 미국이 간섭해야 한다고 주장했다.

메이지 정부가 국민에게 요구한 것

일본이 에도시대까지와는 다른 형태로 유럽과 미국 그리고 아시아 국가와 교류를 시작한 가운데 국가와 민중은 어떻게 관계를 맺어야 하는가, 전쟁에 어떻게 대응할 것인가 등에 대한 후쿠자와 유키치와 우에키 에모리의 생각을 살펴보았다.

실제로 메이지 정부는 국민에게 무엇을 요구했을까? 이미 징병제는 실시되고 있었지만, 더 명확하게 정부가 민중에게 요구한 것이 「교육칙어」에 나타난다. '대일본제국헌법'이 제정된 직후인 1890년에 천황의 이름으로 교육의 목표를 국민에게 제시한 문서인 「교육칙어」에 이런 문장이 있는 것이다.

만약 국가가 비상사태로 되었다면 공(公)을 위해 용감하게 나서고, 천하에 비길 만한 것이 없는 황국의 번영에 진력해야만 한다.

'비상사태'라는 것이 구체적으로는 전쟁 같은 사태를 뜻한다. 이것은 그뒤 일본이라는 국가가 일으킨 전쟁과 민중의 관계에 대해 강한 규정이 되었다.

3

조선이 나아갈 길은

전봉준은 1894년에 농민 봉기를 일으켜 조선을 개혁하려다 붙잡혀 재판을 받았다. 이 재판에서 전봉준에게 사형 판결을 내린 사람이 서광범이다. 그 역시 갑신년(1884)에 조선을 개혁하기 위해 정변을 일으켰다가 일본에 망명한 경험이 있다. 똑같이 개혁을 시도한 두 사람이 꿈꾼 세상은 어떤 차이가 있었을까?

급진개화파, 갑신정변을 일으키다

갑신정변 실패 후 일본으로 망명한 서광범은 1885년 요코하마에서 조선행 배를 기다리고 있던 선교사 언더우드를 만났다. 그는 언더우드에게 영어를 배우고 한국어를 가르쳐 주었다. 다음 쪽에 있는 사진 중 오른쪽 것은 그때 찍은 것으로, 언더우드의 권유에 따라 양복을 입고 하이칼라 머리를 한 모습이다. 그는 정부에서 단발을 강요하기 무려 10년 전에 스스로 단발을 하고 양복을 입었다. 그만큼 서광범은 조선을 개혁하려는 의지가 강했다.

　서광범이 처음 일본에 간 것은 1882년의 일로, 개화파의 지도자인 김옥균을 수행해 일본 근대화의 실상을 파악하기 위한 방문이었다. 이때 조선에서는 커다란 정치적 변화 두 가지가 일어났다. 하나는 조선이 처음으로 서양 열강 중 하나인 미국과 통상조약을 맺은 것이다. 정부가 보수 세력의

서광범

1883년 미국에 처음 파견된 사절단 일행과 찍은 사진에서 갓을 쓰고 있던 그가 2년 뒤에는 전혀 다른 모습을 보여 준다.

격렬한 반대를 무릅쓰고 미국에 문호를 개방한 것은 개화에 대한 강한 의지를 나타낸 것이라고 할 수 있다. 다른 하나는 군인들이 폭동을 일으킨 것이다. 조선 정부는 1880년에 국방력 강화를 위해 신식 군대를 만들고 일본인 교관을 초빙해서 훈련시켰다. 정부가 이 신식 군대만 우대하자 구식 군대 군인들이 폭동을 일으켰다. 부패한 집권 민씨 세력에 대한 불만과 개화 정책에 대한 불만이 겹쳐 일어난 사건이었다. 김옥균, 서광범 등이 이 소식을 듣고 일본에서 귀국했을 때는 청나라 군대가 개입해 폭동을 진압하고 난 직후였다.

군인들과 뜻을 함께하던 보수 세력은 폭동 진압과 함께 약화되었다. 국왕은 서양과 교류를 금지하는 내용을 담은 척화비를 뽑아 버리게 하며 개화 의지를 분명히 했다. 조선 정부는 이렇게 본격적으로 개화 정책을 추진했다.

하지만 군인 폭동을 진압한 청이 군대를 주둔시키고 조선 내정을 간섭하자 개화파는 크게 둘로 나뉘었다. 김홍집을 비롯한 온건개화파는 청과 협력하면서 청의 양무운동처럼 천천히 개화하자는 주장을 폈다. 그리고 김옥균을 중심으로 한 급진개화파는 청의 간섭을 물리치고 일본의 메이지유신 같은 급진 개혁을 단행해야 한다고 주장했다. 이때 정부의 요직을 차지하고 있던 민씨 세력은 온건개화파와 뜻을 함께하고 있었다.

급진개화파는 한국 최초의 근대 신문인 『한성순보』를 발간하고, 근대적 우편제도의 도입을 주장했다. 하지만 집권 민씨 세력의 견제 때문에 급진개화파는 뜻대로 개화 정책을 추진할 수 없었다. 일본에서 차관을 들여와 개혁을 실시하려던 계획마저 좌절되면서 더욱 궁지에 몰렸다. 급진개화파는 이를 타개하기 위해 쿠데타를 일으켜 권력을 장악하려고 했다.

때마침 청이 베트남 문제로 프랑스와 전쟁을 하면서 조선에 주둔시켰던 병력 3000명 가운데 절반을 본국으로 철수시켰다. 개화파는 이를 틈타 일본의 협조를 얻어 1884년 10월에 쿠데타를 일으켰다. 일본이 도와준다면 베트남 문제로 곤경에 처한 청이 내정간섭을 하기 어려울 것으로 예상했기 때문이다. 이들은 우정국 개국 축하연을 기회로 민씨 정권의 고관들을 살해하고 정권을 장악했다. 이것이 갑신정변이다. 하지만 예상과 달리 청이 군대를 동원하고 일본군이 물러나면서 쿠데타는 실패했다. 서광범은 김옥균, 박영효 등과 함께 일본으로 망명했다.

인민 평등권의 의미

갑신정변을 일으킨 급진개화파는 개혁 구상을 담은 14개조 정강을 발표했다. 이 가운데 '문벌을 폐지하여 인민 평등의 권리를 제정하고 능력에 따라 관리를 등용할 것'이라는 항목이 있다. 문벌의 폐지나 인민 평등권의 확립이 당시로서는 아주 진보적인 내용이다.

하지만 개화파가 '주권은 국민에게 있고, 모든 사람은 평등하다'고 생각한 것은 아니다. 또한 인민의 인식 수준이 낮아서 정치 참여는 불가능하다고 보았다. 그렇다면 갑신정변 정강에 제시된 문벌 폐지와 인민 평등권에 대한 내용은 어떻게 이해해야 할까? 김옥균이 문벌에 대해 언급한 자료를 보자.

바야흐로 세계가 상업을 주로 하고 서로 산업의 많음을 다투는 생업을 많이 얻으려고 경쟁할 때를 당하여 양반을 없애서 그 폐단의 근원을 제거하는 데 힘쓰지 않으면 국가의 폐망을 기대할 뿐이오니……

— 김옥균, 「지운영 사건 규탄 상소문」

김옥균은 분명히 신분제도를 없애야 한다고 했다. 그런데 그 이유는 인민이 평등하다는 것이 아니다. 세계 자본주의 경쟁 체제에서 조선이 살아남기 위해서 신분제를 없애 농업·상업·공업을 진흥해야 하기 때문이다. 갑신정변 주도자들은 인민 평등권을 민권·인권의 차원에서 이해한 것이 아니라, 부국강병을 위한 지극히 현실적인 개혁 방안으로 제시했다고 볼 수 있다.

난리가 나기를 바라는 농민들

전라도 태인군 산외면 동곡 거주, 농업, 평민, 피고 전봉준 41세.
위에 기록한 자 전봉준에 대한 형사 피고 사건을 심문하니 …… 피고 전봉준을 사형에 처한다.

개국 504년(1895) 3월 29일 법무아문 임시 재판소 선고

법무아문 대신 서광범

이것은 동학농민군 지도자 전봉준에게 사형을 선고한 판결문이다. 망명 자였던 서광범이 법무아문 대신이 되어 있다. 어떻게 된 것일까? 오늘날 법무부에 해당하는 법무아문이 생긴 것은 갑오개혁의 결과다. 일본에 망명 했던 서광범은 1885년 미국으로 건너갔다 1894년 귀국했다. 갑오개혁으로 갑신정변 관계자들에게 사면령이 내려졌기 때문이다.

서광범은 귀국한 뒤 법무아문의 대신으로서 사법제도 개혁을 위해 노력 했다. 그 결과, 조선 시대에 왕명에 따라 죄인을 다스리는 일을 보던 의금 부가 법무아문 임시 재판소로 되어 모든 재판을 관할했고, 목을 베는 참형 을 폐지하고 교수형을 채택했다. 서광범은 법무아문의 장관으로서 농민운 동 지도자 전봉준의 재판을 맡은 것이다.

그런데 전봉준은 어떤 인물이었을까? 앞의 선고서에 따르면, 전봉준은 농사를 짓는 백성이다. 그가 체포된 뒤 심문을 받을 때, 왜 자신이 해를 입 지 않았는데도 소란을 일으켰느냐는 물음에 이렇게 답했다.

일신의 해로 말미암아 봉기함이 어찌 남자의 일이 되리오. 뭇 백성이 억울해하고 한탄하는 고로 백성을 위하여 해를 제거코자 한 것이다.

이런 의지야말로 백성을 위해 세상에 대해 말하려고 하는 지식인의 책임 의식에서 나온 것이었다고 할 수 있다. 이것은 농민 대표자들의 결의를 담은 사발통문에서 확인된다. 서명자들 이름 옆에 있는 글을 옮겨 보면 이렇다.

각 마을의 대표자들께 이와 같이 격문을 사방으로 전하니 논의가 들끓었다. 매일 난이 일어나기를 노래하던 민중들은 곳곳에 모여 말하되 "났네 났어 난리가 났어. 에이 참 잘 되었지. 그냥 이대로 지내서야 백성이 한 사람이나 어디 남아 있겠나?" 하며 그날이 오기를 기다리더라.

잡혀가는 전봉준

탈출하려고 담을 넘다가 다리를 다친 전봉준이 들것에 실려 있다.

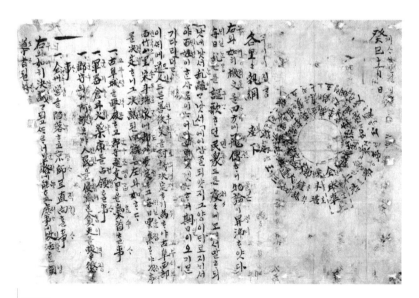

사발통문

주모자가 누구인지 모르게 서명에 참여한 사람들을 둥글게 돌려 적은 전달 문서다.

농민들은 왜 난리가 나기를 바랐을까? 무엇보다 관리들의 부정부패가 커다란 원인이었다. 동학농민운동의 발단이 된 전라도 고부 민란의 중요한 원인 제공자인 고부 군수 조병갑이 저지른 부당 행위를 몇 가지 들어 보자. 그는 우선 부모에게 효도하지 않고 형제간에 화목하지 못했다는 죄명을 씌워 부유한 농민에게서 2만여 냥을 빼앗았다. 둘째, 그 지역 관리를 지낸 아버지를 칭송하는 비석을 세운다고 고을 주민들에게서 1000여 냥을 빼앗았다. 셋째, 세금을 징수할 때는 기준대로 징수하고 이를 정부에 보낼 때는 낮은 등급의 쌀로 바꿔 그 차액을 횡령했다. 이런 수탈 때문에 사발통문에서 '고부성을 격파하고 군수 조병갑을 효수할 것'이라는 구호가 나타난 것이다.

그러나 문제는 관리들의 부정부패가 고부에서만 벌어진 것이 아니라 전국적인 현상이었다는 점이다. 게다가 개항 이후 쌀이나 콩 같은 것이 일본으로 유출되면서 곡물 가격이 올라 농민들의 생활은 더욱 악화되었다. 일본에 대한 원한이 커진 데는 이런 이유가 있었다.

동학, 봉기를 연결하는 고리가 되다

난리가 나기를 바라는 농민들은 이미 여기저기에서 봉기하고 있었다. 1890년대가 되면서 농민 봉기가 급증하고, 발생 지역도 전국으로 확대되었다. 각 지역의 봉기들이 서로 연결되지 못한 채 발생했지만, 여건만 조성되면 언제든지 전국적인 규모로 확대될 수 있었다. 이런 봉기들의 연결에 큰 구실을 한 것이 동학이다.

동학은 경주 지방의 몰락한 양반 출신인 최제우가 창시한 종교다. 관리와 지주의 수탈로 고통받던 많은 농민들이 동학에 빠져들었다. 동학이 '모든 사람은 각자 하늘이며 평등한 존재다. 이제 곧 새로운 세상이 열린다'고 주장했기 때문이다. 조선 정부는 '세상을 어지럽히고 백성을 속인다'는 죄로 최제우를 처형했다. 하지만 동학은 경상도, 전라도 충청도 지역으로 빠르게 번져 나갔다. 교세가 커지자, 1892년에 전국에서 모인 동학교도들은 동학을 인정하라며 충청도 공주와 전라도 삼례 등에서 시위 집회를 열었다. 전봉준은 1893년 충청도 보은에서 대규모 집회가 있을 때, 전라도 금구에서 별도

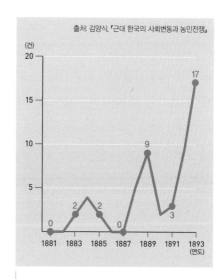

출처: 김양식, 『근대 한국의 사회변동과 농민전쟁』

1894년 이전 농민 봉기 발생 추이

로 집회를 열었다. 여기서 그는 서울로 쳐들어가자며 강경한 주장을 폈지만 동학 교단 상층부의 반대로 실현하지 못했다.

시위는 조선 정부의 무마책과 동학 교단 상층부의 소극적인 태도로 목표를 이루지 못하고 끝났다. 하지만 동학이 전국에 흩어진 교도들을 한 곳으로 모을 능력이 있다는 것을 분명히 보여 주었다. 보은 집회에 모인 동학교도는 무려 3만 명이 넘었다. 이들은 동학 조직을 통해 전한 지시에 따라 전국에서 보은으로 모인 것이다.

농민들이 개혁을 추진하다

전라도 고부에서 일어난 민란을 계기로 동학농민군이 봉기했다. 동학농민군은 전봉준을 총대장으로 삼고는 서울로 올라가 부패한 권력자를 내쫓고 새로운 세상을 만들자고 결의했다. 그리고 파죽지세로 전라도를 휩쓸어 조

선 정부가 파견한 중앙군마저 무찌르고 전주성을 점령했다. 전라도의 중심이던 전주가 함락되자 정부는 청에 원군을 요청했다. 청군이 출병하자 일본도 조선에 거류하는 일본인을 보호한다는 명목으로 조선에 군대를 파견했다. 생각지 않은 일본군 출병에 당황한 정부는 신속하게 농민군을 해산시키려고 했다. 두 나라에 철군을 요구하려면 파병 이유가 없어졌다는 것을 보여 줘야 했기 때문이다. 동학농민군도 외세에 주권이 침탈당할 것을 우려해, 정부가 개혁을 약속하자 스스로 해산했다.

약속에 따라 농민군은 해산한 후 집강소 활동을 통해 본격적으로 개혁을 추진했다. 집강소는 전라도 관찰사가 전봉준을 비롯한 동학농민군과 '관과 민이 서로 화합'하는 계책을 상의해 관청에 설치하게 한 기구다. 집강소에서 실시한 개혁은 크게 두 가지로 요약할 수 있다.

첫째, 국가와 양반이 멋대로 수탈하는 것을 막았다. 조세를 거두면서 부족한 곡식과 운임을 농민에게 부담시키지 못하게 하고, 양반들이 강제로 남의 산소를 빼앗거나 높은 이자로 원금의 몇 배를 물리는 일 등을 없애도록 한 것이다.

무명동학농민군위령탑
1994년에 동학농민운동 100주년 기념 사업의 하나로 사발통문 작성지인 정읍시 고부에 세웠다. 무명 동학농민군을 위한 조형물로는 최초의 것으로, 농민군의 한과 울분이 새겨졌다.

둘째, 신분 해방 운동을 전개했다. 농민군은 서로 동학 조직의 우두머리를 뜻하는 '접장'이라는 평등한 호칭을 썼는데, 집강소를 운영한 시기에 이것이 일상화되어 양반과 평민 사이에도 사용되었다. 농민군들은 길 가다 갓 쓴 사람을 만나면 "너도 양반인가?" 하고 욕을 하며 갓을 빼앗아 쓰고 다니며 모욕을 주기도 했다. 이런 행위는 많은 양반들의 반발을 불러일으키기도 했지만, 신분 해방에 대한 의지가 그만큼 강렬했음을 잘 보여 준다.

개화파의 꿈과 농민들의 꿈

1894년 7월, 정국은 농민군의 희망대로 흘러가지 않았다. 일본군이 경복궁을 점령하고 조선 정부를 압박했다. 청일전쟁에서 승기를 잡자 내정간섭이 더욱 심해지고 조선 정부군을 앞세워 농민군을 공격했다.

그러자 전봉준을 비롯한 농민군은 일본군을 몰아내기 위해 다시 대규모 군대를 조직했다. 이번에는 충청도와 경상도, 황해도의 동학 교단이 대부분 동참했다. 일본군의 보호를 받아 들어선 개화 정권은 일본군에게 농민군을 토벌해 달라고 했다. 1894년 11월, 농민군은 공주 우금치 전투에서 일본군에게 크게 패해 수많은 농민군이 죽임을 당했다.

동학농민운동이 전개되던 시기에 농민군들은 노비 문서를 불태우거나 노비 주인을 결박해서 매질을 하는 등 봉건적 신분제를 혁명적으로 파괴했다. 개화 정권도 갑오개혁을 추진하면서 노비 제도를 없애고 인신매매를 금지했으며 도살업에 종사하는 백정이나 연예인이던 재인 등 천인을 해방했다. 그러나 서광범과 같은 개화 정권 담당자들은 농민군의 행위를 무질서의 전형으로 보아, 일본군과 힘을 합해 이들을 잔인하게 진압했다. 전봉준과 서광범은 똑같이 봉건적인 제도에 반대하고 사회를 개혁하려고 했다. 하지만 그들의 의식도, 사회 개혁의 방법도 크게 달랐다.

조선을 둘러싼
청과 일본의 전쟁

1894년, 일본과 청은 서로 조선을 차지하려고 전쟁을 벌였다. 두 나라의 전쟁이 왜 조선 땅에서 벌어졌을까?
전쟁터에 살던 사람들은 일본 병사의 행동을 어떻게 받아들였을까? 전쟁은 조선과 청, 일본에 어떤 영향을 미
쳤을까?

청과 일본, 조선에 병사를 보내다

1889년 일본에서 흉년이 들자, 일본 상인은 조선에서 콩과 쌀을 사 모았다.
이에 따라 조선에서 물가가 급등하자, 지방관은 콩과 쌀의 수출을 금지하
는 방곡령을 내렸다. 그러자 일본 정부는 일본 상인이 손해를 입었다며 방
곡령을 폐지하고 배상금 15만 엔을 지불하라고 요구했다. 교섭은 순조롭게
진행되지 않았고, 일본 정부는 최후통첩을 보내 무력을 쓰는 것도 마다하
지 않겠다는 뜻을 보였다. 이 문제는, 일본 정부의 요청으로 조정에 나선
청의 뜻을 받아들인 조선 정부가 배상금 11만 엔을 지불하겠다고 해 일단
해결되었다. 이 사건을 계기로 일본 정부는 청을 꺾는 전쟁을 신중히 검토
하기 시작했다. 청이 배후에서 영향력을 행사해 조선과 교섭하기가 어려웠
다고 판단했기 때문이다.

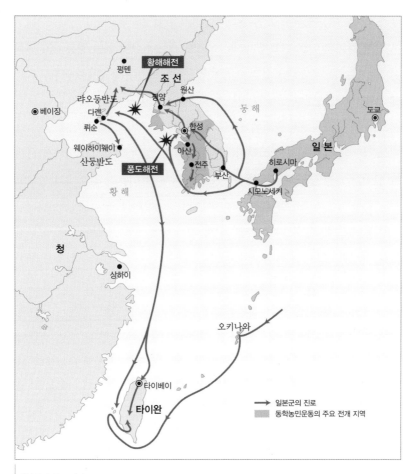

일본군의 주요 전장

일본군이 주요 전쟁터로 삼은 곳은 조선과 둥베이였다.

1894년 봄, 조선에서 동학농민운동이 일어났다. 5월 31일에 전봉준이 이끄는 농민군이 전주를 점령했고, 같은 날 조선 정부는 농민군을 진압하기 위해 청에 출병을 요청했다. 그리고 일본 정부가 청에 대항해 군대를 조선에 파견하려고 한다는 사실이 전했다. 일본 침략을 경계하고 있던 농민군은 정치의 폐단을 고치겠다는 정부의 약속에 따라 6월 10일 전주에서 정부와 화해했다. 이를 두고 전주 화약이라고 한다.

한편 일본의 이토 히로부미 내각은 6월 2일, 조선에 있는 일본인을 보호한다는 핑계를 내세워 조선의 요청이 없었는데도 일본군 약 8000명을 조선에 보내기로 결정했다. 그리고 곧 조선 정부와 농민군이 화해함에 따라 농민군의 활동이 조용해져 출병의 명분이 사라졌다. 그러나 일본군의 파병은 그대로 진행되었다. 이토 히로부미 내각은 아무런 성과도 없이 조선에서 군대를 철수할 수는 없다고 생각했다. 전쟁을 해야 할 이유가 전혀 없었는데도 이 기회를 이용해 조선을 복속시켜 지배하겠다는 야심을 드러낸 것이다.

이런 가운데 조선 정부는 6월 14일, 청과 일본에 군대 철수를 공식 요청했다. 청 정부도 이미 농민군이 평정되었다며 두 나라 군대의 철수를 주장했다. 이에 대해 일본 정부는 다음 날인 15일, 두 가지 내용에 대해 청 정부와 교섭할 것을 결정했다. 첫째, 농민군을 진압한 뒤 청과 일본의 군대를 그대로 둔 상태에서 두 나라가 조선의 내정 개혁을 실시한다. 이것이 끝날 때까지 일본군은 철수하지 않는다. 둘째, 청이 동의하지 않으면 일본 단독으로 내정 개혁을 실시하게 한다. 게다가 일본 정부는 이런 사항들을 청 정부가 거부할 것으로 예상하고 바로 이날 청과 전쟁을 시작한다고 결의하고 조선에 군대를 계속 보냈다.

청 정부는 6월 21일, 일본 정부의 교섭 내용을 거부하고 조속한 군대 철수를 요구했다. 6월 30일에는 조선과 둥베이에서 세력 확대를 모색하고 있던 러시아도 일본에 군대를 철수하라고 강하게 요구했다. 그런데 바로 얼마 뒤 일본 정부와 영국 정부 사이에 조약 개정 교섭이 체결되어, 영국이 갖고 있던 치외법권이 폐지되었다. 이것은 러시아와 대립하고 있던 영국이 일본을 지원한다는 뜻으로 여겨져, 일본 정부가 전쟁을 결단하게 했다. 일본이 영국과 새 조약을 맺은 날은 7월 16일이다. 일본군은 7월 19일 조선에서 군사작전을 행동으로 옮겼다. 새로운 조약이 체결되고 겨우 사흘 뒤의 일이다.

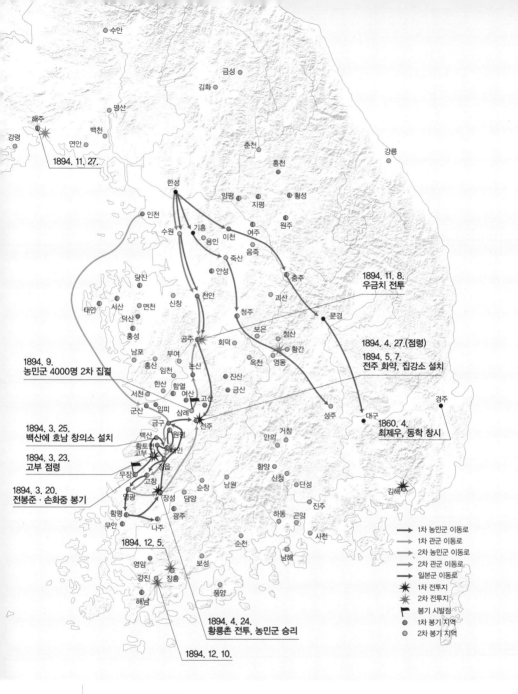

수안

금성
김화

평산
백천
해주
강령
연안
1894. 11. 27.

춘천
홍천

한성
양평
지평
황성
원주
강릉

인천
수원
기흥
이천
여주
용인
음죽
죽산
안성
충주

당진
서산
면천
신창
천안
괴산
청주
문경
1894. 11. 8.
우금치 전투

태안
덕산
홍성
공주
부여
회덕
보은
청산
청산
황간
황간
1894. 4. 27.(점령)
1894. 5. 7.
전주 화약, 집강소 설치

남포
홍산
임천
논산
옥천
영동
1894. 9.
농민군 4000명 2차 집결

서천
한산
함열
여산
진산
금산
경주

군산
임피
고산
고산
성주
대구
1860. 4.
최제우, 동학 창시

1894. 3. 25.
백산에 호남 창의소 설치
백산
금구
원평
전주
거창
안의

1894. 3. 23.
고부 점령
황토현
고부
태인
정읍
함양
산청
단성
김해

1894. 3. 20.
전봉준 · 손화중 봉기
무장
고창
영광
장성
순창
남원
담양
하동
곤양
진주

함평
무안
나주
광주
순천
사천
남해

1894. 12. 5.
영암
강진
장흥
보성
풍양

해남
1894. 4. 24.
황룡촌 전투, 농민군 승리

1894. 12. 10.

1차 농민군 이동로
1차 관군 이동로
2차 농민군 이동로
2차 관군 이동로
일본군 이동로
1차 전투지
2차 전투지
봉기 시발점
1차 봉기 지역
2차 봉기 지역

동학농민군과 일본군의 전투

두 번째 봉기한 동학농민군은 조선 남부를 중심으로 일본군과 격렬하게 싸웠다.

경복궁 점령과 청일전쟁의 시작

7월 23일, 한양에 주둔하고 있던 일본군이 경복궁을 점령하고 왕을 감금했다. 그리고 '조선의 자주'를 침해하며 주둔하고 있는 청군을 내쫓아 달라고 조선 정부가 일본군에 요청하게 했다. 사실상 청일전쟁이 시작된 것이다.

일본 육군의 정식 기록에서는 경복궁 점령을 우발적인 사건으로 다루고 있다. 그러나 이날, 폭약을 준비한 일본군 공병대가 사전에 계획한 대로 전선을 절단한 뒤 경복궁에 침입해 수비군을 제압하고 국왕을 감금했다. 그 뒤 대원군을 내세워 친일 정권을 수립하고, 대원군에게 청과 맺은 조약을 모두 폐기할 것과 청 군대의 철수를 요구할 것 등을 약속하게 했다. 이런 행동으로 청군을 공격할 수 있는 명분을 손에 넣은 일본군은 청군 약 2500명이 주둔하고 있던 성환·아산으로 남하했다.

이 시기 청에서는 리홍장이 외교를 주도하고 있었다. 그는 일찍부터 구미의 기술과 군사를 배워야 한다며 그 중요성을 인식했다. 영국·독일로부터 최신 무기와 군함을 들여다 서양식으로 군대를 강화하고 북양 함대를 창설했으며 뤼순 군항을 건설하는 등 군비 확충에 주력했다. 외교에서는 '오랑캐로 오랑캐를 제어한다'는 말처럼 다른 나라를 이용해 또 다른 나라의 움직임을 억눌러 구미 열강의 압박과 침략에서 벗어나려고 하고 있었다. 조선에 대해서는, 내정·외교에 대한 간섭을 강화해 군사·경제적인 면에서도 지배하에 두려는 정책을 진행시켰다. 그는 청의 외교 정책만이 아니라 내정, 경제, 군사 등도 주도적으로 이끌고 있었다. 그러나 당시 황실 내부의 부패가 만연해 근대화를 향한 정치, 제도 등의 개혁은 생각처럼 진전되지 않았다. 군사비가 궁정 비용으로 유용되기도 했다.

리홍장은 청일 군대가 철수하는 문제는 두 나라 정부가 교섭을 통해 원만히 해결한다는 것을 기본 방침으로 삼고, 영국과 러시아가 청과 일본 사이에서 교섭을 중개하기를 기대했다. 하지만 일본이 조선에 강경한 정책을 취하는 것을 보고 조선으로 증원 부대를 보냈다. 7월 25일, 일본 함대는 증원 부대를 호송하는 청 함대를 조선의 풍도 앞바다에서 공격해 격퇴했다. 그 후 일본군은 성환·아산 등에서 청군을 물리치고 8월 1일에 선전 포고했다. 같은 날 청도 전쟁을 선포했지만, 전쟁이 일어날 것을 예측하지 못해 훈련이 부족하고 싸울 의지도 약했다. 급하게 불러 모은 병사들에게 지급된 총을 비롯한 무기는 낡은 것이 많았고, 그조차 충분히 지급되지도 않았다.

　일본군은 예상 밖의 승리를 거듭했다. 북상한 일본군은 9월 15일에 평양을 공격해 함락했고, 청은 조선에서 세력을 잃고 말았다. 해상의 경우, 일본 해군이 9월 17일에 청 함대를 황해에서 공격해 승리를 거두었다.

동학농민군과 치른 전투와 전쟁의 종결

청일전쟁이 시작되자 전쟁터가 된 조선에서 일본은 철도·전신 부설권, 개항장 증설 등을 조선 정부에 강요했다. 또 정권을 잡은 대원군을 물러나게 하는 등 내정에 간섭해 조선을 일본에 종속시키려고 했다. 일본이 후원한 내정 개혁도 실은 일본이 조선에 대한 정치·경제 지배를 한층 더 강화하기 위한 것이었다.

　이 때문에, 민중의 처지에서 노비 폐지 같은 근대화를 추진하고 있던 동학농민군도 가을부터 다시 봉기했다. 특권 지배층에 대한 투쟁에서 일본의 군사적 침략에 대한 무력 저항으로 목표가 바뀐 것이다. 일본군은 청군과 싸우는 한편 조선 민중과도 전투를 하지 않을 수 없게 되어, 조선군과 합동으로 농민군에 맞섰다.

　10월 23일, 전봉준이 이끄는 농민군 수만 명이 공주를 공격했다. 화승

총·칼·창을 주 무기로 쓰던 농민군은 신식 무기로 무장한 조선·일본 연합군에 비해 화력에서 뒤져 패하고 말았다. 농민군은 11월 27일 태인 전투에서 패배한 이후 해산할 수밖에 없었다. 피신한 전봉준은 12월 28일에 체포되었다. 다른 지역에서도 농민군이 봉기했지만, 하나씩 진압되었다. 전투가 끝난 후에도 일본군은 동학에 관련된 농민을 철저하게 찾아 처형했다. 동학농민군 희생자 수는 적어도 3만~5만 명으로 추정된다.

일본은 평양 전투과 황해 해전에서 청을 제압해 조선에서 청의 세력을 배제한다는 전쟁 초기의 목적을 달성했다. 그런데 전쟁 상황에서 압도적 우위를 차지한 일본이 다시 조선 국경인 압록강을 넘어 랴오둥반도와 뤼순을 공격했다. 뤼순은 청 해군의 근거지일 뿐만 아니라 수도인 베이징을 지키는 중요한 지역으로서, 이곳에 아시아 제일이라는 요새가 있었다. 그런데 일본군이 11월 21일, 불과 하루 만에 이곳을 점령했다. 점령할 때 일본군은 병사와 주민 약 1만 8000명을 학살해 세계로부터 비난을 받았다. 그 이후 일본군은 1895년 2월 산둥반도와 웨이하이웨이를 점령하고 청의 함대를 항복시킨 후 3월에는 타이완 점령을 시도했다.

청은 강화를 요청했다. 1895년 4월, 청 대표 리훙장이 시모노세키에서 이토 히로부미를 비롯한 일본 측 대표들과 강화회의를 하고 이렇게 주장했다.

영토 할양은 청 국민에게 복수심을 심어 일본을 영원한 적으로 여기게 할 것이다. 일본은 전쟁을 일으킬 때 조선의 독립을 위한 것이지, 청 영토에 대해 욕심 부리는 것이 아니라고 내외에 선언하지 않았는가. 처음의 뜻을 잃지 않고 있다면, 청일 간 우호와 원조의 조약을 맺고 동아시아에서 장성(長城)을 쌓아, 유럽 열강들에게 무시당하지 않는 모습을 보여야 할 것이다.

그러나 청의 이런 호소는 고려되지 않았고, 강화 조약이 체결되었다. 그 내용은 이렇게 정리할 수 있다. 첫째, 조선에 대한 종주권을 포기하고 조선 독립을 승인한다. 둘째, 일본에게 랴오둥반도와 타이완·펑후 제도를 양도한다. 셋째, 배상금 2억 냥(약 3억 엔)을 지불한다. 그리고 사스·충칭·쑤저우·항저우 등 여러 도시를 개방하기로 했다. 이렇게 조선과 청의 종속 관계는 마지막을 고했다.

러시아는 강화 조약이 둥베이와 조선에서 세력을 확대하는 데 방해가 될 것이라고 생각해, 독일·프랑스와 함께 랴오둥반도를 청에 반환하도록 일본을 위협했다. 세 나라는 일본이 랴오둥반도를 점령하는 것이 중국 수도 베이징을 위험하게 하고, 조선의 독립을 유명무실하게 한다는 점을 들어 반환을 권고했다. 이에 일본은 군사 간섭을 피하기 위해 반환에 응하고, 반환 대가로 청으로부터 3000만 냥(약 4500만 엔)을 받았다.

전쟁 속의 군인과 민중

일본 정부의 오랜 바람은 조선에 대한 청의 영향력을 배제하고 조선을 일본의 지배하에 두는 것이었다. 청일전쟁에서 일본은 전쟁의 명분으로 조선 독립과 내정 개혁을 내세웠다. 그래서 천황이 지시한 전쟁 조칙에 따른 내각회의 문서 초안에 전쟁 상대국을 '청국 및 조선국'으로 했다. 그러나 나중에는 '청국'만을 상정했다.

일본 정부는 이렇게 전쟁이 일어나기 전까지 교전국을 규정할 수 없었다. 그만큼 처음부터 전쟁의 전망이 명확하지 않았다는 것이다. 그런데도 일본 육군은 정규군 약 17만 명뿐만 아니라 대포·탄약·식량 등을 운반하는 데 말 대신 10만여 명의 사람을 동원해 싸웠다. 이 사람들은 민간 청부업자가 고용해서 동원해 군복과 군화를 지급받지 못했지만, 칼을 차고 전쟁에 나간 이들이 많아 외국인에게는 군인처럼 보였다.

일본 병사 중 많은 수는 전쟁을 하기 위해 처음으로 바다를 건너 조선과 둥베이 사람들의 생활을 보았다. 그들은 이 지역에서 다른 민족의 생활이 '악취', '불결', '무지' 등으로 넘친다고 느꼈다. 처음에는 일본인들이 대국인 청과 싸운다는 사실에 불안해했다. 하지만 '문명국'의 한 사람인 일본인으로서 조선·둥베이를 '야만'으로 여기는 우월감에 기초해 전쟁터에서 저지른 약탈 행위를 정당화하게 되었다. 어떤 병사는 고향에 보내는 글에 '조선이라고 하는 곳은 알고 있는 것처럼 야만의 상태가 매우 난무한 곳'이라며 욕조에 들어가는 습관이 없는 불결한 곳, 물이 부족해 일본인도 욕조에 들어갈 수 없는 곳이라는 내용을 담았다. 1894년 10월, 둥베이의 주롄청(九連城)을 무혈점령한 어떤 병사는 이런 편지를 보낸다.

청군은 불을 지르고 모두 도주했다. 주롄청을 점령했는데 쌀 2000석·소와 말·된장·술·간장·여러 물건·의복 등을 산같이 쌓았고, 빼앗은 물건을 아직까지 추위를 이기는 데 사용하고 있다. 오늘도 근처 마을에 나가 고구마, 돼지, 소, 말, 토란 등을 가지고 왔다.

일본군의 행동에 대해 둥베이에 있던 외국인 선교사는 이렇게 증언한다.

군대의 뒤를 이어 잡다한 최하층의 무리가 온다. 중국인들은 그들을 공포가 섞인 경멸의 눈으로 보았다. 그들의 무례한 행동과 노출이 심한 의복은 끊임없는 혐오감을 불러일으켰다. 그들은 술에 취해 많은 악행들을 보통으로 행했다.

조선 농민은 인부로 일본군에 징발되어 삼엄한 감시 속에서 일하게 되었다. 그런데 도망자가 줄을 이었다. 도망하는 근본적인 원인은 살아남기 위함이었다. 반일 감정과 가혹한 사역도 원인이 되었다. 원산에 상륙한 일본군에서 이런 일도 있었다. 8월의 뜨거운 태양 아래에서 병력을 이동시키자 소 300여 마리가 쓰러졌다. 동원된 사람들도 일사병으로 앞으로 나아갈 수 없었다. 그래도 강제로 운반시키자 이구동성으로 "이 고통을 당하고 있느니 차라리 죽여라." 하고 외쳤다. 그곳에서 일본 병사가 한 사람을 베어 죽였다. 그러자 다른 인부들이 두려움에 벌벌 떨면서도 누구 하나 짐을 들려고 하지 않았다고 한다.

조선에서도 둥베이에서처럼 일본군 병사와 전쟁에 동원된 군부(軍夫) 들의 행동이 혐오감을 불러일으켰다. 군대를 따라갔던 일본인 신문기자 중 한 명은 '군부가 조선인을 돈으로 속여 물품을 빼앗고, 부녀자를 욕보이는 등의 행동을 하기 때문에 더욱 엄하게 감독해야 한다'고 주장했다. 다른 종군기자도 "대구 부근에서 조선인 부인이 마을 근처 산으로 도망하는 일이 있었는데, 그 원인 중 하나는 일본군 병사와 군부 들이 민가에 침입해 알몸으로 목욕한 것이다."라고 보고한다. 이런 행동이 조선·중국 사람들에게는 일본인의 '야만성'을 드러내는 것으로 보였다.

전쟁 후의 삼국과 타이완 제압

전쟁 결과, 일본은 첫 식민지로 타이완을 획득했다. 그리고 그 이후 식민지를 지배하는 나라, 즉 구미 열강과 같은 제국주의 국가로서 조선과 중국을 본격적으로 침략했다. 청에서 받은 배상금은 전쟁 전 일본 정부 세출액의 4.25배에 달하는 거액이었다. 일본은 이 돈의 약 85퍼센트를 군비 확장에 썼다.

청은 연간 재정 수입의 약 세 배에 이르는 거액의 배상금을 지불해, 무거운 부담에 시달리게 되었다. 청일전쟁 전의 청은 주변국에 조공을 요구하고 보호하는, 아시아의 전통적인 대국으로서 두려운 존재였다. 그러나 일본에 패배함으로써 군사적으로 약한 존재라는 사실이 분명해졌다. 그 결과, 그때까지 청 주변 조공국을 향하고 있던 열강의 침략이 청을 향하게 되었다.

한편 식민지 타이완에서 일본 지배에 반대하는 독립운동이 일어났다. 일본군은 1895년 5월에 상륙해 전투를 개시했다. 타이완 사람들은 조직적인 저항이 끝나기까지 5개월 동안 약 1만 4000명이 희생될 만큼 격렬하게 저항했다. 병사 5만 명과 군부 2만 6000명을 투입한 일본군은 섬 전체를 제압한 1915년경까지 게릴라전과 말라리아·콜레라 등 전염병으로 약 9600명이 사망했다.

무력으로 타이완을 진압하던 일본은 1895년에 타이완 총독부를 설치하고 무단적인 통치를 행했다. 총독부는 토지조사사업을 통해 소유자가 불분명한 토지를 빼앗고 토지 소유자, 즉 납세 의무자를 확정했다. 그리고 제당업의 기반을 만들기 위해 사탕수수 재배를 장려해 논을 사탕수수 밭으로 바

｜일본군에 맞선 타이완 사람들
타이완 민중은 일본군과 게릴라전을 전개하며 싸움을 계속했다.

54

꾸었으며 아편, 장뇌, 담배, 술, 소금에 대한 전매제를 실시했다. 이 가운데 아편은 총독부 수입의 15~20퍼센트에 이를 정도로 중요한 것이 되었다.

조선에서는 청일전쟁 후에도 일본을 반대하는 움직임이 거세지고, 삼국 간섭을 주도한 러시아의 영향력이 강해졌다. 이런 상황에서 일본 공사가 일본 정부 고위 관리의 양해 아래 주도해 1895년 10월에 일본군 수비대를 주축으로 한 자객들을 경복궁에 난입시켰다. 이들은 친러시아 정책을 주도하고 있던 왕비를 살해하고 시체를 태웠다. 그러고는 왕비 시해가 조선 군대 내부의 충돌에서 일어난 사건이라는 공작을 폈다.

이 사건은 조선인들에게 커다란 충격을 주었고, 반일 의병 투쟁이 일어났다. 사건의 진상이 밝혀지며 국제 문제가 되었다. 그 결과, 일본 정부는 할 수 없이 공사를 비롯해 사건과 관계된 이들을 일본으로 불러 재판에 회부했다. 그러나 재판은 형식적이었고, 공사를 비롯한 사건 관계자는 증거 불충분으로 기소가 면제되었다.

일본의 이런 움직임 때문에 고종은 러시아 공사관으로 피신했다. 그 후 1897년에 고종이 왕궁으로 돌아와 '국왕'을 '황제'로, 나라 이름을 '대한제국'으로 고쳐 청·일본 등과 대등한 나라라고 표시하고 근대적 개혁을 추진하려고 했다.

또한 독립 유지와 근대적 개혁을 요구하는 지식인들은 1896년에 독립협회를 결성하고 『독립신문』을 발행하는 등 근대화를 위해 민주 사상과 독립 정신을 보급하려고 했다. 그러나 일본은 조선을 지배하기 위해 러시아와 전쟁할 준비를 시작했다.

제국주의에 맞선
아시아 연대

"영국이 남아프리카를, 미국이 필리핀을 정복하고 독일은 중국의 자오저우만을 점령하고, 러시아는 둥베이를
빼앗았다. …… 우리 일본도 제국주의에 열광해 13개 육군 사단, 30만 톤 전력의 해군으로 확장하고 타이완으
로 영토를 늘리고 …… 바야흐로 제국주의라는 병원균은 세계 각지에 퍼지고 20세기 문명을 파괴할 것이다."
1901년 4월, 일본의 사회주의자 고토쿠 슈스이는 제국주의가 퍼져 가는 것을 이렇게 비판했다. 동아시아 사람
들은 제국주의 침략에 어떻게 대응했을까?

일본으로 가는 유학 운동을 시작하다

러일전쟁 중이던 1905년 4월 중순, 상하이
에서 일본 배를 탄 베트남인 세 명이 고베
항에 도착했다. 그중 한 명이 38세의 베트
남 민족 독립운동 지도자, 판보이쩌우였다.

당시 프랑스 식민지였던 베트남에서는
독립 기운이 높아졌다. 1904년 10월 하순,
베트남유신회라는 독립운동 조직 지도자
들은 판보이쩌우를 대표로서 일본에 파견
하기로 했다. 베트남 독립운동가들은 일
본과 베트남이 한자 문화를 공유하는 끈

판보이쩌우

베트남 유학자로서 1904년에 왕족인 쿠옹데
를 맞이해 베트남유신회를 결성하고, 이듬
해에는 독립운동에 대한 지원을 얻기 위해
일본에 갔다.

20세기의 동아시아를 덮친 제국주의

끈한 유대로 맺어져 있다고 하는 '동문동종론'을 생각하고 있었다. 또한 러일전쟁을 아시아 황인종인 일본과 유럽 백인종인 러시아의 전쟁으로 보았다. 따라서 백인종인 러시아와 싸우고 있던 황인종의 형인 일본이, 백인종인 프랑스의 식민지 지배로부터 해방을 요구하는 동생 베트남에게 원조의 손을 뻗쳐 줄 것을 기대하고 있었다.

고베에 도착한 판보이쩌우는 기차를 타고 요코하마로 향했다. 일본에 망명해 요코하마에 머무르고 있던 중국인 정치가를 만나기 위해서였다. 그 정치가는 일본 정부로부터 무기 원조를 기대하는 판보이쩌우에게, '한 나라의 정부가 외국 혁명 세력을 지원하는 경우는 그 나라와 교전 상태에 있을 때뿐인데 일본과 프랑스는 현재 전쟁 상태가 아니기 때문에, 일본 정부가 베트남 사람에게 무기를 제공하는 일은 있을 수 없다'고 했다. 그의 소개로 판보이쩌우는 일본 정부 지도자들도 만났다. 하지만 그들도 같은 의견이었고, 베트남 독립을 위해서는 인재 양성이 급선무라며 베트남 청년들을 일본에 유학시키라고 권했다.

그래서 판보이쩌우는 잠시 귀국해 유신회 동지와 지식인 들에게 일본 유학 운동의 의의를 설득했다. 이에 따라 유신회는 프랑스 관헌의 삼엄한 경계의 눈을 피해 베트남 청년을 일본에 보내는 동유 운동을 시작했다.

1905년에 세 학생이 판보이쩌우와 일본에 간 것을 시작으로, 1906년에는 왕족 한 명이 일본에 망명했다. 1907년에는 일본에 체류한 베트남 유학생이 100명이었는데, 1908년에는 200명에 이르렀다. 그들은 일본 정치가의 주선으로 일본 육군참모본부가 관할하는 학교에 입학해 독립운동에 필요한 서구의 정치·경제·군사에 대해 배웠다.

일본에 환멸을 느낀 베트남 지도자

그러나 독립에 필요한 인재를 기르기 위해 일본으로 유학을 보내는 동유 운동은 오래 이어지지 않았다. 1907년 6월에 프랑스 정부와 일본 정부가 대한제국에 대한 일본의 우월권과 베트남에 대한 프랑스의 지배권 등 아시아에서 누리던 권리를 서로 인정하는 협약을 맺었고, 베트남 독립운동에 대한 탄압이 강화되었기 때문이다. 프랑스 정부는 베트남 본국에서 유학생에게 송금하는 것을 방해하거나 유학생의 가족을 체포·투옥하는 등 탄압을 꾀하고, 일본에 체류하는 베트남 활동가의 인도를 일본 정부에 요청했다. 일본 정부는 프랑스의 요청에 응해 베트남 유학생의 국외 추방을 단행했다.

그 결과, 많은 베트남 유학생이 일본을 떠나 귀국하거나 중국으로 건너갔다.

판보이쩌우는 일본에 머물러 있던 왕족이 일본에서 추방되었다는 소식을 들었다. 실의에 빠진 그는 일본 외무장관에게 편지를 보내 일본이 유럽 백인 종인 프랑스와 영합해 아시아 황인종인 베트남을 압박하고 있다고 항의했다. 러일전쟁을 지켜보고 일본에 큰 기대를 보내던 베트남인은 일본 정부의 대응에 환멸을 느끼고, 일본을 식민지화된 아시아의 적으로 여기게 되었다.

아시아의 혁명가, 도쿄에 모이다

러일전쟁 후 한때 도쿄는 아시아의 혁명가나 독립운동가가 모이는 근거지가 되었다. 그들은 유럽의 백인 제국 러시아를 타도한 일본을 아시아의 '해방'과 '독립'의 상징으로 여겼다. 그래서 일본을 배우고 일본의 지원을 통해 자국의 독립이나 변혁을 완수하고 싶다는 기대를 품고 도쿄에 모인 것이다.

1905년 도쿄에서 쑨원을 총리로 하는 중국혁명동맹회가 만들어지자, 장빙린이 주필이 되어 기관지『민바오』를 발행했다. 당시『민바오』의 편집에 관여한 중국인 혁명가들은 점점 사회주의 사상에 눈을 뜨고, 1907년 6월에는 사회주의 연구회를 창설했다. 그 후 그들은 고토쿠 슈스이를 강사로 초대해 여러 차례 사회주의 강습회를 열었고, 많을 때는 약 90명의 중국인이

고토쿠 슈스이
1871년 현재의 고치 현에서 태어난 고토쿠 슈스이는 사상가인 나카에 초민의 문하에 들어간 뒤 1891년에『지유 신문』의 기자가 되어 언론인으로서 첫발을 내디뎠다.

헤이민 신문

고토쿠 슈스이와 사카이 도시히코 같은 사회주의자들이 1903년에 창립한 헤이민샤(平民社)에서 같은 해 11월부터 1905년 1월까지 주간 『헤이민 신문』을 발행했다.

참가했다. 나중에 대표적인 사회주의자가 된 고토쿠 슈스이는 1898년에 『요로즈초호』라는 신문의 기자가 되었는데, 이 신문이 러일전쟁에 찬성하는 개전론으로 전환하자 신문사를 그만두고 헤이민샤를 세워 러일전쟁을 비판했다. 그는 1905년 미국에 건너가 총파업에 따른 사회주의 건설을 지향하는 직접행동주의를 알고 난 뒤 귀국해, 직접행동주의를 제창하고 사회혁명당을 결성했다. 또 이에 앞서 1901년 4월에는 『20세기의 괴물 제국주의』를 간행해 제국주의를 이렇게 강하게 비판했다. "제국주의는 국민의 애국심을 불러일으켜 군사력을 증강하기 위해 국민에게 과중하게 조세를 부담시키며 국민의 생활을 궁핍하게 한다. 또한 군사력으로 타국을 지배하는 나라가 일시적으로는 번영하지만 끝내는 멸망한다."

같은 시기에 고토쿠 슈스이가 개최하던 사회주의 금요 강연을 비롯한 여러 모임에 중국인뿐만 아니라 한국인 유학생들도 참가해 세 나라의 사회주의자들이 교류했다. 고토쿠 슈스이 같은 일본 사회주의자들은 중국과 한국의 사회주의자들과 교류하며 자유·독립·자치권을 존중하고, 일본 정부가 한국의 독립을 보장해야 한다고 선언했다.

중국인 혁명가와 일본인 사회주의자가 교류했을 뿐만 아니라, 일본에 체류하고 있던 인도인 혁명가와 중국인 혁명가 사이에서도 우정이 싹텄다. 그 발단은 1907년 4월 도라노몬에서 열린 행사로, 인도의 영웅인 마라타 왕국의 건국자를 기리는 자리였다. 이때 어느 유력 정치가가 영국 찬미를 연설하는 것을 『민바오』가 비판했기 때문이다.

아시아 연대를 지향하던 아주화친회

이런 과정을 거쳐 1907년 여름에는 중국인 혁명가와 망명 인도인을 중심으로 일본, 한국, 베트남, 필리핀, 말레이시아, 미얀마 등의 사람들이 모여 아주화친회를 발족했다. 첫 회합은 도쿄 아오야마에 있는 인도인의 집에서 열렸고, 중국인·인도인 이외에 고토쿠 슈스이를 비롯해 여러 명의 일본인 사회주의자가 참가했다. 9월경에는 구단시타에 있는 기독교 교회에서 두 번째 회합이 열렸다. 판보이쩌우와 베트남 유학생, 필리핀 사람 들이 새로 더해져 규약을 만들었다.

장빙린이 쓴 규약은, 모임의 목적을 '제국주의에 대항하고, 아시아에서 이미 주권을 잃어버린 민족의 독립을 달성하는 것'으로 정했다. 그리고 회원 자격을 민족 독립을 구하는 자, 공화정 수립을 목표로 하는 자, 사회주의나 무정부주의를 외치는 자 등으로 선언했다. 더 나아가 아시아 여러 민족의 독립을 목표로 하는 모든 세력의 참가를 인정할 것, 제국주의의 침략에 반대해 서로 원조하며 독립을 달성할 것, 가맹국에서 혁명이 일어나면

장빙린

중국의 전통적인 학문을 깊이 이해한 장빙린은 청 조정을 타도하기 위해 혁명론을 주장한다. 신해혁명의 공로자로 꼽히며, 루쉰의 스승이라고도 불린다.

다른 나라들의 동지가 지원할 것 등을 분명하게 적고 있다.

그런데 당시 일본에 유학하고 있던 800명 정도의 한국인 유학생 중 대다수는 아주화친회에 참가하지 않았다. 일본의 한국 침략이 점점 본격화되는 상황에서 '일본인이 출석한다면 우리는 출석하지 않는다'는 강한 신념이 있었기 때문이다. 그러나 아주화친회에 참가한 한국인 유학생도 존재했다. 1904년 한국 황실 유학생으로 뽑혀 일본으로 건너가 도쿄 부립 제1중학교에 적을 둔 조소앙이다. 그는 제2차 한일협약에 대한 항의 집회를 열고, 모든 한국인 유학생을 결집하는 학회지에 주필로 관계하는 등 일본에 체류하는 유학생 민족운동의 구심이었다. 나중에는 상하이로 망명해 중국·인도·타이·필리핀·베트남 등의 혁명가와 연대를 호소했는데, 그의 연대 사상은 아주화친회의 활동과 관계가 있다.

1908년 1월에는 일본 사회주의자들이 체포되고, 이것이 아주화친회 해체의 원인이 되었다. 이때 중국인 혁명가들은 일본을 떠나고, 일본 정부는 『민바오』의 발행을 금지했다. 또 같은 시기에 일본 정부는 일본과 프랑스의 협약을 근거로 프랑스 정부의 요청에 응해 베트남 유학생의 국외 퇴거를 강행했다. 이렇게 일본 정부가 사회주의자를 단속하고 아시아 혁명가와 민족운동가를 국외로 추방하면서 아주화친회의 활동은 1년도 못 되어 막을 내렸다. 따라서 규약이 내건 각국 혁명의 상호 원조나 민족 독립은 열매를 맺을 수 없었다.

아주화친회는 단기간 활동으로 끝났다. 그러나 약 100년 전 도쿄를 무대로 일본 사회주의자와 아시아 혁명가들이 민족 해방과 사회변혁을 꿈꾸며 국제 연대 활동을 시도한 사실은 아시아에서 국제 연대의 선구적인 예로 큰 의의를 남겼다.

대한 독립과 아시아 연대

1909년 10월 26일 오전 9시 30분, 눈이 날리는 하얼빈 역 플랫폼에서 총성이 울려 퍼졌다. 한국의 의병장 안중근이 이토 히로부미를 사살한 순간이다. 일본 초대 내각 총리대신, 초대 한국 통감을 역임한 이토 히로부미는 등

하얼빈 역의 이토 히로부미
하얼빈 역 플랫폼에 도착한 이토 히로부미(왼쪽에서 두 번째 인물)가 마중 나온 러시아 고관에게 인사하고 있다. 이로부터 30분 뒤에는 이토 히로부미가 총탄에 쓰러진다.

베이에 관해 러시아 재무장관과 교섭하기 위해 하얼빈을 방문하고 있었다. 안중근은 발포 후 '대한 만세'를 계속 외쳤고, 곧 러시아 헌병대에 붙잡혔다.

1879년 황해도 해주의 명문 양반 가문에서 태어난 안중근은 1905년 11월 제2차 한일협약의 체결로 한국이 외교권을 박탈당한 사실에 분개하고 민족의식에 눈을 떠, 각지에 사립학교를 건립하는 등 애국계몽 운동에 몰두했다. 그리고 1907년 제3차 한일협약에 따라 한국군이 해산되었다는 사실을 알고는 국권을 회복하는 길이 무력 투쟁밖에 없다고 판단해 의병 투쟁에 몸을 던졌다. 1908년 1월에는 열한 명의 동지와 동맹을 결성했고, 블라디보스토크에서 이토 히로부미의 하얼빈 방문 소식을 접했다. 그는 이토 히로부미를 사살하면 일본의 한국 침략을 세계에 고발하는 좋은 기회가 된다고 확신해 이토 히로부미의 살해를 결의했다. 안중근은 검거된 후 일본인 검찰관이 한 심문에서 이토 히로부미를 사살한 이유로 한국 황제를 폐위한 죄, 무고한 한국인을 살해한 죄, 한국 정권을 빼앗아 통감 정치로 바꾼 죄, 한국 군대를 강제 해산한 죄, 동양 평화를 파괴한 죄 등 이토 히로부미의 죄상 열다섯 가지를 주장했다. 이토 히로부미가 일본을 맹주로 하고 한국의 문명국화를 꾀하는 한국 보호국화 구상에 기초한 아시아 평화론을 주창한 것에 대해 안중근은 이와 다른 독자적인 동양 평화론을 강하게 주장했다. 즉 동양 평화란 한국·일본·중국 등 아시아 각국이 자주 독립한 상태가 그 전제이며 한국의 독립 없이는 동양 평화가 성립할 수 없다는 것이다. 그런데 이토 히로부미가 한국을 침략하고 동양 평화를 파괴했기 때문에 동양 평화를 유지하기 위해 그를 사살했다고 했다.

안중근은 옥에서 예의 바른 언행으로 명확하게 의사를 전하는 등 항상 의연하고 당당하게 행동했으며 가톨릭 신자로서 기도하는 것도 빠뜨리지 않았다. 그의 언동은 뤼순 감옥에서 일하던 많은 일본인들에게 감명을 주었고, 일본인 간수와 친하게 대화하는 경우도 있어 그들의 요청에 응해 글을 남겼다.

그는 또 옥중에서 자서전을 쓴 뒤『동양평화론』집필에 착수했지만, 미완성인 채로 사형 집행을 맞이했다. 그는 글을 통해, 지역적으로 가깝고 같은 황인종인 한국·일본·중국 등 동아시아 3국이 대등한 관계로 제휴하고 구미 제국주의의 아시아 침략에 대항해야 한다고 호소했다. 일본인 통역에게는 더 구체적인 동아시아 평화 구상을 구술했다. 그 내용은, 뤼순이 러시아·일본·중국 등의 분쟁 지점이 될 우려가 있으니 뤼순을 영세 중립 지

안중근
안중근은 1909년 1월, 동지 열한 명과 왼쪽 약지를 자르고, 그 피로 국기에 '대한 독립'을 크게 쓰며 독립에 대한 강한 의지를 나타냈다.

대로 삼아 대립의 위험을 제거할 것, 아시아 각국이 뤼순에 대표를 파견해 상설 평화위원회를 마련할 것, 평화위원회가 각국 군대를 공동 관리하고 분쟁 방지와 지역의 안전 보장을 위해 노력할 것, 각국이 자금을 제공해서 개발 은행을 설립하고 지역 개발이나 원조가 필요한 나라에 도움을 줄 것, 로마 교황도 평화위원회에 대표를 보내고 서구 제국의 관여 없이 국제적인 승인과 영향력을 얻을 것 등이다.

안중근은 양반으로서 동학농민군 진압에 참가하는 등 민중과 다른 처지에 있었지만, 사상적으로는 제국주의에 반대하고 한국·일본·중국의 협력을 바탕으로 한 동아시아의 평화와 발전을 구상했다. 그가 죽은 뒤 한국에서는 그를 대한 독립에 목숨을 바친 '의사'로 평가하고, 중국에서는 중일전쟁 중에 연극의 주제로 삼을 만큼 항일 운동을 고무하는 본보기로 여겼다.

일본은 청일전쟁 뒤 조선을 보호국으로 만들고 랴오둥반도를 조차해 둥베이로 진출하려고 했다. 하지만 둥베이와 조선에 관심이 있던 러시아가 주도한 삼국간섭으로 뜻을 이루지 못했다. 절치부심하며 복수를 꿈꾸던 일본은 영국과 미국의 도움으로 러일전쟁에서 승리하고 1905년에 마침내 강제로 을사조약을 체결해 조선을 보호국으로 삼는 데 성공했다.

을사조약이 체결되자 한국인들은 실력을 키우자는 자강 운동과 함께 의병을 일으켜 강력하게 저항했다. 이에 놀란 일본은 보안법, 출판법 등 악법을 만들고 무자비하게 의병을 진압했다. 열강과 남아 있던 이해관계를 조정한 일본은 1910년에 한국의 국권을 강탈했다.

일본은 군대와 경찰을 전국 곳곳에 배치하고 헌병을 앞세워 한국인을 군대식으로 억압했다. 한국인들은 집회·결사의 자유도 없었고, 총독부 기관지를 뺀 모든 신문과 잡지가 폐간당했으며 일본이 자랑하는 헌법도 적용받지 못했다. 조선총독은 일본 천황을 제외하곤 누구의 통제로 받지 않고 행정, 사법, 군사권을 장악했다. 1945년에 해방이 될 때까지 조선총독 여덟 명은 모두 군인이었고, 고위 관리는 거의 대부분 일본인이었다.

2

제국주의 일본의
식민 지배와 해방 투쟁

헌병 경찰의 통치 아래 고통받던 한국인들은 1919년에 3·1운동을 일으켰다. 한국인들은 남녀노소를 가리지 않고 모두 일어나 전국 곳곳에서 서너 달 동안 계속 독립 만세를 외치며 일제에 항거했다. 일본은 무자비하게 탄압하며 통치 방법의 이름을 문화정치라는 것으로 바꾸었다. 열강의 압력과 함께 이 무렵 일본에서 불던 민주주의·자유주의 경향인 다이쇼 데모크라시도 이런 변화에 영향을 주었다. 문화정치는 한국인의 문화를 창달한다는 명분을 내세웠지만, 사실은 한국을 일본에 동화시키려는 데 목적이 있었다.

식민지 한국 사회는 도시화의 진전과 함께 변화했다. 특히 1920년대 중반 경성에서는 '모던 보이'와 '모던 걸' 들이 거리를 누비고 다녔다. 물론 농촌은 그다지 변화하지 않았고 농민들은 대부분 살기가 힘들었다. 먹고살기 위해 도시로 올라온 사람들은 토막집에서 살아야 했다.

3·1운동을 통해 사회의 주인이라는 것을 자각한 청년과 시민 들은 각 분야에서 다양한 활동을 펼쳤고, 때마침 러시아혁명의 영향으로 사회주의가 들어와 큰 영향을 미쳤다. 그동안 억눌려 지내던 여성과 백정 등 사회적 소수자들도 자신의 권익을 찾는 노력을 시작했다. 이런 운동은 한국에서만 일어난 것이 아니라 일본과 중국에서도 일어났고, 국제적인 연대를 위한 움직임도 전개되었다.

러일전쟁과
일본의 한국 식민지화

유라시아 북방의 대제국 러시아, 그리고 구미의 제국을 모델로 삼아 근대국가를 지향하며 제도를 재정비하고 대륙으로 세력을 확대하려고 하는 일본. 20세기 초에 이 두 나라가 중국 둥베이와 한반도를 무대로 충돌했다. 전쟁은 한국인들에게 중대한 결과를 초래했다. 러일전쟁은 대체 무엇이었나? 일본은 무엇을 하려고 했을까?

일본과 러시아가 충돌하다

1900년 의화단사건을 계기로 러시아는 중국 둥베이에 대군을 보내 이곳을 세력 밑에 두었다. 이 시기에 일본의 압력을 받고 있던 한국 정부는 러시아에 접근하려고 하고 있었다. 대국인 러시아에 한국의 중립을 인정하게 해 일본의 침략을 막으려는 것이었다. 러시아는 이런 한국 정부의 요구에 중립을 인정했다.

한편 일본에서는 '러시아가 둥베이에서 한반도로 진출하려고 한다. 한반도 다음은 일본이다.'라는 러시아 위협론이 대두해, 러시아의 위협에서 일본을 지키려면 러시아보다 빨리 한반도를 확보해야 한다고 주장했다.

일본과 러시아의 대립이 깊어 가는 동안 한국 정부는 1903년 11월과 그 다음 해 1월, 두 번에 걸쳐 전시 국외 중립 성명을 발표했다. '전쟁에 관여

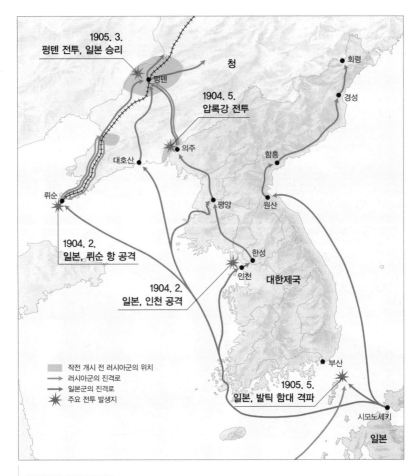

작전 개시 전 러시아군의 위치
→ 러시아군의 진격로
→ 일본군의 진격로
✳ 주요 전투 발생지

러일전쟁 중 일본군의 진로

하지 않는다. 일본 편도 러시아 편도 들지 않겠다.' 이런 방침을 분명히 한
것이다. 이에 러시아는 한국의 중립을 인정했지만, 일본은 한국의 전시 국
외 중립 성명을 무시했다. 일본군은 1904년 2월 8일 인천 앞바다에서 러시
아 함대를 공격하며 인천에 상륙했다. 러일전쟁이 시작된 것이다. 전쟁을
시작하고 2주 뒤 일본은 한국 정부가 한일의정서를 조인하게 했다. 일본은
한국 내에서 군사상 필요한 장소를 언제든지 자유롭게 사용할 수 있게 되

전쟁터가 된 둥베이
러일전쟁의 싸움터가 된 둥베이와 한반도는 큰 해를 입어, 생활 터전이 파괴되었다.

었고, 한국 정부는 일본에 협력할 의무를 지게 되었다.

　일본은 러시아 본국에서 많은 원군이 도착하기 전에 러시아군에 큰 타격을 입히려고 기습 공격 작전을 폈다. 그러나 일본의 의도와 달리 전쟁이 장기화되었다. 1905년 2월부터 3월까지 오늘날의 선양인 펑톈에서 최대 전투가 벌어졌다. 러시아군 32만 명 대 일본군 25만 명. 두 나라 군대를 합쳐 57만이라는 병력이 충돌했다. 이 전투에서 일본은 펑톈을 점령하지만, 7만 명이나 되는 사상자를 냈다. 퇴각하는 러시아군의 사상자도 9만 명에 이르렀다.

전쟁이 시작된 뒤로 펑톈 전투까지 일본은 약 18만 7000명이라는 사상자를 냈다. 일본군 전체 병력이 109만 명 정도였던 것을 감안하면, 일본은 이미 전쟁을 계속할 수 있는 한계를 넘어서고 있었다.

한편 러시아의 국내 정세도 크게 요동치고 있었다. 1905년 1월 22일, 생활고에 시달린 민중이 페테르부르크 궁전으로 몰려가서 종전(終戰)과 평화를 요구하는 시위를 일으켰다. 이에 대해 군대가 발포하면서 많은 사상자를 낸 '피의 일요일' 사건이 일어난 것이다. 이를 계기로 러시아 각지에서 혁명운동이 일어나고, 이 움직임이 군대로까지 파급되었다.

1905년 5월, 동해 해전에서 일본 해군은 러시아 발틱 함대에 괴멸적인 타격을 입혔다. 전쟁의 형세가 일본에 아주 유리하게 전개되었지만, 이미 한계에 이른 일본 정부는 전쟁을 계속하고 싶지 않았다. 국내 정세가 긴박하게 돌아가던 러시아도 동해 전투에서 패배한 것을 계기로 전쟁을 끝낼 방침을 굳히게 되었다. 그 전부터 일본의 막후교섭을 받던 루스벨트 미국 대통령이 중재에 나섰다. 그 결과, 1905년 8월에는 미국의 포츠머스에서 강화회의가 열리고 강화조약이 체결되었다.

포츠머스 조약이 체결되어 이윽고 전쟁이 끝났지만, 전쟁이 끝날 때까지 러시아와 일본 양국의 많은 병사들이 생명을 잃었다. 이것은 인류가 그때까지 경험해 보지 못한 큰 규모의 희생이었다.

전쟁으로 고통받은 사람들

그런데 러시아와 일본의 병사만 희생된 것이 아니었다. 전쟁터가 된 한반도와 둥베이에 살던 사람들도 피해가 컸다. 전쟁이 시작되고 얼마 되지 않은 1904년 2월에 군사적인 위협 아래 조인된 한일의정서에 따라 한반도 각지에서 군수품이나 노동력이 강제 동원되었다. 수송 능력을 높이기 위해 1905년 5월에는 서울과 부산을 잇는 경부철도 공사를 끝내고, 의주와 서울을 잇는 경의철도 공사에 착수했다. 일본이 한반도를 남북으로 관통하는 철도 건설이라는 대사업을 단기간에 완성시켰다. 하지만 이 때문에 많은 한국 사람들이 강제 노동에 내몰렸다. 더욱이 일본은 한국의 우편, 전신, 전화 사업을 장악했다. 따라서 직접 전쟁터가 된 지역이 아닌 곳에서 살던 한국인들의 일상생활에도 큰 영향을 끼쳤다. 일본군은 강제적인 전쟁 협력에 반대하거나 저항한 사람들을 가차 없이 처벌했다.

러시아와 대립이 깊어 가는 가운데 일본에도 전쟁에 반대하는 목소리가 있었다. 그러나 일본은 이런 목소리를 묵살하고 전쟁으로 돌진했다. 싸움은 고전의 연속이었고, 희생자는 늘어만 갔다. 전쟁터에 나가는 병사들의 가족은 걱정이 더해 갔다.

뤼순을 공격한 일본군의 총공격이 실패를 거듭하고 2만 5000명에 가까운 사상자를 내고 있던 1904년 9월, 잡지 『묘조』에 요사노 아키코가 「그대, 죽어 버리지 않기를 ― 뤼순 포위군에 있는 동생을 슬퍼하며」라는 제목으로 전쟁에 반대하는 시를 발표했다. 전쟁터로 나간 동생이 뤼순에서 결사

요사노 아키코

대로 지원한 것 같다는 소문을 듣고, '동생아, 죽지 않았으면 좋겠다.' 하는 마음을 담아 시를 쓴 것이다. 요사노 아키코는 주간 『헤이민신문』에 실린 톨스토이의 러일전쟁론에 감명받아 남동생을 생각하는 마음을 시로 표현했다. 이 시는 위험한 전쟁터에 가족을 보낸 이들의 마음을 솔직하게 표현한 것이었지만, '위험 사상'이라며 강한 비판을 받았다.

그대, 죽어 버리지 않기를
- 뤼순 포위군에 있는 동생을 슬퍼하며

아, 동생아, 그대를 생각하며 눈물 흘리네

그대, 죽어 버리지 않기를

막내로 태어난 그대이기에

부모에게 깊은 사랑을 받았지

부모가 그대에게 칼을 들고

사람을 죽이라고 가르치지도

사람을 죽이고 죽으라고

스물네 살까지 키우지도 않았다네

아시아에서 떨어져 가는 일본

러일전쟁에서 일본의 승리는 생각지도 않은 영향을 미쳤다. 구미 열강의 압제에 고통받던 아시아 사람들은 이 전쟁을 '아시아와 유럽의 싸움'으로 파악하고 있었다. 물론 일본이 아시아인의 대표로서 러시아와 싸운 것은 아니지만, 일본의 승리는 식민 지배에 고통받던 사람들에게 희망을 주었다. 그러나 군국주의·팽창주의가 넘쳐나던 일본은 유감스럽게도 눈길을 아시아 사람들과 연대하는 방향으로 돌리지 않았다. 처음에는 일본의 승리를 기뻐하던 인도의 독립운동가 네루는 일본의 모습을 보고 이렇게 말한다.

그 직후의 결과는 소수의 침략적 제국주의 그룹에 또 한 나라가 들어간 것에 지나지 않았다. 그 아픈 결과를 처음 맛본 것은 한국이었다. 일본의 발전은 한국의 몰락을 의미했다. 일본은 개항한 후부터 이미 한국과 중국 등베이의 일부를 자기 세력 범위로 하고자 했다. …… 일본은 그 제국 정책을 수행하는 데 수치스러움을 전혀 몰랐다. 일본은 베일에 싸인 거짓말을 하지도 않고, 공공연하게 찾아다녔다.

1905년 7월 일본과 미국은, 일본이 미국의 필리핀 통치를 인정하는 대신 미국은 일본이 한국을 보호국화하는 것을 승인하는 가쓰라-태프트 밀약을 맺었다. 이어, 일본은 8월에 영일동맹을 개정해 영국도 일본의 한국 보호권을 인정하게 했다. 한국 정부는 영일동맹의 개정에 대해서 한국의 주권을 침해한다고 강력히 항의했지만 소용이 없었다. 1907년에는 일본과 프랑스가 협약을 맺어 프랑스의 베트남 지배와 일본의 한국 지배를 서로 승인했다. 같은 해에 러시아도 일본과 협약을 맺어 러시아가 외몽골을 지배하고 일본이 한국을 지배하는 것을 서로 승인했다. 이런 조약에 따라 일본 정부는 일본에서 벌어지고 있던 인도와 필리핀의 독립운동을 단속하고, 베트남 독립운동가였던 판보이쩌우나 일본을 바라보며 배우려고 하던 많은 베트남 유학생들을 국외로 쫓아낸 것이다. 일본은 착실하게 제국주의 국가로서 지위를 굳히고, 강대국의 신용을 얻으면서 한국에 대한 식민지화를 한 걸음 한 걸음 진전시켜 나갔다.

강제로 맺은 한일협약

포츠머스 조약 체결 후 일본은 한국을 보호국으로 삼기 위해 1905년 11월 을사조약, 곧 제2차 한일협약을 체결했다. 이 조약에 따라 한국은 외교권을 완전히 빼앗기고, 한국과 외국의 관계는 모두 일본이 결정하게 되었다. 그리고 일본은 서울에 통감부를 설치했다. 이 조약을 체결할 무렵 천황의 친서를 가진 이토 히로부미가 한국에 들어왔다. 이토 히로부미는 각지에 주둔하고 있던 군을 서울에 집결하고 궁궐을 포위했다. 궁궐 안에도 무장한 병사를 배치한 가운데, 조약안을 한국 측에 들이밀었다. 고종황제가 외교권을 넘기면 독립국의 지위를 잃는 것이라며 거절하자 이토 히로부미는 '만약 한국이 여기에 응하지 않으면 더욱 곤란한 경우에 빠질 것을 각오해야 한다'고 협박했다. 그리고 내각회의 소집을 강요했다. 대신 여덟 명이 모여 내각회의가 시작되었는데, 간단하게 결론이 날 리 없었다. 장시간 내각회의를 지켜보던 이토 히로부미는 헌병을 이끌고 내각회의에 들어가 대신들에게 '이유는 필요 없으니, 찬성인지 반대인지만 대답하라'고 분노에 찬 목소리로 외쳤다. 그는 대신 한 사람 한 사람에게 찬성인가 반대인가를 물었고, 이때 '무조건 불가'를 외친 대신은 곧 밖으로 끌려 나갔다. 남은 일곱 명 가운데 두 명이 반대를 표명하고, 다섯 명 중 이완용이 찬성을 표명했다. 다른 대신들은 공포 분위기에서 제대로 대답할 수도 없었다. 그러나 이토 히로부미는 이것을 찬성으로 치고 여덟 명 가운데 다섯 명이 찬성했으니 다수결로 결정되었다며 조약이 조인된 것으로 몰고 갔다.

이날, 목 놓아 통곡하노라

11월 20일, 서울에서 발행된 『황성신문』 주필 장지연은 분노와 슬픔을 담아 조약 체결에 반대하는 사설인 「이날, 목 놓아 통곡하노라」를 실었다. 그는 사설에서 일본의 부당성을 준엄하게 비난하면서, 조약에 강하게 반대하지 못한 대신들을 비판하고, 사람들에게 민족적 투쟁을 호소했다. 그는 바로 그날 체포되어 감옥에 갇히고, 『황성신문』도 폐간할 처지에 몰려 버렸다.

장지연은 경상도 상주에서 태어났다. 그의 집안은 양반이었지만 가난해서 생활이 어려웠다. 어렸을 때 어머니와 조부모를 모두 잃고 아버지와도 생이별을 해야 했다. 하지만 불우한 환경에서도 학문에 정진했다. 그의 글

일본 황태자의 한국 방문
1907년에 한국을 방문한 일본 황태자 요시히토(앞줄 왼쪽 첫 번째 인물)가 바로 옆에 선 소년, 한국 황태자 이은을 비롯한 사람들과 경복궁 경회루 앞에서 찍은 사진이다.

재주는 많은 사람들에게 인정받아, 왕에게 올리는 상소문을 썼다. 원래 그는 관료가 되려고 했다가 그 길을 단념하고, 일본 침략에 반대해 싸우는 사람들을 위한 격문을 썼다. 1897년에 고종이 일본의 간섭을 피하기 위해 주한 러시아 공사관으로 비밀리에 피난했을 때는 궁궐로 귀환할 것을 요구하는 상소문을 썼고, 이것 때문에 장지연은 조정에까지 이름을 알릴 수 있었다. 그가 이런 일을 거쳐 관직을 얻었지만, 국가의 존망이 달린 위기 상황에서 관리로서 주어진 일에 만족할 수 없었다. 마침 『황성신문』이 창간되자, 장지연은 주저하지 않고 관직을 버리고 『황성신문』으로 옮겨 붓을 휘두른 것이다. 주필이 된 장지연은 애국적인 언론인으로서 일본의 침략 행위를 고발하는 글을 쓰며 국민을 계몽하는 활동도 활발히 했다.

의병 운동과 애국계몽운동

을사조약이 체결되자 곳곳에서 자살하는 사람이 잇따르고, 조약 파기를 요구하며 의병이 봉기하는 등 저항이 이어졌다. 1907년에는 고종이 일본의 부당성을 호소하기 위해 헤이그 만국평화회의에 특사를 파견했다. 그러나 일본을 제국주의 나라의 일원으로 대하고 있던 열강은 고종의 호소를 듣지 않았다. 고종의 이런 움직임에 통감 이토 히로부미가 분노해, 고종을 강제로 퇴위시키고 어린 순종을 즉위시켰다. 그리고 제3차 한일협약인 정미7조약을 맺어 일본의 통감이 법령을 제정하고 정부 고위 관리까지 임명할 수 있게 해 한국의 국내 정치를 장악했다. 정치 실권을 장악한 일본은 한국 군대까지 해산시켜 버렸다. 그러나 해산된 군인 중 많은 수가 일본의 침략에 반대하는 싸움에 참가했기 때문에 일본에 대한 저항은 더욱 격렬해졌다.

일본의 침략에 저항하는 싸움에 몸을 던진 사람들을 의병이라고 불렀다. 최초의 의병 운동은 1895년 명성황후가 살해된 뒤에 일어났다. 일본이 을사조약을 강요해 한국의 주권을 빼앗자 의병 운동은 다시 격렬하게 일어났다. 일본의 공격 앞에 의병은 고전을 면치 못했다. 하지만 해산된 군인들이 의병에 가담하자, 그때까지 사용하던 구식 화승총과는 다른 신식 총도 사용하게 되어 장비나 군사 기술 면에서 의병의 전투력이 크게 강화되었다. 또한 초기에는 양반 출신 지도자가 의병 운동을 이끌었지만, 해산된 군인들이 참가할 즈음에는 평민 출신 지도자가 의병을 지휘하는 일도 적지 않았다. 더 광범한 사람들이 의병 운동에 참가한 것이다. 이렇게 군대 해산을 계기로 의병 운동이 질적으로도 변화하면서 전국으로 확대되었다. 의병과 전투하느라 애를 먹던 일본은 군대·헌병·경찰을 강화하면서 의병에 협력하는 마을을 불태우고 곡식을 모두 빼앗는 등 가혹한 작전을 전개했다.

의병 운동만 있었던 것이 아니다. 문화적인 면에서 실력을 양성해 일본

「대한매일신보」 편집부
「황성신문」은 폐간되었지만, 검열을 피하기 위해 영국인 베델의 이름을 빌어 「대한매일신보」로 그 맥을 이어 갔다.

의 침략에 대응하지 않으면 안 된다고 하는 애국계몽운동도 시작되었다. 지식인들은 단체를 조직하고 언론·출판·교육 운동을 전개했다. 『황성신문』도 운동의 일익을 담당해 활발한 언론 활동을 펼쳐 갔다. 또 운동이 전개되는 가운데 5000여 개의 학교가 설립되어, 새로운 교재를 개발하고 인재를 육성하기 위해 노력했다.

그러나 일본은 저항을 강하게 탄압하면서 한국의 모든 통치 권한이 천황에게 영구히 양도된다는 조약을 1910년에 체결했다. 일본이 한국 병합을 단행하고, 마침내 한반도를 완전하게 식민지화한 것이다.

일본, 무력으로
한국을 지배하다

1910년 8월 22일, 대한제국과 일본이 '병합 조약'을 체결했다. 대한제국의 한 지식인은 새와 짐승도 울고 온 나라가 망했다며 슬퍼했다. 억울함과 분함을 참지 못한 많은 사람들이 전국에서 목을 매고, 굶고, 머리를 찧어 목숨을 버렸다. 한국 사람은 조국을 일본인에게 빼앗겼다. 그 뒤 한국에서 어떤 일들이 일어났을까?

식민지 지배의 강요, 빼앗긴 국권

병합 조약은 한국을 실질적으로 통제하고 있던 통감부가 주도했다. 병합 조약이 체결된 날 통감부는 한국에 있던 일본 군대를 서울을 비롯한 전국 주요 지역에 배치했다. 서울 시내 곳곳을 일본 헌병이 순찰하며 한국 사람들을 감시했다. 그러고도 반발을 두려워한 일본은 조약 체결 사실을 비밀에 부쳤다.

조약이 체결되고 1주일이 지난 8월 29일, 조선총독부가 '조선총독부 관보 1호'를 통해 병합 조약 체결 소식을 공식 발표했다. '동양 평화를 영원히 확보하기 위해 한국 황제는 한국 전부에 관한 일체 통치권을 완전히 또 영구히 일본국 황제에게 넘긴다'는 내용이었다. 이로써 대한제국은 역사 속으로 사라졌다.

경복궁 근정전의 일본 국기
1915년. 일본이 한국 최초의 박람회인 조선물산공진회를 경복궁에서 진행하며 일본 국기를 걸고 상공에는 일본제국
비행협회의 비행기를 띄웠다.

한국은 일본 천황의 칙령으로 조선총독이 지배하는 식민지가 되어 버렸
다. 당연히 대한제국 국권을 상징하는 '대한', '황국', '황성' 같은 말은 사용
할 수 없었다. 지명도 바뀌었다. 대한제국의 수도였던 한성은 경기도에 속
한 일개 도시 경성이 되었다. 일본 군인들이 있던 용산은 '원래 시가지'라는
뜻을 가진 모토마치(元町)가 되었다. 일본인들이 살던 남산 일대는 혼마치
(本町)로, 일본 공사관이 있던 곳은 초대 일본 공사 다케조에 신이치로의 이
름에서 딴 다케조에초가 되었다.

동학농민운동·항일 의병 운동과 같은 무장투쟁, 실력으로 조국을 지키
자는 자강 운동을 경험한 일본은 무단통치로 한국인을 억눌렀다. 총독은 현
역 대장 중에서 임명되었고, 초대 총독은 육군 대장이던 데라우치 마사다케
였다. 한국에 '대일본제국헌법'은 적용되지 않고, 총독은 일본 정부의 통제

도 받지 않았다. 총독은 오직 천황의 명령으로 한국의 입법·사법·행정에 대한 모든 권력을 행사했다. 한국에 주둔하는 일본군과 경찰도 지휘했다.

1919년 3·1운동 이후 문관도 총독에 임명할 수 있도록 바뀌었지만, 1945년 해방 때까지 현역 군인만 총독에 임명되었다. 총독부 고위 관리는 가끔 일본 제국에 충성하는 한국인이 임명되기도 했으나, 대부분이 일본인이었다. 하급 지위에 있던 한국인의 숫자도 갈수록 줄어들었다. 1910년 6월 통감부 시절에 절반이 넘던 한국인 관리 비율이 1918년에는 39.6퍼센트, 1926년에는 35.9퍼센트로 줄었다.

일본은 한국을 식민지로 삼고 모든 정치 단체를 해산했다. 한국인들이 소유한 신문은 강제로 매수해 폐간했다. 일본인 신문도 헌병과 경찰관을 동원해 상당한 금액을 주고 폐간을 강요했다. 출판물에 대한 검열도 강화해 식민 통치를 비판하는 내용은 전혀 출판할 수 없게 되었다.

헌병 경찰, 한국인을 통제하다

일본은 헌병 경찰을 이용해 한국을 통치했다. 헌병은 군대의 경찰로서 군인들을 통제한다. 그런데 그 헌병이 군인이 아닌 일반인들을 대상으로 범죄를 방지하고 치안 유지를 담당한 것이다. 이는 한국인의 저항이 무척 강했다는 사실을 말해 주기도 한다. 군인이던 총독 밑에서 일본군 헌병 사령관이 한국에 주둔하는 모든 경찰의 지휘권을 갖고, 각 지방 헌병 대장이 경찰을 지휘했다. 전국 1624군데에 배치된 헌병 1만 6300명은 재판 없이 언제든 한국인들을 체포하고 벌금을 물리고 때리거나 가둘 수 있었다.

조선총독부는 전국 20여 곳에 감옥을 만들어 일본 지배에 저항한 많은 사람들을 수감했다. 간수들이 여름에는 감방 문을 닫고 겨울에는 열어 놓는 등 갖가지 고통을 주며 사람들을 통제했다. 수감 지역에 따라 강제 노역

일본 경찰의 감시하에 일하는 한국 노동자

에 시달리는 경우도 있었다. 1910년대 인천 감옥 수감자들은 공사 현장에
동원되어 무거운 흙 지게를 등에 지고 높은 사다리를 오르는 등 노동을 강
요당했다. 이렇게 일을 하면 겨우 반나절 만에 어깨가 붓고 상처가 나며 발
이 부어 움직일 수 없었다고 한다.

총독부는 효율적인 통제와 감옥 유지 비용 절감을 위해 태형을 실시했
다. 태형은 사람을 엎드리게 하고 몽둥이로 때리는 형벌이다. 19세기 말 조
선에서 금지된 태형이 식민지 지배의 시작과 함께 부활된 것이다. 가로수
를 꺾었다고 다섯 대, 집 앞 청소를 게을리 했다고 열 대, 웃통을 벗고 일했
다고 열 대, 학교림에서 나무를 했다고 쉰 대, 덜 익은 과실을 팔았다고 열
다섯 대에서 여든 대까지 때리기도 했다. 태형으로 불구가 되고, 목숨을 잃
는 경우도 있었다.

1910년대 한국인의 범죄율은 0.5퍼센트 미만이었다. 반면에, 일본인 범

죄율은 5퍼센트가 넘었다. 하지만 태형은 한국인에게만 적용되었다. 한국에서는 우는 아이들을 달래다 안 되면 '호랑이가 온다'고 겁을 주는 일이 있었다. 그런데 이때는 '순사가 온다'는 말로 바뀌었다. 호랑이보다 무서운 순사가 어린아이의 울음을 그치게 하는 '공포'가 된 것이다.

게다가 헌병 경찰들은 치안과 호적 관리, 일본어 보급, 전염병 예방, 강우량 측정, 도로 수리, 청소 순찰 등 거의 모든 일상생활의 구석구석까지 지배망을 뻗쳤다.

한국 땅의 주인이 된 일본인

일본이 식민 통치의 기초를 다지기 위해 처음 실시한 정책은 토지조사사업이다. 당시 한국의 경제 기반은 농업이었다. 총독부에서는 세금을 확보하기 위해서는 토지 소유권을 확실하게 해야 했다. 토지조사사업은 일본인들이 합법적으로 토지를 소유할 수 있게 하고 세금 수입을 늘리는 것이었다.

토지조사사업의 결과로 총독부는 대한제국과 황실이 소유한 토지를 비롯해 공유지를 소유한 최대 지주가 되었다. 총독부는 이 땅을 다시 일본인에게 팔아, 일본인 농업 이민의 수가 급격하게 늘었다. 1909년 일본인 토지 소유자는 692명, 소유 면적은 5만 2436헥타르였다. 그런데 1915년 일본인 토지 소유자는 6969명, 소유 면적은 20만 5538헥타르가 되어 각각열 배와 네 배 정도로 엄청나게 늘었다. 무엇보다 토지에서 거둬들이는 세금이 두 배 가까이 크게 늘었고, 조선총독부는 이 세금을 식민지 통치 자금으로 썼다.

한국에서 농민들은 자신이 소유한 땅이 없어도 특별한 사정이 없는 한 국유지나 공동 소유의 토지에 평생 농사지을 권리가 있었다. 만약 지주가 놀리는 땅을 개간하면 평생 그 땅을 소작할 권리도 있었다. 소유권자라고

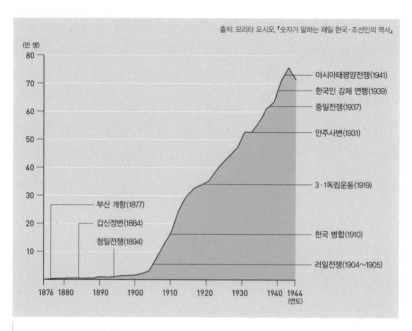

출처: 모리타 요시오, 「숫자가 말하는 재일 한국·조선인의 역사」

(만 명)

- 아시아태평양전쟁(1941)
- 한국인 강제 연행(1939)
- 중일전쟁(1937)
- 만주사변(1931)
- 3·1독립운동(1919)
- 한국 병합(1910)
- 러일전쟁(1904~1905)

- 부산 개항(1877)
- 갑신정변(1884)
- 청일전쟁(1894)

(연도)

한국으로 이주한 일본인의 수

해도 소작인에게서 땅을 마음대로 **빼앗을** 수는 없었다. 그런데 토지조사사업 후 농민들은 이런 권리를 모두 **빼앗기고** 말았다. 총독부는 전통을 무시하고, 소유권을 땅에 대한 유일한 권리로 인정했다. 소작인으로 전락한 농민들은 지주들에 비해 지위가 약해질 수밖에 없었다. 살기 어려워진 농민들은 도시 노동자가 되거나 고향을 등지고 중국 둥베이와 일본으로 이주하기도 했다. 반면에, 지주들은 유리한 입장에서 소작 계약을 맺어 더 많은 이익을 챙길 수 있었다.

토지만이 아니다. 총독부는 1918년부터 '조선임야조사령'을 시행해 전체 임야 가운데 58.6퍼센트를 소유하게 되었다. 그때까지는 마을 사람들이 공동으로 소유하고 이용하던 삼림이 남의 땅이 되었다. 또한 일본 자본가들은 한국의 산림을 대규모로 취득하기 시작했다. 산림에 허락 없이 침입하면 헌병 경찰들에게 체포당하고, 태형을 당했다. 한국은 겨울에 시베리아에서 찬바람이 강하게 불어온다. 이 추위를 이기기 위해 온돌을 만들어 방바닥을 따뜻하게 했다. 그런데 산림을 빼앗기면서 한국인들은 방바닥을 덥히는 나뭇가지마저 구하기 어렵게 되어 버렸다.

식민지 지배를 위한 교육

교육제도에도 변화가 있었다. 국권이 강탈된 뒤 일본어가 '국어'가 되었다. 국어는 한국어에 비해 수업 시간의 비중이 훨씬 커졌다. 1911년 조선교육령에 따라 한국인이 다닌 보통학교 1학년 학생들은 국어인 일본어를 주당 열 시간 배우게 되었다. 반면, 한국어 수업은 여섯 시간에 지나지 않았다. 1930년에도 보통학교 전체 과목 중 일본어 수업은 38퍼센트인 데 반해, 한국어 수업은 12퍼센트밖에 안 되었다. 그나마 조선어라고 불리는 과목이 1938년에는 선택과목이 되고, 1943년에는 아예 폐지되었다. 한국인들은 보통학교 때부터 일본어를 배워야 한다는 사실에 반대해, 서당이라는 전통 교육기관에 아이들을 보내기도 했다. 그러나 1918년 '서당 규칙'이 제정되어 이조차 탄압되었다. 공무원이 되려면 일본어를 할 줄 알아야 했고, 일본어를 모르면 여러모로 불편했다. 이런 상황에서는 보통학교에 입학하려고 하는 한국인의 수가 늘 수밖에 없었다.

　조선총독부는 학교를 통제하고 감시했다. 일본인 교원은 칼을 찬 채 교단에 섰고, 운동회는 관할경찰서에 신고해 경찰관의 참관 아래 실시했다. 1917년 1월 수원의 공립 보통학교에서 학생들에게 이렇게 물었다. "우리들이 평안 무사하게 살 수 있는 것은 누구의 덕택인가?" 대다수 학생들은 "천황 폐하의 덕택입니다."라고 답했다. "충의란 무엇인가?" 하는 물음에는 '천황을 위해, 나라를 위해 힘을 다하는 것'이라는 답이 가장 많았다.

칼을 찬 일본인 교사

1911년 조선교육령에서 조선인을 '천황에 충량한 신민'으로 기르겠다고 세
운 목표가 이루어진 것이다.

그러나 일부 사립학교에서는 '현실 타파, 국권 회복, 자주독립' 등을 목
표로 교육했다. 이에 총독부는 '사립학교 규칙'을 공포해 학교 설립과 교육
내용 등을 통제, 감독했다. 평양에 있던 대성학교의 역사 교사는 시험문제
로 '국권 회복'의 방법을 물었고, '폭탄과 암살이 최선책'이라는 답안에 만점
을 주었다. 이를 안 총독부에서는 학교를 폐쇄시켰다. 함경북도에 있던 온
천학교는 교사가 학생들에게 한국어 읽기를 강조하다 폐교당했다. 이런 총
독부의 탄압으로 1910년에 1973곳이던 사립학교가 1919년에는 742곳으
로 줄었고, 학생 수도 8만 760명에서 3만 8204명으로 크게 줄었다.

1919년 한국에 살던 일본 학생의 보통학교 취학률은 91퍼센트가 넘었
으나, 한국 학생의 취학률은 겨우 3.7퍼센트였다. 1919년 6월 한국 전체의

초등학교 수는 일본 현 하나의 학교 수보다도 적었다. 1930년에도 한국 학생의 취학률은 17퍼센트에 지나지 않았다. 배울 기회가 없던 아이들로서는 단순노동이 아닌 길을 찾기 어려웠다.

교사는 일본어에 능숙해야 했고, 총독부가 실시하는 시험에 합격하거나 일본에서 교사 면허증을 취득해야 했다. 교육 내용도 한국인과 일본인은 달랐다. 한국인에게는 농업, 공업, 상업 등 단순한 기술을 가르치는 것이 목표였다. 한국인은 보통학교, 일본인은 소학교에서 따로 가르쳤다. 수업 연한도 달랐다. 1920년대에는 문화 통치라는 이름으로 한국인도 일본인과 같은 학교를 같은 기간 다닐 수 있게 되었다. 그러나 중학교·고등학교로 갈수록 학교 수가 줄어들었고, 대학교는 한 곳도 없었다. 학교가 있어도 형편이 어려워서 여자들은 상급 학교로 진학할 기회조차 갖기 어려웠다. 한국인들이 대학 설립 운동을 벌이자 일제는 교묘한 방법으로 방해하면서 경성제국대학을 설립했다. 그러나 이 학교에도 한국에 거주하는 일본인이 주로 입학했고, 한국 학생의 비율은 3분의 1을 넘지 않았다. 한국인을 위한 사립 대학은 해방이 될 때까지 단 한 곳도 세워지지 않았다.

이렇게 일본인으로 살아야 하는 철저한 교육의 결과, 한국인이라는 의식이 거의 없다가 1945년 해방이 되고서야 '조선의 존재를 알았다'는 한국인도 있었다.

자원을 빼앗기 위해 설치한 철도와 도로

서울과 인천에서 시작된 철도 건설은 러일전쟁을 거치면서 본격화되었다. 1911년에는 한국 북부의 신의주와 중국 단둥을 연결하는 압록강 철교가 준공되어 시모노세키에서 부산, 경성, 신의주를 거쳐 중국으로 갈 수 있게 되었다. 대전에는 한국 최대 곡창 지역인 전라도를 연결하는 호남선을 건

일본으로 반출하기 위해 군산항에 쌓아 놓은 쌀

설했다. 총독부는 지역마다 낙후된 시설을 고친다는 명목으로 1911년부터 도로 건설 7개년 사업을 추진해 2700여 킬로미터나 되는 도로망도 완성했다. 기존 길을 확장하는 대신 새 길을 만들어 '신작로'라고 부르고, 그 주변에 일본의 상징인 벚꽃을 심기도 했다. 길이 이어지는 곳에서는 수탈이 따랐고, 한국의 역사와 문화는 파괴되었다.

전국을 잇는 철도와 신작로를 통해 각 지방에 대한 총독부의 지배와 수탈이 더 쉬워졌다. 원활해진 물류 수송으로 무역도 증가했다. 1910년대 한국 대외 무역의 70~80퍼센트는 일본을 상대로 한 것이었는데, 수출 품목의 대부분은 식량 자원이었다. 한국에서 쌀 생산지수는 1912년을 기준으로 할 때 1918년에 겨우 1.18배가 증가했다. 그런데 같은 기간 동안 수출은 4.2배가 증가했다. 정비된 철도, 도로, 항만이 생활에 편리함을 가져다주기도 했다. 그러나 이와 동시에 일본의 한국 식량 자원 수탈과 일본 상품의 한국

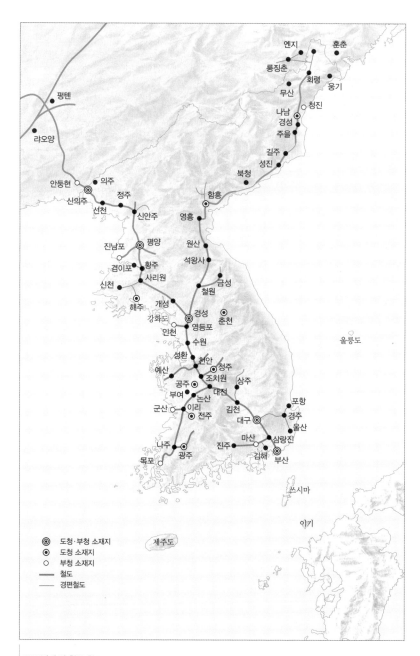

엔지
훈춘
룽징춘
회령
웅기
무산
청진
나남
경성
주을
길주
성진
북청
함흥
영흥
원산
석왕사
금성
철원
춘천
펑톈
랴오양
안둥현
의주
정주
신의주
선천
신안주
진남포
평양
겸이포
황주
신천
사리원
해주
개성
강화도
경성
영등포
인천
수원
성환
천안
청주
예산
조치원
상주
공주
부여
대전
논산
군산
이리
전주
김천
포항
대구
경주
울산
나주
진주
마산
삼랑진
목포
광주
김해
부산
울릉도
쓰시마
이키
제주도

◎ 도청·부청 소재지
◉ 도청 소재지
○ 부청 소재지
── 철도
── 경편철도

| 1920년대 말 한국 철도

판매를 더욱 쉽게 만들었다.

한국인은 일본인에 비해 열악한 환경에서 낮은 임금을 받으며 철도를 비롯한 건설 현장에 강제 동원되기도 했다. 지정한 날까지 도로를 완성하지 못하면 경찰서에 고발되고, 태형으로 업혀 나오거나 죽기도 했다. 일본에 저항하는 사람들은 감옥에 가고, 조금이라도 폭력을 행한 사람들은 끌려가 죽거나 다치기도 했다.

한국인들의 저항도 있었다. 서울과 원산을 잇는 경원선 철도를 건설할 때는 의병들의 습격 때문에 측량대가 헌병들의 보호를 받으며 한복을 입고 한국인으로 위장한 다음에야 측량을 마칠 수 있을 정도였다. 그러나 저항에 대한 일본의 탄압은 무자비했다. 철도 운행을 방해했다는 죄로 한국인을 체포해 일본 군법회의에서 사형을 선고하고, 바로 다음 날 총살형을 집행하기도 했다.

저항하는 사람들

8

1920년대 식민지 한국에서는 학생과 청년 들이 사회의 주역으로 우뚝 섰다. 농민과 노동자 들은 자신의 권리를 선언하고, 여성들은 차별 없는 사회를 꿈꾸며 들고일어났다. 1920년대에 사회운동이 이렇게 활발하게 일어난 까닭은 무엇일까?

온 나라를 뒤덮은 만세 함성

1918년에 제1차 세계대전이 끝났다. 제국주의 국가들 사이에 벌어진 전쟁은 그 이전의 전쟁과 비교도 할 수 없을 만큼 엄청난 피해를 남겼다. 이 때문에 인간의 존엄성과 평화에 대한 관심이 높아졌고, 식민지 쟁탈전에 대해 반성하는 움직임도 일어났다.

1917년 러시아혁명이 성공한 후 레닌은 식민지, 반식민지의 민족 해방을 지원하겠다고 선언했다. 그 이듬해에는 미국 대통령 윌슨도 자기 민족의 운명은 스스로 결정할 권리가 있다는 '민족자결'의 원칙을 제시했다. 민족자결주의는 제국주의 침략과 전쟁에 시달리던 많은 식민지 주민들의 독립 열기를 높이는 자극제로 작용했다.

한국의 독립운동가들도 이를 기회로 삼아 독립을 쟁취하려는 노력에 박

8 저항하는 사람들 **91**

덕수궁 앞 만세 시위

차를 가하기 시작했다. 1918년 8월 중국에서 결성된 신한청년당은 1919년 1월, 김규식을 파리강화회의에 대표로 파견하고 국내외 민족운동가들과 독립운동 방법을 협의했다. 도쿄에서는 1919년 2월에 조선인유학생학우회가 중심이 되어 조선독립청원단을 결성하고 민족 대회 소집 청원서와 독립선언서를 발표했다. 나라 안에서도 천도교, 기독교 등 종교계와 학생들을 중심으로 독립선언을 계획했다.

이때 갑자기 대한제국 황제인 고종이 세상을 떠났다. 고종이 독살당했다는 소문이 돌면서 민심은 흉흉해졌다. 고종의 장례식이 3월 3일로 잡히자, 장례식에 참여하기 위해 전국에서 사람들이 서울로 몰려들었다. 민족 지도자들은 거사일을 3월 1일로 잡았다. 국장일에 대규모 시위를 일으키는 것은 불경하다고 피했고, 3월 2일은 일요일이었다. 3월 1일, 서울과 평양을 시작으로 만세 운동이 벌어졌다. 만세 시위는 전국을 뒤흔들었다. 학생들은 독립선언서를 전국 각지에 전달하고, 시위를 주도했으며 앞장서서 독립 만세를 외쳤다. 노동자는 파업을 하고, 상인들도 가게 문을 닫고 시위에 참여했다. 시위는 도시를 벗어나 점차 전국의 농촌 지역으로 확대되었다. 농촌에서는 장날의 장터가 만세 시위의 무대가 되었다. 장터에 모인 시위 군중은 주동자가 연설을 하거나 격문을 읽고 나면 곧바로 태극기를 높이 흔들고 "조선 독립 만세!"를 외치며 행진했다. 일본의 수탈에 신음하던 농민들이 대거 시위에 가담해 시위 규모는 더욱 커져 갔다. 3월에서 5월까지 전국에서 1500여 회의 만세 시위가 일어났고, 참가 인원도 200만 명이 넘었다. 처음에는 맨손으로 만세를 불렀지만 일본 경찰과 군인이 무자비하게 탄압하자 농민들은 낫·괭이·몽둥이 등으로 무장하고 저항했다. 이들은 무단통치의 근거지인 주재소와 면사무소를 집중 공격했다.

일본 군경은 비무장 시위대를 향해 총을 쏘았고, 시위대가 흩어지면 마을로 쳐들어가 주민들을 색출해서 체포했다. 경기도 화성군 제암리에서는 마을 사람 30여 명을 교회에 몰아넣고 밖에서 문을 잠근 후 총을 쏘고 불을 질러 죽였다. 공식적으로 확인된 전체 피해 상황만 봐도 사망자가 7500여 명, 체포된 사람이 4만 6000여 명이나 되었다.

대한'제'국에서 대한'민'국으로

3·1운동은 일본의 무자비한 탄압과 서구 제국주의 열강의 무관심 탓에 실패했다. 하지만 운동을 조직적으로 이끌지 못한 것도 중요한 원인이었다. 이에 자극을 받아 독립운동가들은 3·1운동 뒤 프리모르스키주(연해주), 상하이, 서울 등에서 임시정부를 수립했다. 그리고 여러 곳에서 조직된 임시정부의 통합을 위해 노력했다. 이 과정에서 임시정부를 무장 독립 투쟁을 지도하는 데 유리한 연해주에 두어야 한다는 주장과 외교 활동에 유리한

상하이에 두어야 한다는 주장이 맞서 진통을 겪었다. 임시정부의 위치와 독립운동 방법을 둘러싼 치열한 논쟁 끝에 상하이에 통합 임시정부를 두기로 결정했다. 비록 완전한 합의는 아니지만 통합이 실현된 것은 3·1운동을 계기로 하나로 뭉쳐야 한다는 데 공감했기 때문이다.

또 놀라운 것은 대한민국 임시정부가 '대한민국의 주권은 대한 인민 전체에 있다'고 선언한 것이다. 한국은 국권을 빼앗길 때 황제가 모든 권한을 갖는 군주 국가였다. 그런데 임시정부는 대한제국과 같은 황제국이 아니라 공화국임을 선언한 것이다. 나라의 주인이 황제가 아니라 인민이라는 생각이 3·1운동 때 처음 나타난 것은 아니다. 을사조약 뒤 자강운동가들은 국가와 군주를 동일시하는 것은 타파해야 할 생각이라고 주장했고, 의병 운동을 이끈 의병장들도 평민 출신이 점점 많아지면서 신분에 대한 의식에 변화가 나타나기 시작했다.

국민이 주권을 가지고 있다는 생각은 1911년 중국에서 신해혁명으로 황제 제도가 무너진 뒤 한국의 독립운동가들 사이에 더욱 빠르게 확산되었다. 1917년 상하이에서 발표한 '대동단결선언'에서 독립운동가들은 대한제국이 멸망해 황제가 포기한 주권을 국민이 넘겨받았다고 선언했다. 이런 자각이 있었기 때문에 3·1운동에서 한국인들이 직업과 계층을 가리지 않고 하나가 되어 독립을 외칠 수 있었던 것이다.

둥베이에서 무장투쟁이 전개되다

둥베이에서 활동하던 무장 독립운동 단체들은 3·1운동이 일어난 뒤 더욱 활기차게 활동했다. 많은 청년들이 독립군이 되려고 둥베이로 모였고, 군자금도 모여들었다. 독립운동가들은 여기저기 흩어진 독립군을 모아 둥베이와 연해주 등 압록강과 두만강 유역의 국경 지대에 독립군 근거지를 마

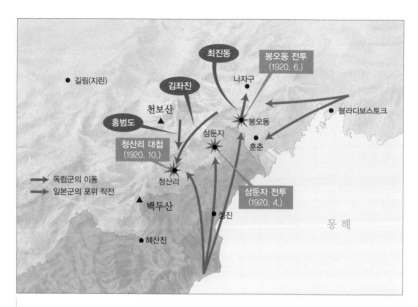

둥베이에서 벌어진 독립군 전투

련했다. 이들은 국경을 넘어 국내로 들어와 일본군 국경 수비대, 주재소, 면사무소 등 일제 식민 통치 기관을 공격했다.

　독립군의 국내 침공 작전에 시달린 일본군은 독립군을 공격하기 위해 불법으로 국경을 넘어 독립군의 근거지인 봉오동을 공격했다. 하지만 홍범도가 이끈 독립군은 일본군을 봉오동 골짜기로 유인해 큰 승리를 거두었다. 독립군에게 참패를 당한 일본군은 1만 5000명이라는 대병력을 동원해 독립군을 공격했고, 일본군의 공세에 백두산으로 집결한 독립군은 청산리 일대에서 일본군과 격전을 벌여 큰 승리를 거두었다. 청산리에서 크게 패한 일본군은 1920년 10월부터 약 3개월에 걸쳐 둥베이에 사는 한국인들에게 보복 학살을 저질렀다. 독립군 근거지를 없애고 주민들에게 공포심을 심어 독립군을 후원하지 못하게 하려는 것이었다.

사회주의 사상이 유행하다

3·1운동 이후 사회주의 사상이 빠르게 번져 갔다. 국내 신문, 잡지 등 언론 매체들은 사회주의를 '신사상'이라는 이름으로 널리 소개했다. 사회주의가 민족운동의 새로운 지도 이념으로 자리 잡을 수 있었던 이유가 있다. 첫째, 독립운동가들은 3·1운동을 비난하며 일본을 옹호한 제국주의 열강이 임시정부의 외교적 독립 노력도 외면하자 민족자결주의가 허구라는 것을 자각했다. 둘째, 러시아혁명이 성공한 뒤 국제공산당인 코민테른이 약소민족의 해방운동을 지원하겠다고 한 것에 기대를 걸었다. 셋째, 3·1운동 뒤 소작 쟁의와 노동쟁의 등 대중투쟁이 활발해진 것은 사회주의 운동이 더욱 확대될 수 있는 토대가 되었다.

사회주의 세력의 등장은 민족운동 전체의 역량을 강화했다. 우선 대중운동 단체들이 하나로 묶여 갔다. 전국적으로 사회 각 영역의 민중이 상호 연계 속에 한 가지 목표를 향해 나아갈 토대가 마련된 것이다. 사회주의자들은 노동자와 농민 대중을 조직해 민족해방운동의 주체로 삼으려고 했고, 마침내 1925년에 '조선 혁명의 지도 기관'으로 조선공산당을 결성했다.

조선공산당이 창립된 해, 조선총독부는 치안유지법을 시행했다. 이 법은 사회주의의 확산을 막기 위해 일본에서 만들어진 것을 한국에서도 실시한 것이었다. 치안유지법은 1928년 개정으로 기존 체제에 변혁을 도모하는 사람을 사형까지 할 수 있도록 더욱 강화되었다. 당연히 조선공산당은 이 법에 따라 여러 차례 해체되었으며, 많은 노동·농민운동가들도 처벌받았다.

농민과 노동자가 일어서다

3·1운동을 통해 자신들이 지닌 거대한 힘을 깨달은 민중도 스스로 단체와

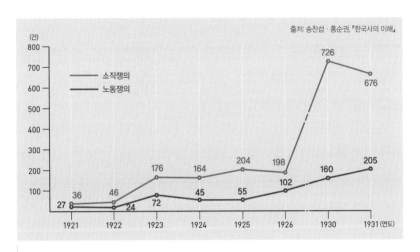

출차: 송찬섭·홍순권, 『한국사의 이해』

소작쟁의와 노동쟁의 발생

조직을 결성하고 대중운동에 앞장서기 시작했다. 전국 농촌에서 소작 농민들은 "소작 문제는 반드시 소작인이 단결해야 해결될 것이다. 소작인은 단결하라!" 하고 소작인 조합을 만들었다. 농민들은 소작인 조합을 중심으로 소작료 인하, 지세 부담 전가 반대, 소작권 이동 반대 등 생존권을 요구하는 투쟁을 벌였다. 이런 소작 농민의 쟁의는 1921년 27건에서 해마다 늘어나 1930년에는 726건이 일어났다.

일본은 제1차 세계대전 이후 일본 기업들이 급성장하자 그때까지 한국에서 새로운 회사를 만들 때 총독부의 허가를 받게 하던 회사령을 철폐해 일본 기업의 한국 진출을 도왔다. 그리고 자국에서는 1916년부터 공장법을 실시했다. 공장법은 아동의 취업을 금지하고, 연소자와 부녀자의 취업 시간을 제한하며 야간 업무를 금지하는 등 노동자를 보호하는 내용의 법이었다. 그러나 조선총독부는 일본 기업의 진출을 위해 이 법을 한국에서는 실시하지 않았다. 이 때문에 자본가들은 한국에서 미성년 노동자와 여성을 대거 고용하고도 아무런 보호 조치 없이 낮은 임금으로 노동력을 착취했다. 이런 조건 아래 노동자들이 자본가에 대항하기 위해 조직화하면서 노동쟁의가 크게 증가했다. 노동자의 요구 조건은 대부분 임금 인상과 대우 개선이었다. 하지만 임금 인상은커녕 임금 인하에 대한 반대도 적지 않았다. 노동환경이 얼마나 열악했는지를 잘 알 수 있다.

1929년 원산에서 일본인 현장 감독이 한국인을 구타하자 노동자들이 이에 대해 항의하고 노동조건 개선을 요구하며 파업에 들어갔다. 원산의 노동자와 시민 들은 일본인 관리자와 이를 비호하는 경찰에 맞서 4개월에 걸친 장기 투쟁을 벌였다. 파업이 진행되는 동안 국내는 물론이고 외국의 노동단체들까지 격려와 지지를 보내 노동자들의 국제적 연대를 과시했다. 이 원산총파업이 일본 경찰의 탄압에 결국 실패로 끝났지만, 노동운동의 항일적 성격을 잘 보여 주었다.

차별 없는 사회를 꿈꾸며

1920년대에 총독부의 문화 통치가 시작되자 여성들은 단체를 만들어 여성의 사회적 지위 개선과 여성해방을 위한 사회운동을 전개했다. 신교육을 받은 여성을 뜻하는 '신여성'이라는 말이 등장했고, 이들은 가부장적 질서에 맞서 남녀평등 운동을 펼쳤다.

1921년 어느 날 『매일신보』에는 이런 시 한 편이 소개되었다.

나는 인형이었네
아버지의 딸인 인형으로
남편의 아내인 인형으로 그네의 노리개였다
(······)

이 시를 쓴 나혜석은 서양화가이자 문인으로서 남존여비라는 봉건적인 사상과 관습에 맞서 여권 운동을 벌인 인물이다. 1920년대 초 여성들은 사회 개조와 신문화 건설을 위해 여성의 계몽과 교육의 중요성을 외치며 단체를 결성했다. 사회주의 확산에 따라 사회주의 여성 단체도 등장해 여성 해방, 여성의 대중적 교양과 조직적 훈련 등을 강조했다. 1927년에는 전국적인 여성 조직으로 근우회가 결성되어 '조선 여자의 공고한 단결과 지위 향상'을 도모했다.

한편 여성 노동자가 늘면서 여성 노동운동이 일어났다. 세계경제 공황의 여파로 1931년 5월 평양의 고무 공장에서 노동자들의 임금을 깎겠다고 발표하자, 여성 노동자들이 임금 인하를 반대하며 파업에 들어갔다. 회사 측은 노동자 49명 전원을 해고하겠다고 협박하고 한밤중에 경찰을 끌어들여 노동자들을 공장 밖으로 쫓아냈다. 이때 여성 노동자 강주룡은 광목 한 필을 사서 한밤중에 12미터 높이의 을밀대 지붕으로 올라갔다. 그녀는 고무 공장 노동자들이 싸울 수밖에 없는 이유와 각오를 밝히며 외쳤다.

우리는 49명 우리 파업단의 임금 감하를 크게 여기지는 않습니다. 이것이 결국은 평양의 2300명 고무 공장 직공의 임금 감하의 원인이 될 것이므로 우리는 죽기로써 반대하려는 것입니다.

강주룡은 체포되었으나, 고무 공장 파업 투쟁은 회사 측이 임금을 깎겠다는 계획을 철회하고 종전대로 임금을 지급한다고 하는 성과를 얻고 마무리되었다.

을밀대 지붕에서 농성하는 강주룡

민족의 실력을 기르자

3·1운동 이후 교육과 산업을 진흥해 장래를 위한 민족의 실력을 기르자는 움직임이 일어났다. 문맹률이 높던 당시 가난한 사람들에게 배움의 기회를 주는 것이 필요하다고 생각한 사람들은 야학을 세웠다. 한편 고등교육이 필요하다고 여긴 사람들은 민립 대학을 세우려고 했다. 하지만 두 운동은, 민족운동으로 확산될 것을 염려한 조선총독부의 방해로 뜻한 바를 이루지 못했다.

지주와 상인 들은 기업을 세워 나갔다. 서울에서는 경성방직주식회사, 평양에서는 의류와 고무신 공장 등이 설립되었다. 그러나 회사령 폐지로 일본 자본이 본격적으로 진출하고 일본 상품에 대한 관세까지 폐지되면서 한국인 기업들은 큰 위기를 맞게 되었다. 이에 한국인 기업가들은 1922년 말부터 "내 살림 내 것으로!", "조선 사람 조선 것으로!"라는 구호를 외치며 국산품 애용 운동을 벌였다. 하지만 물가 상승과 조선총독부의 방해로 점점 호응도가 떨어지고 말았다.

한편 정치적 실력 양성을 위한 자치운동이 전개되었다. 소설가 이광수는 조급한 독립 투쟁보다 그릇된 민족성을 고치는 도덕성 개조가 더 중요하다며 조선총독부가 만든 법의 범위 안에서 민족운동을 벌이자고 제안하고 자치운동의 필요성을 강조했다. 이에 대응해 비타협적 민족주의자와 사회주의자들은 연합을 모색했고, 마침내 1927년 2월에 민족 협동 전선인 신간회를 창립했다. 신간회는 강령에서 '우리는 정치적·경제적 각성을 촉진'하고 '단결을 공고히' 하며 '기회주의를 일절 부인'한다며 일본 식민지 지배에 대한 비타협적 태도를 분명히 했다. 그리고 원산총파업을 지원하고 1929년 광주에서 일어난 독립운동을 지원하기 위해 조사단을 파견하는 등 활발히 활동했다.

식민지 시대
경성의 사람들

조선왕조와 대한제국의 행정 중심지 경성, 이곳에 새로운 길이 생기고 서양식 주택과 일본식 음식점과 백화점
이 들어서기 시작했다. 한복·기모노·양복 등 다양한 차림을 한 사람들이 거닐고 밤이면 네온사인이 반짝이는
화려한 도시를 터전으로 살아가던 한국인들의 삶은 어땠을까?

도회지의 빈민

1920년대 말, 경성의 대로변이나 교통이 빈번한 곳에서는 아침마다 일거
리를 기다리는 사람들로 붐볐다. 이들은 주로 하루 벌어 하루 먹고사는 경
우가 많았다. 사진의 지게꾼도 같은 부류의 사람들이었다. 이들이 고된 일
을 마치고 피로를 푸는 공간은 그다음 사진과 같은 낡고 허름한 집이었다.
그리고 이런 곳에 사는 사람들은 '토막민'이라고 불렸다.

규모가 작은 공장에서 일하는 사람, 노점에서 잡다한 물건을 파는 사람,
인력거를 끄는 사람, 가정부, 세탁부 등도 토막에 사는 경우가 많았다. 토
막에서 사는 사람들은 특별한 기술 없이 몸으로 하는 일을 주로 했다. 직업
은 그때그때 상황에 따라 달랐다. 일거리가 계속 있는 것도 아니어서 1년
중 평균 140일은 실업 상태로 지내는 사람도 있었다. 심지어 일이 없어 걸

일거리를 기다리는 지게꾼

이들은 다른 사람의 짐을 옮겨 주고 수고비를 받아 먹고살았다.

토막

선사시대의 움집같이 땅을 파고 그 위에 지푸라기로 지붕을 덮거나 거적으로 벽을 만든 집이다. 1920~1930년대 경성의 변두리에는 이런 토막이 많았다.

인으로 지내는 경우도 있었다.

토막민들의 수입은 매우 불안정해서 가장 기본적인 의식주를 해결하기도 어려웠다. 하루 벌어 하루나 이틀 분량의 쌀을 사서 먹었고, 벌이가 없으면 굶어야 했다. 한국인의 입맛에 맞지 않는 찰기 없는 수입 쌀이나 보리, 강냉이밥이라도 하루 세끼를 먹으면 다행이었다. 옷과 침구를 살 여유는 더욱 없었다. 옷은 허름한 여름옷과 겨울옷 한 벌씩만 가지고 있는 경우가 많았고, 이불도 온 식구가 짧은 이불 하나를 덮고 잘 정도로 부족했다.

사실 토막민과 같은 도시 빈민은 한국이 식민지가 되기 전에도 있었다. 문제는 토막민의 수가 1920년대부터 급격히 늘어났다는 데 있었다. 1936년경에는 경성 사람 여섯 명 중 한 명이 토막에 살았다.

왜 이런 일이 벌어졌을까? 조선총독부는 한국의 토지에서 세금을 안정적으로 확보하기 위한 정책을 실시했다. 그 결과, 농업으로 먹고사는 전체한국인 가구의 77퍼센트가량이 남의 땅을 빌려야만 농사를 지을 수 있게되었다. 땅을 빌린 농민들은 지주들에게 많은 임대료를 지불했다. 과거에지역의 농민들이 공유해 먹을거리나 연료를 얻던 땅도 더는 농민들이 이용할 수 없었다.

한편 조선총독부는 한국의 쌀 생산량을 늘리기 위한 정책을 실시했다. 한국의 쌀을 일본으로 가져가기 위해서였다. 이 과정에서 토지개량과 수리시설 설치 등이 진행되었는데, 이때 필요한 비용은 가난한 한국 농민들의부담으로 지워졌다. 쌀 생산량이 늘기도 했지만, 늘어난 생산량보다 일본으로 수출되는 양이 더 많아 가난한 농민들이 먹을 쌀은 턱없이 부족했다. 여기에 세계적인 경제공황까지 겹치면서 한국의 농민들은 먹고살기가 어려웠다. 농민들은 농사일이 없는 철에 농촌 주변의 공사장과 광산에서 일하다가 결국에는 일거리가 조금 더 많은 도시로 이주했다. 하지만 기술도, 돈도 없는 농민들은 토막민이 될 수밖에 없었다.

토막민들의 생활이 사회문제가 되자 총독부는 토막민들이 도시 미관을 해치고 위생상 좋지 않다며 그들을 경성으로부터 먼 곳으로 쫓아냈다.

어린이가 된 아이들

토막민들이 어렵게 삶을 이어 가던 경성에서 새로운 움직임이 일고 있었다. 천도교와 관련 있는 사람들이 이 운동의 중심이 되었다. 천도교는 '동학'이라고 불리던 종교로 '사람이 곧 하늘'이라는 가르침을 폈다. 이 말은 사람은 누구나 평등하고 존중받아야 한다는 의미였다. 이런 점에서 천도교는 '아이를 때리는 것은 한울님을 때리는 것'이라고 보았기 때문에 아이들을 소중한 존재로 생각할 수 있었다.

1923년 5월, 이들은 경성에서 첫 번째 '어린이날' 기념행사를 열었다. 이날 행사를 주도한 사람들은 '어린이들을 어른 중심의 억압적인 질서에서 해방시켜 줄 것, 어린이들이 노동을 해야 하는 경제적 압박에서 해방시킬 것, 어린이들이 배우고 놀 수 있는 권리를 줄 것'을 선언했다. 인간으로서 '어린이'들의 권리를 존중해야 한다고 세상에 알린 것이다.

한국에서 아이들은 부모의 소유물로 인식되어 그들의 인권조차 부모가 마음대로 할 수 있다고 생각하던 시기다. 이런 때에 '어린이

| 어린이날 포스터

날'을 만든 사람들의 활동은 아주 특별한 것이었다. 그들은 아이들을 위한 잡지 『어린이』를 만들었다. 그리고 여기에 새로운 동요와 동화를 실어 아이들의 감성을 키우고, 한국의 자연과 풍속 및 전래 이야기를 소개해 아이들의 의식을 일깨웠다. 어린이와 관련된 각종 강연회를 열어 아이들에 대한 어른들의 생각을 변화시키기 위해서도 노력했다.

당시에는 '어린이'에 해당하는 연령대가 확실하게 정해져 있지 않았다. 그래서 요즘 기준으로는 꽤 많은 나이인 17, 18세의 학생들도 『어린이』의 독자가 되었다. 이런 학생들 중에는 어린이를 위한 운동에 동참해 소년 단체를 만들거나 어린이날 기념행사를 위한 거리 행진을 전개하는 이도 있었다. 어린이날을 만든 사람들은 아이들을 잘 기르는 것이 한국의 미래와 관련된 일이라고 생각했다.

그런데 어린이날인 5월 1일은 '노동절'이기도 했다. 이날은 노동자의 열

소년들이 만든 가마니를 파는 시장

악한 근로조건을 개선하고 지위를 향상하기 위해 각국의 노동자들이 연대 의식을 다지는 날이다. 경성에서도 5월 1일에 시위나 행사가 있었다. 그래서 일제는 어린이날의 거리 행진이 노동절 행사와 연계되어 항일운동으로 발전할 가능성이 있다고 생각했다. 결국 어린이날은 5월 첫 공휴일로 바뀌게 되었다.

어린이를 잘 교육해 민족의 희망으로 만들려고 한 사람들의 노력이 있었지만 아이들이 학교에서 새로운 문물을 배우고 더 나은 삶을 꿈꿀 수 있는 경우는 많지 않았다. 오히려 가난한 집안 살림을 돕기 위해 일터에 나가는 것이 일반적이었다. 어른들도 안정적인 일자리를 얻기 힘든 시절이었기에 그들이 할 수 있는 일은 흔하지 않았다. 공사장의 날품팔이를 하거나 가게의 심부름꾼으로라도 일해야 했다. 부유한 집의 어린애를 돌보거나 살림살이를 도맡아 할 수 있다면, 그나마 입을 하나 덜 수 있어 다행이었다.

1920년대 경성에 공장이 하나둘 늘면서 공장에 취직하는 아이들이 생겼다. 1930년대부터는 공장에서 일하는 아이들의 수가 크게 늘어났다. 세계적인 경제공황으로 어려움을 겪게 된 자본가들이 생산 비용을 아끼려고 성인에 비해 임금이 낮은 유년공을 고용했기 때문이다. 안정적인 일자리가 절대적으로 부족한 현실에서 공장에서 일하는 경우는 운이 아주 좋은 축에 속했다. 특히 여성 노동자가 많은 공장에서는 기숙사를 운영했는데, 이런 곳에서 일하는 아이들에게 공장은 그야말로 먹고, 자고, 일을 배우면서 월급까지 받을 수 있는 고마운 일터이기도 했다.

그러나 공장에서 생활하기가 쉽지는 않았다. 아이들은 어른들과 비슷한 시간 동안 일하면서도 훨씬 적은 임금을 받았다. 한국인 노동자들은 일본인 노동자보다 적은 월급을 받고 있었다. 그러니 한국인이면서 나이까지 어린 유년공들은 일본인 성인 남성의 5분의 1에 불과한 돈을 받고 일해야 했다. 일을 처음 하는 아이들은 겨우 15전을 일당으로 받았다. 세끼 식비가

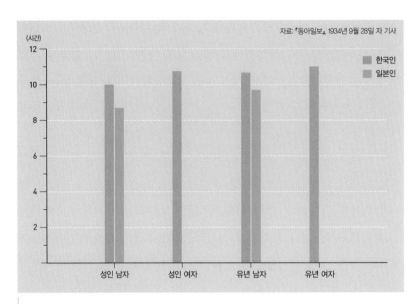

자료: 『동아일보』 1934년 9월 28일 자 기사

공장 노동자의 1일 평균 노동시간

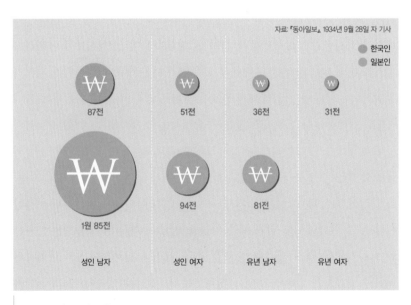

자료: 『동아일보』 1934년 9월 28일 자 기사

공장 노동자의 1일 평균 임금

15전인 시절이었다. 게다가 그 임금마저 각종 벌금, 식비, 강제 저축 등의 명목으로 빼앗겨 아이들이 실제로 손에 쥐는 돈을 얼마 되지 않았다.

공장의 작업환경도 좋지 못했다. 방직공장의 아이들은 섭씨 40도 가까이 되는 열기 속에서 일해야 했다. 작업장 온도가 낮으면 실이 끊어지기 때문이었다. 종일 먼지를 뒤집어쓰고 일하면서도 공장에 목욕 시설이 없어서 씻기도 어려웠다. 한 달에 이틀 있는 휴일에도 쉴 수 없었다. 강도 높은 노동에 불충분한 영양 섭취와 수면 시간의 절대 부족 등으로 아이들은 결핵 같은 병에 걸리는 경우가 많았다.

어떤 여학생의 항일운동

많은 아이들이 생계를 위해 일해야 하던 시절이지만, 다른 한편에서는 자녀를 교육시키려는 사람들이 늘고 있었다. 가난한 농민들도 적어도 아들은 초등교육기관인 보통학교에는 보내려고 했다. 일자리가 부족한 현실에서는 교육이라도 받아야 직업을 얻을 수 있다고 생각했기 때문이다. 해마다 학교에 들어가려는 아이들의 수가 늘었다. 하지만 학교 수는 턱없이 부족했다. 어렵게 학교에 들어가도 졸업하기가 쉽지 않았다. 학교의 운영은 학생들이 매달 내는 월사금과 소득에 따라 집집마다 할당되는 학교비에 의존하고 있었기 때문에, 돈이 없는 아이들은 중간에 학교를 그만두어야 했다.

이때 문학가의 꿈을 키워 가던 여학생이 있었다. 그녀의 이름은 '이효정'이다. 효정은 동덕여자고등보통학교의 학생이었다. 친구들과 보내는 시간이 즐거운 효정은 수업이 끝난 뒤 친구들과 경성 시내를 거닐고, 영화를 보고, 크로켓이나 카레라이스·어묵 같은 새로운 먹을거리들을 맛보았다. 친구들과 제과점에 앉아 몇 시간씩 소설과 영화 이야기로 수다를 떨다 보면 시간 가는 줄 몰랐다.

젊은 시절의 이효정

2006년에 사회주의 계열 독립운동가를 재조명하면서 이효정은 93세에 독립유공자로 지정되어 건국포장을 받았다.

사실 경북 봉화 출신으로 가난하던 그녀가 경성의 여학생이 되기는 어려웠다. 학교에 다니려면 돈이 필요했다. 그러나 아버지는 그녀가 세 살 때 병으로 돌아가셨고 집안의 재산마저 친척들이 독립운동 하는 데 쓰느라 남은 것이 없었다. 봉화에서 총명하기로 소문난 효정이었지만 보통학교를 졸업하고 상급 학교에 진학하는 것은 포기할 수밖에 없었다. 그런데 그녀의 처지를 안타깝게 생각한 담임선생님이 자신의 돈으로 등록금을 마련해 주었다. 선생님의 도움으로 시골 소녀 효정이 경성 동덕여고보의 학생이 된 것이다. 고마운 일이었지만 경성에 올라온 효정은 한 번도 선생님을 만나러 가지 않았다. 그 선생님이 일본인이기 때문이었다. 효정이 그 시절 자신의 행동을 미안한 마음으로 떠올릴 수 있었던 것은 오랜 세월이 흐르고 난 뒤다.

1929년 11월, 광주의 통학 열차에서 한국인 여학생을 희롱하던 일본인 학생들과 이를 제지하던 한국인 남학생들 간에 싸움이 벌어졌다. 식민 치하의 언론은 이 사건을 공정하게 보도하지 않았고, 일본 경찰도 한국인 학생들을 일방적으로 탄압했다. 이 사건은 곧 항일운동으로 발전했다. 분노한 광주 지역의 학생들이 거리로 나서기 시작했고, 다른 지역 학생들도 이에 호응했다. 학생들은 사건의 불공정한 처리, 일제의 차별적인 교육정책에 항의했다. 경성의 학생들도 광주 학생들을 지지하는 구호를 외치며 시내로 몰려 나갔다. 효정과 친구들도 언니들을 따라 종로로 나섰다. 이듬해 봄까지 진행된 이 사건의 여파로 시위에 가담한 학생들은 체포되어 징역살이를 하기도 했다.

광주 학생 항일운동이 발생한 지 1년이 되던 무렵, 1년 전의 사건을 기념하려는 학생들이 있었다. 동덕여고보의 학생들도 마찬가지였다. 학생들은 '백지 동맹'을 시행하기로 했다. 일본의 식민지 차별 교육에 항의하는 표시로 답안을 적지 않은 채 시험지를 제출하자는 것이었다. 효정도 이 일에 적극 동참했다. 효정의 단짝도 함께하기로 약속했다. 그러나 이 일은 효정과 그녀의 친구를 갈라놓는 사건이 되고 말았다. 그 친구가 답안을 써낸 것이다. 효정은 친구가 답을 써낸 자신의 행동이 잘못이라고 인정해 주기를 바랐다. 그러나 그 친구는 시험 거부는 의미가 없는 일이라고 주장했다. 가장 친한 친구에 대한 효정의 실망은 컸다. 실망이 큰 만큼 둘 사이 감정의 골은 더욱 깊어졌다. 효정은 점차 식민지 조국의 현실에 관심이 있던 다른 친구들과 더 많은 시간을 보내게 되었다. 그들과 독서 모임을 가졌고, 그러면서 민족의 현실에 대해 더 많이 생각하게 되었다.

3학년 여름, 효정은 경성 시내의 10여 개 학교에서 일어난 '동맹휴학'에 참여했다. 이 동맹휴학은 일부 교사와 졸업생들까지 가담하면서 경찰의 주목을 받는 사건이 되었다. 효정 역시 경찰의 감시를 받아야 했다. 선생님들은 조용한 학생이던 효정이 이 일에 적극 가담했다는 사실에 놀랐다. 광주에서 불어온 바람이 평범한 여학생을 변화시킨 것이다.

졸업 후 효정은 학교에서 학생들을 가르쳤다. 그러나 항일운동을 했다는 이유로 곧 일을 그만두어야 했다. 다시 경성에 온 효정은 공장으로 들어가 노동자가 되었다. 그리고 그곳에서 학생 시절에 함께 항일운동을 한 사람들과 힘을 모아 공장노동자들의 열악한 노동환경을 개선하기 위한 일들을 했다. 몸이 약한 그녀에게 공장 일은 쉽지 않았다. 하지만 효정은 일을 계속했다. 대다수 공장주가 일본인이던 시절, 효정과 그 친구들의 활동은 결국 일본의 식민 지배에 대한 저항이 되었다.

10

동아시아 민중이
함께하다

일본이 타이완, 한국이라는 식민지를 토대로 삼아 제국주의 국가로 성장했다. 이에 따라 많은 일본인은 아시아의 여러 나라 사람들을 무시하게 되었다. 그러나 사회 밑바탕에서 고통받던 일본 민중이 스스로 해방을 요구하며 일어서면서, 더 가혹한 지배 아래 살던 식민지 민중과 연대하는 싹이 터 그들과 함께 싸우는 일본인도 나타나기 시작했다. 어떤 움직임이 있었을까?

민족의 틀을 넘어 함께 투쟁한 기시와다 방적 파업

제1차 세계대전으로 경기가 활성화되어 일본의 면사 생산이 급증했다. 그래서 노동력이 부족해지자 새로이 한국에서도 공장의 여성 노동자, '여공'을 모집했다. 일본에 토지를 빼앗긴 한국 농촌 집안의 딸들은 일본으로 일자리를 찾아갔다. 한국인 여공은 일본인보다 임금이나 처우에서 차별을 받는 경우가 많았다.

이런 상황 속에 미국에서 발생한 경제공황이 일본에도 영향을 미친 1930년, 임금이 계속 삭감되자 오사카에 있는 기시와다 방적의 사카이 공장에서 마침내 여공들이 파업을 시작했다. 기숙사에 있던 한국인 여공들은 일본인 여공과 함께 공장을 탈출해 센슈합동노동조합 2층에서 농성했다. 오사카 조선노동조합과 백정 해방운동 단체인 스이헤이샤, 농민조합 등이

1920년대 기시와다 방적 공장의 한국인 여공들

시위는 물론이고 식량과 자금을 전면적으로 지원했다.

여공들의 요구는 임금 삭감 철회와 함께 '식사 때에는 적어도 30분 휴식을 확보하라, 식사를 개선하라, 침구는 여름용과 겨울용 두 채로 매월 한 번은 세탁하라, 겨울에는 화로를 설치하라'는 등 열일곱 항목에 걸친 것이었다. 이들이 제공받은 식사는 썩은 정어리나 벌레가 들어간 말린 무 같은 것이었다. 또 기숙사에서는 다다미 여덟 장이 깔린 방 하나에 여덟 명이 생활했다. 네 명씩 밤낮 2교대로 일하고, 한 조가 일하는 사이 남은 네 명은 때투성이인 채로 항상 깔려 있는 네 채의 이불에 기어 들어가 자는 식이었다.

파업은 40여 일간 지속되었다. 파업을 지원하는 시위대가 공장을 습격한 경찰관들과 충돌하기도 했고, 회사 측 폭력단이 농성하는 여공들을 데려가기 위해 투쟁단 본부를 습격하는 등 격렬한 싸움이 벌어졌다. 그사이 여공들은 서로 격려하며 입구에 방어벽을 설치해 막는 한편, 2층에서 돌이

나 몽둥이를 던지며 저항했다.

기시와다 방적 파업은 마지막에 경찰서장이 조정에 나서 '요구 항목은 가능한 한 실현하도록 노력한다'는 회사 측 답변을 받아들이며 사실상 패배로 끝났다. 그러나 마지막까지 용감하게 싸운 여성들은 농성장을 나오면서 승자와 같이 당당하게 가슴을 펴고 대열을 지어 회사로 돌아갔다. 이 투쟁은 일본과 한국의 노동자가 함께 싸운 흔치 않은 예다.

차별 철폐와 국제 연대를 요구한 스이헤이샤와 형평사

일본이나 한국에서 피차별민은 모두 마소를 도살하거나 가죽과 관계된 일을 하는 최하층 신분으로 거주지부터 결혼, 복장, 언동에 이르기까지 많은 차별을 받았다. 근대에 접어들어 법률적인 신분 차별은 없어졌지만 사회적 차별 실태는 그대로 남아 있었다. 이들은 차별 철폐를 위해 일어섰다. 1922년에 일본에서 스이헤이샤가, 다음 해인 1923년에는 한국에서 형평사가 결성된 것이다.

1924년 스이헤이샤의 제3회 대회에서는 형평사와 연락할 것, 재일 한국인의 차별 철폐 운동을 응원할 것 등을 결정했다. 그리고 형평사의 제2회 대회에 연대를 축하하는 글을 보내자, 형평사에서 감사의 글로 답해 양자의 교류가 시작되었다.

1925년 7월에 경기도를 덮친 큰 비로 한강 제방이 무너지는 홍수가 일어났고, 8월에는 경상북도 예천에서 주민 1000여 명이 형평사를 습격하는 사건이 일어났다. 『스이헤이 신문』은 "우리들 부락민은 식민지 형제를 구하지 않으면 안 된다. 우선은 수해 구조를, 그리고 조선 민족의 해방운동을!"이라고 호소했다. 일본 각지에서 수해 구조의 목소리가 높아지자, 오사카에서 열린 피해자 구호 집회에서 오사카 스이헤이샤는 수해 구조만이 아

한국과 일본의 연대
1927년, 형평사를 대표해 일본 스이헤이샤를 방문한 이동환(앞줄 오른쪽)은 두 단체의 인적 교류와 출판물의 교환에 대해 합의했다.

니라 예천 사건에 항의하자는 긴급동의를 제출해 만장일치로 승인했다.

또 형평사의 제6회 대회에서 스이헤이샤와 연대를 결의하자 스이헤이샤도 같은 해에 열린 제7회 대회에서 형평사와 연대하는 문제를 의안으로 올렸다. 그런데 경찰 때문에 대회가 해산되어 결의되지는 않았다. 1931년, 스이헤이샤의 제10회 대회에 형평사가 보낸 축전을 마지막으로 양자의 교류는 단절되었다.

왜 그랬을까? 일본이 전쟁으로 기울자, 군화와 허리띠 같은 군수품 가죽을 다루는 사람들에 대한 통제가 강화되었다. 그래서 경찰은 형평사 구성원들이 파괴 활동 단체를 조직했다는 누명을 씌워 그들을 체포하고 활동을 봉쇄했다. 그뿐만이 아니었다. 일본인 학생이 한국인 여학생을 모욕한 사실이 원인이 되어 일어난 광주학생운동에 대해 스이헤이샤가 조직으로서 아무런 구실을 할 수 없었듯이, 일본 측이 한국의 식민지 문제·민족문제에 대한 이해가 부족했다는 사실이 더 큰 원인이었다. 이렇게 스이헤이샤와 형평사의 교류는 좌절되었다고 할 수 있지만, 차별 철폐를 요구하는 국제 연대의 선구가 되었다.

한국인의 마음속에 살던 아사카와 다쿠미

한국에 살면서 한국인을 이해하려고 한 일본인이 있었다. 아사카와 다쿠미가 그중 한 사람이다. 이런 일화가 있다. 채소 행상을 하는 한국 사람이 아사카와 다쿠미 집에 왔다.

"아, 이거 사야겠네. 얼마지?"

"하나에 20전이에요."

그러자 옆에서 이야기를 듣고 있던 부인이 말했다.

"지금 요 옆에서는 값을 깎아 15전에 파는데……."

그러자 아사카와 다쿠미가 말했다.

"어, 그래? 그럼 나는 25전에 사지."

오히려 비싼 값에 채소를 산 것이다. 아사카와 다쿠미의 집 부엌에는 때때로 아무도 모르게 선물이 놓여 있었다. 모두 친하게 지내던 한국인들이 마음을 표현한 것이었다.

당시 일본인들은 대부분 당연한 것처럼 한국인을 무시했다. 그러는 중에 아사카와 다쿠미는 먼저 한국어를 배워 모든 사람과 격의 없이 이야기했으며, 한국 옷을 입고, 한국인과 같은 것을 먹었다.

전차에서 한국인으로 잘못 보여 "어이, 비켜!"라는 말을 들었을 때도 일본인이라는 말을 한마디도 하지 않고 조용히 자리에서 일어났다.

1931년, 아사카와 다쿠미는 겨우 40세라는 나이로 급사했다. 급성폐렴이었다. 장례식에는 그의 죽음을 슬퍼하는 한국인들이 많이 모였다. 비가 내리는 가운데 관을 매려는 한국인들이 계속 나왔고, 관은 그들의 손으로 이문리에 있는 공동묘지까지 운구되었다. 현재 서울 망우리로 이장된 묘 옆에는 "한국의 산과 민예를 사랑하고 한국인 마음속에 살아 있는 일본인, 여기 한국의 흙이 되다."라고 새긴 한글 추도비가 세워져 있다. 한국임업시험장에 있던 그의 옛 동료들이 제안하고, 직원들이 돈을 모아 1986년에 세운 것이다. 그의 묘는 지금도 직원들이 보존하고 있다.

아사카와 다쿠미는 야쓰가다케 산 남쪽 기슭인 야마나시 현에서 태어났다. 농업과 염색업을 하던 아버지는 그가 태어나기 전에 죽었고, 그는 할아버지의 사랑을 받으면서 자랐다.

어릴 때부터 식물을 좋아해 학교에서 돌아오는 길에 묘목을 자주 구해 왔고, 그것을 정원에서 키워 주위 사람들에게 나누어 주기도 했다. 야마나시 농림학교에 입학했고, 그즈음 교회에 다니면서 러시아 문호 톨스토이의 작품을 애독했다. 스물세 살이 되던 1914년, 형인 아사카와 노리타카를 따라 한국에 와 조선총독부 임업시험장에서 근무하며 한국의 벌거벗은 산을 푸르게 하는 일에 평생을 바쳤다.

아사카와 다쿠미

그는 또 형과 함께 한국에서 일상적으로 쓰는 물건에서 공예의 아름다움을 찾아내고 매료되었다. 일하는 틈틈이 한국 공예품 수집과 연구에 몰두했다. 민예 운동의 창시자인 야나기 무네요시

아사카와 다쿠미의 묘를 둘러싸고 선 한국인들

에게 한국 공예의 아름다움을 가르친 사람이 바로 아사카와 형제다.

1919년 3·1운동이 일어나자 야나기 무네요시는「조선인을 생각한다」를 발표해, '그들이 독립을 요구하는 것은 당연하다'는 내용으로 한국인에 대한 이해를 표현했다. 이 시기 아사카와 다쿠미는 야나기 무네요시에게 "조선에 살고 있는 것이 마음에 걸려 조선인에게 미안하다는 생각이 든다. 조선에 있는 동안 언젠가 무엇인가 도움이 되고 싶다." 하는 편지를 보냈다.

이들이 조선민족미술관을 세우려고 했다. 일본의 식민지 지배로 한국이 고유의 민족성을 잃어버리게 되었는데, 한국의 뛰어난 공예품을 재조명해서 고유의 아름다움을 생산하는 민족성 자체를 되살리고 싶다고 생각했기 때문이다.

1924년, 왕궁이던 경복궁 안에 있는 건물을 빌려 조선민족미술관을 열었다. 이 때문에 야나기 무네요시와 아사카와 다쿠미는 3·1운동 이후의 문화 통치에 이용되었다는 비판도 있다. 그러나 총독부가 현판에서 '민족'이라는 두 글자를 삭제하도록 집요하게 압박했을 때, 그들은 단호하게 거절하고 마지막까지 그것을 지켜냈다.

이 미술관은 아사카와 다쿠미가 열쇠를 관리했다. 그는 개관 후에도 있는 돈, 없는 돈을 다 털어 뛰어난 공예품을 수집하며 미술관을 충실하게 하기 위해 노력했다. 많은 소장품들은 현재 한국 국립중앙박물관에서 보관하고 있다.

아사카와 다쿠미는 『조선의 소반』에서 이렇게 한국인을 격려했다. "피곤에 지친 조선이여, 다른 사람을 흉내 내기보다는 가지고 있는 중요한 것을 잃지 않는다면 결국 자신을 가지는 날이 올 것이다. 이것은 단지 공예의 길만은 아니다."

'우리 변호사'라고 불린 후세 다츠지

"산다면 민중과 함께, 죽는다면 민중을 위하여." 후세 다츠지는 이 원칙대로 산 변호사다. 1880년 미야기 현의 농가에서 태어난 후세 다츠지는 자유민권 사상, 한학, 기독교의 영향을 받으며 자랐다. 18세에 도쿄로 가서 현재 메이지대학인 메이지법률학교에서 공부하고 검사 대리를 거쳐 23세에 변호사가 되었다.

묵자의 겸애사상이나 톨스토이의 인도주의에 심취하고 노동자, 농민이나 피차별민, 식민지 민중 등 사회적 약자의 인권을 지키기 위해 활동했다. 재판소 안에서 머무르지 않고 보통선거 실시, 공창 폐지, 노농당 결성 같은 사회운동에도 참여했다.

그러나 국가권력을 두려워하지 않는 그의 행동은 관헌의 주목을 끌어, 전쟁 중에 징계 재판에 회부되어 두 번이나 변호사 자격을 빼앗기고 감옥살이를 했다. 그러나 그의 활약상은 치안유지법 위반으로 변호사 자격을

1927년경의 후세 다츠지
전후 변호사 활동을 다시 시작해, 국가권력과 대결하며
인권 옹호를 위해 활약했다.

박탈한 재판장조차 '긴 시간에 걸쳐 인도적 전사로 약자를 위해 분투했다'는 말을 하게 할 정도였다.

후세와 한국의 첫 만남은 1919년 3·1운동의 계기가 된, 한국인 유학생들의 2·8독립선언 재판이었다. 항소심부터 참가한 후세는 죄를 인정하고 정상참작으로 형량을 가볍게 하려던 1심의 변호 방침을 비판하고 한국 독립운동의 정당성을 정면으로 주장하며 싸웠다. 판결은, 금고 1년을 받은 두 명의 형량이 9개월로 감형된 것 이외에는 1심과 거의 같았다. 하지만 후세 다츠지는 피고였던 한국인 청년들로부터 절대적인 신뢰를 얻었다. 그 뒤에도 간토대지진 때 한국인 학살 조사나 항의 활동 등 여러 사건에 관여해 한국인으로부터 신뢰감을 얻어 '우리 변호사 후세 다츠지'라고 불렸다.

궁삼면 사건과 후세 다츠지

1912년 봄, 동양척식주식회사(동척)의 사원이 일본인 헌병을 데리고 전라남도 나주에 있는 궁삼면에 왔다. 그들은 일본인 이민자들에게 줄 토지를 고르고, 논두렁에 잇달아 말뚝을 박았다. 한 할머니가 항의하며 말뚝을 뽑자 헌병이 구두로 할머니의 가슴을 세게 찼다. 할머니는 논두렁에 쓰러져 죽고 말았다. 이 일로 농민들의 분노가 폭발해 일본인 이민자용 주택을 파괴하는 등 격렬하게 저항했다. 조선총독부가 동척에 이민 사업을 일시 중단하라고 명령하지 않으면 안 될 정도였다.

이 사건의 시작은 19세기까지 거슬러 올라간다. 원래 비옥한 곡창지대였던 이 땅에 대기근이 들자 지역 관리가 세금을 대신 납부한 일이 있다. 그 뒤 농민들이 돈을 갚았지만, 그 관리가 농민들의 토지 문서를 당시 황태자 이은의 생모인 경선궁 엄씨에게 팔아 소송으로 번졌다. 그리고 1909년, 재판 중이라는 점을 이용해 동척이 시가 200만 엔이나 되던 토지를 겨우 8만 엔에 매수했다. 이때 동척은 나중에 혹시 재판에서 져 땅을 잃어버리게 되어도 경선궁 엄씨에게 절대 폐를 끼치지 않는다는 각서를 전했다. 이 사실은 동척도 왕실도 이것이 불법적인 토지 매수라는 사실을 알고 있었다는 것을 보여 준다. 일본인 이민자들에게 토지를 팔거나 식민지적 농업을 행하기 위해 1908년 말에 설립된 국책회사가 동척이고, 동척의 최초 매수지가 이 궁삼면 토지였다.

농민들은 동척에 소작료를 지불하지 않고, 토지를 반환하라는 소송을 제기했다. 이에 따라 소작료인 벼 7000석 가운데 동척이 실제 손에 넣은 것은 1911년 2628석, 1912년 128석, 1913년 67석, 1914년 21석에 불과했다. 당황한 동척은 헌병 700명을 동원해 마을 사람 전원을 큰 광장으로 끌고 갔다. 헌병은 주도적인 농민 130명을 투옥하고 남은 2만여 명을 자택에 감금해 동척의 토지 소유권을 인정하게 하려고 했다. 게다가 소작료 지불을 거부하는 자는 목검으로 때리는 등 폭력을 휘둘러 사상자를 낳는 대탄압을 가했다. 이런 가운데 농민들은 1915년과 1916년의 재판에서 계속 지고, 한때 굴복당했다.

그러나 농민들은 다시 일어났다. 1925년에는 농민조합을 결성하고, 혈서로 단결을 굳건히 했다. 또 소작료 납부 거부의 맹세를 어긴 사람들을 규탄하는 농민 집회를 열었다가, 이를 저지하는 무장 경관대와 충돌했다. 남자는 곤봉을 들고 여자는 돌멩이를 던지며 경찰서를 습격하고, 마을에 있는 주재소나 소작료 수납장에 몰려들어 책상을 부수는 등 큰 소동을 일으켰다. 농민 대표가 일본 정부에 호소하려고 도쿄에 가기도 했다. 이때 후세 다츠지에게 가 재판의 변호를 의뢰했다. 다음 해인 1926년 3월에 후세 다츠지가 현지 조사를 위해 설문지를 준비해서 한국에 왔다. 동척과 경찰은 농민을 가장해 '문제가 해결되었다'고 거짓말을 하며 농민들과 면담하는 것을 방해했다. 그가 꾀를 내어 산책하는 척하며 농민과 만났지만, 충분하게 조사하기는 어려웠다.

한편 후세의 방문으로 문제가 한국 전 지역에 파급되는 것을 두려워한

나주의 궁삼면 항일운동 기념비

1991년에 세워진 이 비에 "일본인 변호사 후세 다츠지에게 토지 회수 투쟁의 경과를 혈서·혈판으로 표시하고 민사 소송을 의뢰하였다. 그는 의분을 참지 못하고, 1926년 한국에 와서 영산포에서 현지 조사에 착수하였다."라고 새겨져 있다.

총독부는 그가 도착한 날 농민 대표를 경찰서에 불러 놓고, 강제적으로 총독부의 조정을 받아들이게 했다. 그 내용은 2500정보 가운데 주택이나 묘지 100정보는 농민에게 무상으로 돌려주고 밭 400정보는 법정 가격으로 농민들에게 분양하며, 논의 절반에 해당하는 1000정보는 동척이 보유하고, 나머지 1000정보는 법정 가격의 두 배를 10년에 걸쳐 동척에 지불하면 농민에게 상환한다는 것이었다. 그러나 대다수 농민은 지불 능력이 없었기 때문에 궁삼면 토지는 동척의 것이 되었다. 농민들이 완전하게 토지를 돌려받은 것은 한국이 독립한 뒤다.

후세 다츠지는 귀국하자마자 도쿄 우에노 공원에서 연설회를 열고, '총독부가 조선 농민의 개선·발전에 관해 자랑삼아 수치를 들어 이야기할 때 한편에서 조선 농민은 좁쌀·고구마·감자를 먹으며 근근이 배고픔을 견디고 있다'고 호소해, 총독부의 잘못된 농업 정책과 동척의 부당한 토지 거래를 규탄했다.

한국 농민을 지원하던 후세 다츠지는 다음 해에 타이완으로 건너갔다. 제당 회사의 횡포에 대항하는 사탕수수 재배 농민을 변호하기 위해서였다. 그는 열흘간 머무르면서 재판에 참여하는 동시에 북으로는 지룽에서 남으로는 가오슝까지 32회에 걸쳐 정력적인 강연을 해 타이완 노동자와 농민을 격려했다. 강연회장은 모두 대성황으로 열렬한 환영을 받았다. 후세 다츠지가 내민 도움의 손길은 일본이나 한국만이 아니라, 멀리 타이완 민중에게도 미쳤다.

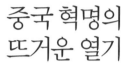

중국 혁명의
뜨거운 열기

쑨원은 중국 혁명을 이끈 지도자다. 그는 중국 혁명을 달성하기 위해 일본의 협력을 기대하고 있었다. 국민당이 중국에서 강력한 세력을 확보할 즈음 그가 일본 고베에서 강연을 하며 일본에 연대를 호소했다. 일본인은 그의 호소에 어떻게 답했을까? 그 후 중국 혁명은 어떻게 진행되었으며 동아시아에 어떤 영향을 주었을까?

쑨원의 성장과 혁명운동

1924년 11월 28일, 중국 혁명가 쑨원이 고베에서 강연을 했다. 주제는 '대아시아주의'였다. 이 강연에서 쑨원은 유럽의 침략으로 쇠퇴하던 아시아가 일본의 러일전쟁 승리로 힘을 얻고 있다고 밝혔다. 또 유럽의 문화가 과학과 무력으로 상대를 굴복시키는 데 비해 아시아 문화는 인의와 도덕으로 상대를 감화한다고 했다. 따라서 현재의 일본이 유럽과 같은 패도가 아닌 왕도를 지키는 보루가 되어야 한다고 일본 국민에게 호소했다. 이 강연은 일본 청중에게 깊은 감명을 주어 박수가 그치지 않았다.

쑨원은 1866년 중국 남부 광둥성에서 태어났다. 하와이에서 대학을 마친 후 홍콩에서 의학을 배워 의사가 되었다. 1894년에 리훙장에게 개혁을 건의하는 편지를 보냈는데 반응이 없는 것을 보고 하와이로 건너가 흥중회

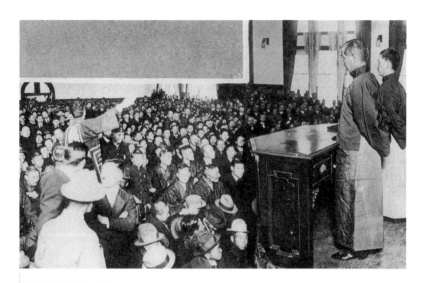
고베에서 강연하는 쑨원

를 만들었다. 청 정부의 탄압으로 국내 활동이 힘들어진 쑨원은 전 세계에 살고 있던 화교나 유학생 들에게 혁명 사상을 퍼뜨리며 지지 세력을 넓혀 갔다. 그러던 중 쑨원이 제2의 고향이라고 한 일본이 혁명운동의 중심지가 되었다.

1905년 쑨원은 일본의 수도 도쿄에서 중국 국내외 혁명 조직을 통합한 중국혁명동맹회를 만드는 데 성공했다. 일본의 민간에는 쑨원의 혁명운동 을 지원하려고 한 사람들이 적지 않았다. 그중 한 명인 미야자키 도텐은 기독교인으로서 중국 혁명을 지원하며 쑨원과 평생의 벗이 되었다. 미야자키 는 쑨원뿐만 아니라 김옥균을 포함한 아시아 혁명가들을 지원한 것으로 알려졌다. 쑨원은 미야자키를 통해 일본 정치가들을 소개받았다. 이들의 협조를 받아 일본에 혁명운동의 근거지를 설치하려고 한 것이다. 그러나 일본 정치가들은 일본의 대륙 진출에 쑨원을 이용하려고 했다. 쑨원과 일본의 정치가들이 동상이몽을 하고 있었던 것이다.

신해혁명을 본 한국과 일본의 대응

1911년 10월 중국에서 신해혁명이 일어났다. 양쯔 강 중류에 있는 우한에서 청의 지배에 불만을 품고 군대가 봉기해 혁명이 일어난 것이다. 이를 계기로 전국에서 봉기가 발생하고 많은 성이 독립을 선언했다. 혁명이 전국으로 번지자 쑨원은 미국에서 유럽으로 건너갔다. 열강의 간섭이 없어야 혁명이 성공할 수 있다고 생각했기 때문이다. 1911년 12월, 그는 영국과 프랑스로부터 청 정부를 지원하지 않겠다는 약속을 받아 낸 뒤 중국으로 돌아가 열광적인 환영을 받았다. 이듬해 1월에는 아시아 최초의 공화국인 중화민국의 임시 대총통에 취임했다.

하지만 중화민국의 기반이 튼튼하지 못했기 때문에 혁명은 순조롭게 진행되지 못했다. 그러자 쑨원은 청의 실력자이던 북양대신 위안스카이와 타협해 청을 무너뜨렸다. 그 뒤 대총통 자리는 위안스카이에게 넘겨주고, 중

5·4운동 중 행진하는 대학생과 시민
파리강화회의에서 독일의 이권을 일본이 승계하도록 결정하자 5·4운동이 폭발했다.

국혁명동맹회를 개조해 국민당을 만들었다. 그런데 위안스카이가 야심을 드러내 국민당 당수 쑹자오런을 암살하고 황제가 되려고 했다. 쑨원은 위안스카이를 타도하려고 다시 혁명을 일으켰으나 실패하고 일본으로 망명했다. 위안스카이는 나라 안팎에서 반대가 심한 것을 보고 황제를 포기했다. 얼마 뒤 위안스카이가 병으로 죽자 군사권을 장악하고 각 지역을 지배하는 군벌들이 등장해 중국은 혼란에 빠지고 말았다.

한국의 많은 독립운동가들은 국권이 강탈된 뒤 해외에서 활동을 모색했다. 이들 중 상당수는 신해혁명 소식을 들은 다음 상하이나 난징 등으로 망명했다. 난징에서 유학하고 있던 한국인 유학생들은 학생군으로 봉기에 참가하고, 나중에 육군학교에 들어가 군사기술을 배웠다. 위안스카이를 타도하는 군대에 직접 들어가기도 했다. 중국의 정치 상황에 대한 기대와 함께 중국과 연대하는 것을 염두에 두고 그런 것이다.

신해혁명은 일본에도 영향을 끼쳤다. 민간에서 혁명파를 원조하려는 움직임이 일어났고, 중국에 건너가 혁명에 참가하는 사람들도 있었다. 하지만 일본 정부는 혁명이 공화제 성립에 이르자 경계의 눈초리를 보냈다. 일본의 천황제에 영향이 미칠 것을 염려했기 때문이다. 일본은 입헌군주제에 근거한 청조를 지원하려고 영국에 공동 간섭을 요구했다. 그러나 영국은 위안스카이에게 기대를 걸고 있었기 때문에 일본의 요청을 거절해 공동 간섭은 실패했다.

일본에 대한 기대와 실망

신해혁명이 일어날 무렵 쑨원은 일본인이나 일본 정부에 큰 기대를 품고 있었다. 주요 활동의 중심지가 일본이었고, 미야자키 도텐을 비롯해 중국의 혁명운동을 이해하고 원조해 주는 사람들이 많았기 때문이다. 쑨원이 혁명을 완성하려면 군벌을 타도하고, 열강으로부터 무기와 차관을 구해야 했다. 그러나 일본 정부는 러일전쟁으로 획득한 중국 둥베이의 이권을 어떻게 유지·확대할 것인지에 관심이 있었다. 따라서 일본은 중국 혁명의 성공을 바라지 않았다. 오히려 중국이 분열되어야만 일본에 유리했다. 일본은 둥베이에 기반을 둔 군벌 장쭤린과 손잡고 이권 확보를 위해 노력했다.

쑨원은 1917년부터 중국 남방의 광둥성을 기반으로 혁명을 이루려고 했지만, 군벌과 갈등을 겪고 있었다. 쑨원의 사상을 크게 변화시킨 것은 러시아혁명과 5·4운동이다. 그는 5·4운동에서 나타난 중국 민중의 에너지에 감명받고, 중국 국민당을 대중정당으로 개조하려고 했다. 일본에 대한 인식도 1919년을 기점으로 점차 비판적으로 바뀌었다.

한편 소련도 세계혁명을 성공시키기 위해 쑨원이 이끌고 있던 중국 국민당과 손을 잡으려고 했다. 이렇게 쑨원과 소련 대표 사이에 회담이 진행되었고, 중국 국민당과 공산당의 합작이 이루어졌다. 중국 공산당원이 개인 자격으로 중국 국민당에 입당하고, 협력 체제를 구축하게 된 것이다.

1924년 광저우에서 중국 국민당의 제1회 전국대표대회가 열렸다. 이 대회에서 군벌의 지배와 제국주의 침략으로부터 중국을 구하려면 진정한 공화정치를 국민의 힘으로 이룩하고, 민족의 통일을 위한 국민혁명을 실행해야만 한다는 선언을 채택했다. 또 황푸군관학교라는 군인 양성 기관을 만들고 군벌에 의지하지 않는 독자적 군사력을 갖게 되었다.

1924년에 베이징의 정치 동향이 크게 바뀌었다. 장쭤린을 비롯해 쑨원과 협력 관계에 있던 사람들이 군벌 간 전쟁에서 승리한 것이다. 이들의 초대를 받은 쑨원이 광둥에서 베이징으로 가다 고베에 들러 '대아시아주의' 강연을 했다. 그러나 베이징에 도착한 쑨원은 암에 걸려 다음 해에 사망했다.

대한민국 임시정부와 쑨원

1919년 4월 중국 상하이에서, 3·1운동으로 높아진 독립 열기에 힘입어 대한민국 임시정부가 수립되었다. 초대 대통령으로는 이승만이 선출되었다. 상하이는 서구 열강의 외교 공관이 모여 있고 국내외 연락과 활동이 자유로워 외교에 좋은 장소였다. 임시정부는 파리에 체류하고 있던 김규식을 외무총장에 임명해 한국의 문제를 강화회의에 상정하고 독립을 승인하도록 하는 활동을 맡겼다.

이렇게 임시정부의 외교는 제1차 세계대전이 끝난 뒤 파리강화회의의 활동에 초점을 모았다. 하지만 파리강화회의는 약소국이 기대하던 정의와 평화를 추구하는 회의가 아니었다. 전승국의 이권 분배에만 관심이 있는 회의였다. 이런 사실이 알려지면서 임시정부에서 외교 활동을 통해 독립을

임시정부 초기의 주요 인물
대한민국 임시정부 및 임시의정원 신년 축하식 기념사진으로, 의자에 앉아 있는 두 번째 줄 왼쪽 끝의 김구를 비롯해 이시영, 이동휘, 이승만, 이동녕, 안창호 등 임정의 주요 인물이 보인다.

달성하자는 외교론과 무장투쟁을 통한 독립을 주장하는 세력 사이에 갈등이 다시 확대되어 갔다.

이런 가운데 1921년에 해군의 군비 확장을 제한하고 태평양에서 안전보장을 구체화하기 위해 워싱턴회의가 열렸다. 임시정부는 다시 기대를 갖게 되었다. 워싱턴회의가 일본에 대한 미국의 견제를 포함한다는 것을 파악했기 때문이다. 임시정부는 회의에 파견할 대표를 선출하고 다양한 강연 활동을 전개했다. 그러나 한편으로는 워싱턴회의가 열려도 큰 성과가 없을 것으로 예상했다. 기관지 『독립신문』에 실린 사설이 이를 잘 보여 준다.

미국이 정의와 인도를 실현한다고는 믿기 어렵고, 미국이 일본과 개전할 각오가 없는 한 일본의 조선 통치를 개량하도록 요구하는 것으로 끝날 것이다.

제국주의 국가들 간에 이런 협상이 진행되고 있던 1921년, 쑨원이 이끄는 광저우 군정부는 비상 국회에서 대한민국 임시정부와 한국 독립을 승인했다. 그러나 한국과 일본의 관계는 시모노세키 조약 이전 상태로 되돌린다고 했다. 이는 청이 한국을 간섭하고 있던 당시 상황을 전제로 한 것이 아니었을까 하는 의혹을 남겼다. 쑨원은 1924년 고베에서 한 '대아시아주의' 강연에서도 한국 문제를 언급하지 않았다. 한국인 기자가 한국 문제에 대해 질문하자 쑨원은 이렇게 답했다. "(내가 주장하는 대아시아주의와 일본의 조선 지배는) 물론 양립할 수 없다. 그러나 나는 일본에서 조선 문제에 대해 논하는 것을 피하고자 한다." 이 때문에 한국의 언론은 쑨원의 강연에 대해 "천박한 행동이다.", "중국인은 이해가 가지 않는다." 하고 혹평했다.

혁명 의지의 계승

쑨원이 죽은 뒤 중국 국민당은 쑨원의 유지를 이어 계속 혁명을 추진했다. 1925년 5월, 상하이의 일본 방직공장에서 일어난 파업을 계기로 외국 기업에 대한 대규모 저항운동이 일어났다. 이 지역을 관할하던 영국 경찰이 중국인 노동자를 탄압하는 사건이 일어나자, 공산당이 노동자·학생·상인 조직을 만들어 운동을 전개한 것이다. 이것이 5·30운동이다. 이 노동운동이 제국주의 반대 운동으로 확산되면서 공산당의 영향력이 커졌다. 이를 계기로 공산당은 소수 지식인 중심의 단체에서 노동자가 참여하는 대중적인 세력으로 변했다. 항일운동이 전국으로 퍼져 나가는 가운데 국민당도 광저우와 홍콩의 파업을 지원했다. 이에 따른 대중적 인기에 힘입어 국민당은 7월에 광저우에서 국민정부를 발족했다. 그러나 국민당 내부에서는 중국 공산당과 합작하는 데 반대하는 사람들이 점점 목소리를 높였다. 이때 두각을 나타낸 사람이 합작 반대파를 이끌던 장제스다.

국민당은 중국을 통일하기 위해 1925년에 국민혁명군을 창설하고 장제스를 총사령관에 임명했다. 그리고 1926년 7월, 국민혁명군은 쑨원이 평생 꿈꾸던 통일 전쟁을 시작했다. 국민혁명군의 병력을 군벌들과 비교하면 4분의 1밖에 안 되었다. 하지만 높은 사기와 농민·노동자의 협력 덕에 놀라운 승리를 거두었다. 국민혁명군의 북벌 혁명인 국민혁명은 중국 민중의 거대한 에너지를 폭발시켰다. 중국 민중은 각지에서 노동운동이나 농민운동을 일으켰다. 특히 상하이에서는 공산당이 지도한 노동자 파업이 성공해 군벌을 내쫓았다. 이런 흐름에 놀란 장제스는 공산당 세력이 더 확대되는 것을 막기로 했다. 1927년 4월, 장제스는 상하이에서 공산당원과 노동운동 지도자를 탄압하고 정식으로 난징에 국민정부를 발족했다. 쑨원이 만든 국민당과 공산당의 제1차 국공합작은 이렇게 무너져 버렸다.

조선의용대 2주년 기념식에서 축사하는 김원봉

의열단을 만들고 군사 활동을 위해 동지들과 황푸군관학교에 들어간 김원봉은 중국에서 항일 무장투쟁의 중심에 있었다.

한국인 청년도 국민혁명에 참가했다. 특히 합작 직후에 설립된 황푸군관학교에 한국 청년들이 입학하는 것은 중국의 국민혁명에 대한 공감과 함께 군사·정치 기술을 학습하고 한국 독립을 달성하겠다는 의미가 있었다. 1925년부터 한국인의 입학이 허가되어, 의열단을 비롯한 각 단체에서 청년을 파견했다. 의열단은 노선을 테러 활동에서 대중적 무장투쟁으로 전향했다. 한국인 학생은 학교를 졸업하면 중국 국민혁명에 참가하거나 독자적인 독립운동을 전개했다.

중국의 적이 된 일본

워싱턴회의는 미국의 의도대로 중국의 주권을 존중하기로 결정했다. 일본 정부는 이 결과를 수용하고, 외무대신 시데하라 기주로는 국제 협력 외교를 추진했다. 국민혁명이 진행되고 있어도 중국에서 일본의 특권이 없어지지 않는 한 혁명에 간섭하지 않겠다는 태도를 취했다.

그러나 1927년에 군인 출신인 다나카 기이치가 총리대신 자리에 오르자 중국에 적극적으로 군대를 파견하고 혁명을 방해했다. 그래서 일본 제품 불매운동이 각지에서 벌어지고 일본 무역량이 줄어들었다. 중국에 있던 일본 공장들도 큰 타격을 받았다.

1927년에 장제스의 국민혁명군이 상하이의 공산당 세력 약화를 위해 상하이를 점령하자, 일본군이 제1차 산둥 침공을 감행했다. 일본 거류민 보호를 명분으로 내세웠지만, 중국의 통일로 이권이 침해받을까 봐 우려한 결과였다. 장제스는 국민정부 혼란의 책임을 지고 국민혁명군 총사령 직을 떠나 일본으로 가서 정치·경제계의 요인들과 회담했지만 성과는 없었다. 일본에서도 대중이 산둥 침공 반대 운동을 전개했지만 일본 정부의 탄압을 받았다.

장제스는 중국으로 돌아가 1928년에 다시 북방 군벌과 전쟁을 시작했다. 그러자 일본 정부도 다시 산둥을 침공해 국민혁명군과 대립하며 지난을 점령했다. 일본은 자신들의 권익 보호와 함께 친일 성격이 있는 베이징의 장쭤린 정권을 보호한다는 의도를 갖고 있었다. 베이징 정권의 유지는 둥베이와 내몽골의 이권과 관련되기 때문이었다. 일본은 결국 자국의 이익을 위해 중국의 통일은 물론이고 중국 민중을 제압하려고 한 것이다.

이 사건은 중국 민중의 반일 감정을 타오르게 해, 중국인이 가장 싫어하는 나라가 영국에서 일본으로 바뀌었다. 한편 국민혁명군은 일본과 대결하는 것은 피하고 장쭤린이 이끌던 베이징 군벌 정부를 타도하는 데 온 힘을 쏟았다. 궁지에 빠진 장쭤린은 자신의 기반인 둥베이로 철수하고, 국민혁명군은 6월 8일 베이징에 들어갔다. 일본은 장쭤린을 회유해 둥베이에서

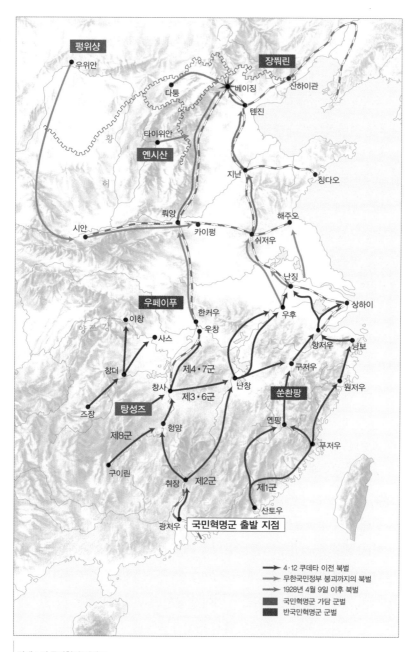

펑위샹

우위안

다퉁

타이위안

엔시산

장쭤린

베이징

산하이관

톈진

지난

칭다오

황 허

뤄양

시안

카이펑

해주오

쉬저우

난징

상하이

우페이푸

이창

한커우

우후

항저우

닝보

사스

우창

창더

양 쯔 강

제4·7군

구저우

즈장

창사

제3·6군

난창

쑨촨팡

원저우

탕성즈

형양

제8군

옌핑

푸저우

구이린

취장

제2군

제1군

광저우

산토우

국민혁명군 출발 지점

→ 4·12 쿠데타 이전 북벌
→ 무한국민정부 붕괴까지의 북벌
→ 1928년 4월 9일 이후 북벌
■ 국민혁명군 가담 군벌
■ 반국민혁명군 군벌

장제스의 국민혁명 전개도

영향력을 강화하려고 했는데, 그가 뜻대로 움직이지 않자 펑톈 교외에서 열차를 폭파해 그를 살해했다. 장쭤린을 이어 펑톈파 군벌의 지도자가 된 그의 아들 장쉐량은 일본의 협박에 굴하지 않고 그해 말 국민정부에 합류했다. 마침내 쑨원이 그토록 꿈꾸던 중국 통일이 실현된 것이다. 그 뒤 중국과 일본의 대립은 갈수록 심해져 일본은 중국의 적이 되었다. 쑨원이 고베에서 한 마지막 강연에서 열광적으로 박수를 치던 일본인들은 어떻게 되었을까?

1931년 만주사변으로 시작한 일본의 중국·동남아시아에 대한 침략 전쟁은 많은 사람들의 생활을 파괴하고 생명을 빼앗아 고통과 슬픔을 초래했다. 일본군이 점령한 지역의 사람들 사이에는 부당한 지배와 침탈에 대한 분노가 확산되고 다양한 저항운동이 일어났다. 중국에서 전쟁이 장기화되고, 미국과 영국이 일본에 맞서 전쟁이 확대되면서 한반도에서도 많은 민중이 전쟁터에 끌려 나갔다.

그러나 전쟁의 비극은 이것으로 끝나지 않았다. 1945년에 일본이 항복하자 한반도는 미국과 소련이 분할 점령하고, 남북에 서로 대립하는 정부가 수립되었다. 1952년에는 일본이 독립을 회복하고 아시아 각국과 국교를 열었지만, 전쟁에서 희생된 한반도를 비롯한 아시아 여러 나라 사람들에 대한 손해배상 문제는 지

3

전쟁, 그리고
평화를 향한 긴 도정

금까지도 해결되지 않은 채로 남아 있다.

많은 희생자를 낳고도 전쟁은 반복되었다. 1950년에 시작된 6·25전쟁과 1965년에 시작된 베트남전쟁은 아시아 사람들에게 다시 커다란 피해를 남겼다. 또 미소 양국의 핵무기 강화에 따라, 인류 멸망을 초래하는 핵전쟁의 위협에 불안해하게 되었다.

사람들은 이런 시대를 어떻게 살았는지, 평화를 구하기 위해 어떤 노력을 했는지 살펴보자. 이런 과정을 통해, 또다시 전쟁이 일어나지 않게 하는 것이 얼마나 중요한지 알 수 있을 것이다.

일본의 침략에
한국과 중국이 손을 잡다

2001년 9월 29일 한국 신문은 조금 생소한 인물의 사망 소식을 전했다. "조선의용대 최후의 분대장 김학철 씨 타계." 조선의용대는 1930년대 중국에서 일본군과 맞서 싸우던 무장 독립군이다. 김학철은 어떤 인물이고, 왜 '최후의 분대장'이라고 불렸을까? 그리고 사람들의 기억에서 멀어진 조선의용대가 왜 다시 주목받게 되었을까?

상하이로 떠난 청년

김학철은 한국이 일본의 식민 지배를 받고 있던 1916년에 함경남도 원산에서 태어났다. 그는 공부보다는 뛰어노는 것을 즐기고, 옆집 여자아이를 좋아하기도 하는 평범한 소년이었다. 장난이 심해 부모님이 학교에 불려가게 하기도 하고, 이웃집 호박에 활을 쏘다가 꾸지람을 듣기도 했다.

어린 시절 김학철은 항구에 정박한 일본 함대를 보고 '세계 제일의 함대'라고 뿌듯해했다. 그러다 지금의 초등학교인 보통학교의 국사 시간에 일본사를 배우는 것이 왠지 모르게 불쾌해 '국' 자를 '일' 자로 바꿔 버리기도 했다. 그의 말대로 '친일 감정과 반일 감정이 밀물과 썰물처럼 바뀌는 기이한 시절'을 보낸 것이다.

현재의 중학교에 해당하는 고등보통학교 때 책 읽기를 좋아해 곧잘 서점에 다닌 그는 어느 날 황당한 일을 겪었다. 서점에서 책을 사고 돌아오다 빗방울이 떨어져 소맷자락으로 소중히 책을 덮었다. 이 모습을 본 일본인 순사가 그를 불러 세웠다.

"이 책 어디서 났나?"

"산 겁니다."

"거짓말 말아. 다 알고 있다. 훔쳤지?"

난데없이 책 도둑으로 몰린 그는 서점 직원이 오고 나서야 결백함이 인정되었다. 하지만 순사는 전혀 미안해하지 않고 "이제 가도 좋아." 하고 명령하듯이 말했다. 이 작은 사건은 그가 식민 지배의 현실을 생각하게 하는 계기가 되었다.

때마침 국외에서 들려오는 한국 독립운동가들의 소식은 젊은 김학철의 가슴을 뛰게 만들었다. 그를 가장 설레게 한 이야기는 윤봉길의 소식이었

상하이의거 뒤 잡혀가는 윤봉길

그는 상하이 의거 뒤 체포되어 일본에서 재판을 받고 사형당했다.

다. 윤봉길은 1932년 4월 중국 상하이를 점령한 일본군이 개최한 일본 천황 생일 축하 겸 승전 기념행사장의 단상에 폭탄을 던졌다. 이 일로 일본군 상하이 파견 사령관 시라카와 대장을 비롯한 고위 장성과 외교관 들이 죽거나 부상을 당했다. 이 사실이 알려지면서 한국 내 독립 열기가 확대되고, 한국의 독립 의지가 중국을 비롯한 세계에 알려졌다.

김학철은 윤봉길같이 독립운동을 하는 사람들이 중국, 특히 대한민국 임시정부가 있는 상하이에서 활동하고 있다는 것을 알게 되었다. 대한민국 임시정부는 1919년 3·1운동 직후 한국 독립운동의 중심이 된다는 목적으로 만들어졌다. 김학철은 고민 끝에 상하이로 떠나겠다고 결심했다. 제2, 제3의 윤봉길이 필요할 대한민국 임시정부를 찾아서.

의열단을 만나다

1935년, 김학철이 마침내 상하이에 도착했다. 상하이에 첫발을 딛은 그가 만난 독립운동 세력은 김원봉, 윤세주가 이끄는 의열단 활동가들이었다. 김학철이 애타게 찾은 대한민국 임시정부는 윤봉길 의거 이후 복잡해진 정치 상황 속에서 좀 더 남쪽으로 근거지를 옮긴 뒤였다.

의열단은 다음 쪽 지도에 나타난 것처럼 일본의 식민 지배 정책과 관련된 주요 인물들을 암살하거나 관련 기관들을 폭파했다. 이들은 누군가 먼저 희생적인 투쟁을 벌이고, 이에 용기를 얻은 민중이 3·1운동처럼 대대적으로 나선다면 일본의 식민 지배를 끝낼 수 있다고 생각했다. 김학철은 열정적이고 적극적인 이들에게 매료되어 이들과 함께 한국의 독립을 고민하기 시작했다.

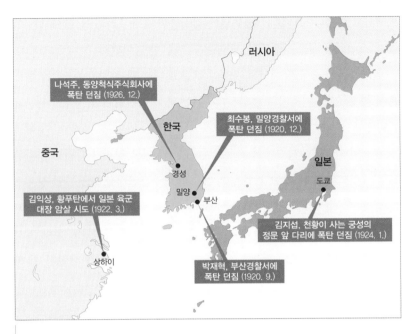

의열단의 활동

중일전쟁과 조선의용대의 창설

1937년 7월 7일 베이징 교외 루거우차오에서 총성이 울렸다. 피해자는 없었지만, 일본은 일본군에게 중국군이 사격한 것이라며 중국군에 대한 대대적인 공격을 시작했다. 중일전쟁의 시작이었다.

전쟁이 시작되자, 일본군에 대항하기 위해 중국 국민당과 공산당이 다시 손을 잡았다. 중국에 있는 한국의 독립운동가들도 일본의 침략에 맞서 힘을 모으기 위한 논의를 시작했다. 이들은 일본의 침략은 동아시아의 평화를 위협하는 행위이며, 중국과 함께 일본을 패배시킨다면 한국의 독립을 앞당길 수 있을 것이라고 생각했다. 일본의 간담을 서늘케 하던 의열단도 소수의 테러 활동보다 다수 대중과 함께 일본 제국주의에 맞서는 방법을 모색하고 있었다. 그 결과, 1938년에 김원봉과 윤세주가 뜻을 함께하는 이들과 '조선의용대'를 창설했다. 김학철도 그중 한 명이었다.

한국인들이 중국 땅에서 독자적인 무장 부대를 만들려면 중국인들의 도움이 꼭 필요했다. 초기 조선의용대원들은 중국 국민당이 세운 중국육군군관학교에서 정치, 군사 등에 대한 교육을 받았다. 김원봉도 일찍이 이 학교의 전신인 황푸군관학교에서 교육받았다. 그때 일본 정부가 김원봉을 비롯해 한국인의 입학에 강한 불만을 제기하자 황푸군관학교 교장이던 장제스는 한국인들을 퇴학시켰다가 거주지와 이름을 중국식으로 바꿔서 재입학시켰다. 그 뒤에도 윤봉길의 의거 같은 활동을 통해 한국인들의 독립 의지를 본 중국인들은 중일전쟁에서도 한국인들이 함께 싸우기를 바랐다. 특히 조선의용대의 청년들이 한·중·일 삼국의 언어를 모두 구사해 중국인들뿐만 아니라 일본군에 대해서도 선전 활동을 할 수 있는 점이 주목되었다. 하지만 때로 중국인들은 한국인들이 마음껏 활동하는 것을 막기도 했다. 조선의용대는 원래 부대 이름을 '조선의용군'으로 하려고 했다. 하지만 중국인들이 정식 군대가 아니라 선전 활동을 하는 의용대로 하기를 원해 이름을 바꾼 것이다.

조선의용대는 초기에 중국 국민당 군대와 함께 활동했다. 이들은 주로 붙잡힌 일본군을 심문하고 일본군에게는 전쟁 반대를, 중국인들에게는 일본군에 맞서 싸울 것을 선전하는 활동을 했다. 1938년에 중국 우한이 일본군에게 함락당할 위기에 처하자, 조선의용대는 후퇴하면서도 시내 곳곳에 일본군을 상대로 크고 진하게 선전 문구를 썼다.

병사들은 전선에서 피를 흘리고 재벌들은 후방에서 호사를 한다.

병사들의 피와 목숨 — 장군들의 금소리개(무공)훈장

일본 형제들이여, 무도한 상관에게 총부리를 돌려라!

이런 용감한 활동을 높게 산 중국인 지도자는 이렇게 말했다. "우한이 함락될 운명에 직면한 이 위험한 시각에 우리를 대신해 대 적군 표어를 쓰고 있는 것은 오직 이 한국의 벗들뿐이니!"

싸우기 위해 화베이로 올라가다

1941년에 조선의용대는 둘로 나뉘었다. 당시 중국 국민당은 국공합작을 깨고 공산당 탄압에 힘을 쏟으면서 일본군에 소극적으로 대응했다. 최전선에서 일본군과 싸우기를 바란 조선의용대원들은 이에 대해 불만이 있었다. 그런데 화베이에서는 중국 공산당이 일본군과 치열하게 전투하고 있었다. 윤세주를 비롯한 대다수 대원들은 화베이로 올라갔다. 이들은 선전 활동만 하기보다는 일본군과 맞서 싸워야 독립을 하루라도 앞당길 수 있다고 믿었다. 또한 토지개혁으로 국민당보다 중국인들의 민심을 얻고 있던 공산당과 연대하는 쪽이 낫다고 생각했다. 화베이에는 한국인이 많이 살고 있어서 활동에 유리할 것이라는 기대도 있었다.

당시 일본군은 중국 대도시를 비롯한 주요 지역을 점령하고 있었지만, 중국 공산당은 그런 지역에서도 항일 활동을 벌였다. 점령 지역에 살던 중국인들은 밤이 되면 슬그머니 찾아오는 공산당군의 목소리에 귀를 기울였다. 의용대원들은 공산당군과 선전·선동 활동을 벌였다. 주민에게 일본군에 맞설 것을 설파하고, 마을 곳곳에 일본어로 전쟁에 반대하는 문구를 붙여 놓았다. 이 지역에 있는 한국인들에게는 민족의식을 고취하고 대열에 함께할 것을 호소하는 한글 전단지를 배포했다. 이들은 전투가 발생하면 누구보다 용감하게 싸워 '야수적인 전투력을 가진 의용대'라고 불렸다.

1942년 조선의용대는 화베이에 있던 다른 한국인 항일 조직과 손잡고 조선의용군으로 개편되었다. 조선의용군은 다음 쪽의 사진처럼 항일 선전 활동

조선의용군

'중국과 한국, 두 민족이 연합해 일본 강도를 타도하자'는 구호를 벽면에 쓰고 있는 조선의용군의 모습이다.

을 하며 중국인은 물론이고 한국인들에게 큰 신망을 얻었다. 특히 1944년 무렵에는 일본군에 동원된 한국인 병사들을 탈출시키는 데 큰 성과를 올렸다. 이들이 합세하면서 조선의용군은 점점 규모가 커졌다. 1945년 8월 9일에 소련군이 일본군의 점령하에 있던 둥베이를 공격하자 조선의용군도 그곳으로 진격했다.

국경을 넘어 전쟁을 반대한 사람들

김학철도 1941년에 윤세주와 함께 화베이로 올라갔다. 이곳에는 타이완의 용대와 일본인민반전동맹 등에서 활동하는 다른 나라 사람들도 있었다. 이들도 일본의 침략 전쟁 반대라는 기치 아래 중국 공산당과 연대하고 있었다. 이런 상황 속에서 김학철은 일본인민반전동맹의 일본인 가지 와타루를 만났다. 가지 와타루는 일본에서 침략 전쟁에 반대하는 활동을 하다가 정부의 탄압을 피해 중국으로 망명한 인물로 '일본인의 침략 전쟁 반대, 중·일의 공정한 강화 쟁취, 일본의 민주적 혁명'을 주장했다. 일본인 포로들을 설득하며 중국에서 반전운동을 펼치는 그를 보며 김학철은 어릴 적 의아해하던 두 가지 일을 떠올렸다.

첫 번째는 원산에서 벌어진 항구 노동자의 파업 때 기억이었다. 항구에서 일본인 선원들이 한국인 노동자들을 공격하던 일본 경찰에게 야유를 보내고 있었다. 일본인이 같은 민족인 일본 경찰이 아니라 한국인 노동자들을 응원하는 모습을 어린 김학철은 이해하기 어려웠다. 두 번째는 고등보통학교를 다니던 시절에 들은 소문인데, 유명한 공산주의자이자 독립운동가인 이재유를 경성제국대학 교수 미야케 시카노스케가 숨겨 줬다고 했다. 저명한 일본인 교수가 일본 경찰들에게 쫓기는 한국인을 도와주다니. 점령국 사람인 일본인들이 점령당한 지역의 한국인들과 연대하는 것이 그 시절 김학철로서는 이해할 수 없는 일이었다. 하지만 이제 김학철은 중국에서 자신이 겪은 일과 가지 와타루를 통해 그런 상황을 이해할 수 있었다.

전쟁에 반대하고 평화를 지키기 위해 민족과 국경을 뛰어넘는 연대는 한국·중국·일본 등 아시아에 한정된 것이 아니었다. 김학철은 이 지역을 찾은 프랑스 신문 기자와 만나 이를 확인할 수 있었다. 이 무렵 민주주의를 파괴하고 자국의 이익을 위해서라면 침략 전쟁도 불사하는 파시즘의 광풍이 유럽에도 거세게 불고 있었고, 프랑스 기자는 독일에 맞서 투쟁하는 자신들처럼 파시즘에 반대하는 사람들을 취재하기 위해 그 먼 곳까지 찾아간 것이다. 이들은 '조선의용대가 지금까지 벌인 활동은 전 세계 반(反)파시즘 전사들에게 큰 힘이 될 것'이라는 말로 깊은 연대감을 나타냈다.

광복군 발대 기념식

대한민국 임시정부와 한국광복군

한편 화베이로 북상하지 않고 남아 있던 조선의용대원들은 김원봉과 함께 대한민국 임시정부의 직속 군대인 한국광복군에 합류했다.

임시정부는 1920년대 후반 침체되어 있었다. 독립운동의 방법을 둘러싼 갈등으로 외교론에 비판적인 독립운동가들이 대거 빠져나갔기 때문이다. 이 어려움을 벗어날 수 있었던 계기가 바로 김구가 주도한 윤봉길의 의거다. 중국 국민당의 지도자 장제스는 이때부터 임시정부를 적극적으로 지원하기 시작했다. 임시정부는 중국 정부가 일본군에 밀려 항저우, 광둥 등을 거치고 충칭으로 갈 때 함께 이동했다. 충칭에 간 임시정부는 1940년에 중국 정부의 도움으로 청사를 마련하고 광복군을 창설했다. 1941년에는 전쟁이 태평양으로 확산되자 일본에 선전포고를 했다. 어느 때보다 독립운동 세력의 결집이 필요하다고 생각한 김원봉은 임시정부의 주석 김구와 손을 잡았다. 김구와 김원봉을 동시에 지원하고 있던 중국 정부의 적극적인 요청도 한몫을 했다.

조선의용대가 합류한 뒤 전력이 강화된 한국광복군은 중국 국민당 부대와 함께 항일 전투에서 활약했다. 1943년에는 인도·미얀마 전선에 공작대를 파견하기도 했다. 이미 몇 해 전에 조선의용대의 도움을 받은 영국군이 다시 도움을 요청했기 때문이다. 광복군 공작대는 영국군을 도와 일본군을 상대로 정보를 수집하고 포로를 심문했다. 또한 중국에 주둔한 미군과 협력해 국내 투입을 위한 특수 훈련을 실시하기도 했다.

최후의 분대장으로

김학철은 1941년 전투 중 다리에 총상을 입고 포로가 되어 일본 나가사키 형무소에 수감되었다. 끝까지 일본군에게 굴복하지 않아 다리의 총상을 치

김학철
젊은 시절과 노년의 모습, 그리고 중국소수민족문학관에 세워진 동상이다.

료받지 못하고 자르게 된다.

1945년 해방 뒤 풀려나고 우여곡절 끝에 중국에 건너가 창작 활동에 전념한 그는 자기 자신을 조선의용대 '최후의 분대장'이라고 했다. 자신이 죽은 옛 전우들의 활약을 밝혀낼 수 있는 마지막 생존 부대원이라고 생각했기 때문이다.

해방 뒤 오랫동안 남한에서는 조선의용대가 잊혀 있었다. 조선의용대 활동의 중심에 사회주의자들이 있었기 때문이다. 북한에서는 김일성이 권력을 강화하면서 조선의용대를 외면했다. 이렇게 남과 북에서 잊혀 가는 독립운동가들을 기록하고 밝혀내기 위한 그의 노력은 1990년대 이후 그의 저서들이 출판되면서 작은 결실을 맺었다. 김학철은 고향인 원산에 가지 못하고, 중국 옌볜에서 2001년에 눈을 감았다.

젊은이들이
전쟁터로 내몰리다

"한 국가의 존망은 인간에게 무척 중요한 일이지만, 우주 전체를 생각해 보면 무척이나 작은 일입니다." 대학생으로서 입대한 일본인 학도병은 부모님께 보내는 유서에 이렇게 기록하고, 특공대원으로 오키나와에서 전사했다. 스물두 살이었다. 태평양전쟁에서는 한국인, 일본인 할 것 없이 많은 젊은이들이 목숨을 잃었다. 학도병들은 어떻게 전쟁터로 내몰렸을까?

"우리는 대일본제국의 신민입니다."

1936년 8월, 조선총독으로 미나미 지로가 취임했다. 그는 '조선에 천황이 방문하는 것과 조선에 징병제를 실시하는 것'을 통치의 2대 목표로 들고, 내지인 일본과 조선은 하나라는 의미의 '내선일체'를 주창했다. 1937년 7월에 중국과 전면전에 돌입하고 일본의 인재와 자원만으로는 전쟁을 수행할 수 없게 되자, 일본 정부는 한국 사람들을 전쟁에 필요한 도구로 동원하기 시작했다.

총독부는 신의 나라 일본의 정신을 주입하기 위해 전국 282곳에 신사를 세우고 한국인에게 참배를 강요했다. 각 가정에도 신을 모시는 단을 설치하게 하고, 한국 사람들이 신의 나라 일본의 사람이라는 의식을 일상적으로 갖게 하려고 했다.

1937년 10월에는 황국신민서사를 만들었는데, 어른용과 어린이용이 있었다. 어린이들은 매일 학교 조회 시간에 이렇게 외쳐야 했다.

하나, 우리는 대일본제국의 신민입니다.
하나, 우리는 모두 힘을 합해 천황폐하에게 충성을 다합니다.
하나, 우리는 모두 인고 단련해 훌륭하고 강한 국민이 되겠습니다.

또 천황이 있는 도쿄 황궁을 향해 절하는 궁성요배 및 일장기 게양과 일본 국가인 기미가요 제창을 강요해, 천황에 충성을 다하는 마음을 키우려고 했다. 어린이들은 역대 천황의 이름, 신화에 등장하는 신들의 이름, 교육칙어 등을 암기해야 했다.

1938년 3월, 총독부는 학교 교과목으로 남아 있던 한국어를 폐지하고 일본어를 국어로 해 일상적으로 쓰게 했다. 그리고 학교 안팎에서 일본어를 사용하는지 서로 감시하게 해, 한국어를 사용한 친구를 밀고하는 것이 일과가 되었다. 이것을 지키지 않으면 학교에서 채찍으로 손을 맞거나 화장실 청소를 하는 것과 같은 벌을 받았다. 한국어로 쓰인 잡지나 신문도 모두 폐간되었다.

일본풍 이름으로

1940년 2월 11일, 조선총독부는 창씨개명을 실시했다. 이것은 남녀가 결혼을 해도 성을 바꾸지 않는 한국의 가족제도를 변경시킨 것이다. 새로운 성을 만들게 하고 호적상의 호주에게 입적시키는 제도로, 가정을 지배의 단위로 삼았다. 전통적인 혈연집단의 힘을 약화하고 천황을 정점으로 하는 일본적 가족제도를 한국 사회에 도입한 것이다. 여기에는 한국인을 전쟁에

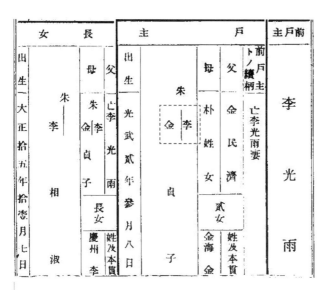

창씨개명 신청서를 제출하지 않은 호적(부분)

호주가 사망한 뒤 그 부인이 호주가 되었는데, 원래 김(金)인 성이 이(李)로 바뀐 것을 알 수 있다.

동원하기 쉽게 하는 동시에 한국인 병사가 일본 군대에 들어가도 일체성이 훼손되지 않도록 한다는 뜻이 있었다.

같은 해 8월 10일까지 6개월간 관청에 창씨개명 신청서를 제출하게 했지만, 초반 3개월 동안 신청률은 7.6퍼센트밖에 안 되었다. 신청 실적을 올리기 위해 총독부는 각지에 설치한 애국반을 통해 감시하게 하고, 신문을 통해 지역의 달성률 경쟁을 부추겼다. 또 거부한 자들에게는 아이들의 통학을 인정하지 않고, 식료품 배급을 끊었다. 일본으로 가는 도항 허가나 사업 인허가를 내주지 않는 등 물리적·정신적 압박을 동원해 신청하게 하기도 했다. 이렇게 해서 최종적으로 약 80퍼센트가 창씨개명을 신청했고, 신청하지 않은 자들은 읍·면·동사무소가 성을 정했다.

일본식 성씨 제도의 강요에 대한 한국인의 저항은 매우 강했다. 가문에서 회의를 통해 성의 한 글자를 살리는 등 어떻게든 조상들과 이어진 인연을 남기려고 애쓰는 사람들이 많았다. 일본 유학 경험이 있고 『동아일보』 객원 기자로 중국·러시아·일본 등지를 다녀온 나경석(羅景錫)은 라덴게이세키(羅田景錫)라고 이름을 정했는데, 이렇게 일본식으로 보이게만 하며 창씨개명을 받아들이지 않는 사람도 있었다.

어쩔 수 없이 지원한 학도지원병

일본 정부는 1938년 4월에 육군특별지원병 제도를 시행해 신체검사, 학과시험, 구술시험 등으로 선발된 자를 훈련을 통해 지원병으로 채용했다. 그런데 모집 인원보다 지원자 수가 7~62배나 많았고, 1943년에는 6300명을 뽑는 데 30만 4294명이 몰렸다. 그러나 이것은 총독부, 한국 주둔 일본군, 읍·면·동사무소, 학교, 경찰 등이 지원을 강요한 결과다. 1942년 5월, 일본 정부는 한국인에게 징병제 실시를 발표했다. 그리고 실시에 앞서 1943년 10월에 총독부가 대학·고등전문학교에 재적 중인 만 20세 이상 한국인 학생의 병역 지원 일정을 발표했다. 육군특별지원병의 성공과 황민화 교육 실시로 자신감을 얻은 총독부는 특별한 대책을 강구하지 않았고, 학교 관계자들도 '직접 학생들과 접촉한 경험으로 보면 예상보다 많은 지원병이 나올 것'이라고 낙관했다. 그러나 기대와 달리 실제 지원자는 한국인이면서 일본인과 동화되려고 노력한 친일파 자손들뿐이었고, '지원이라면 가지 않아도 좋다'고 본 다수는 지원을 기피했다.

1942년에 취임한 총독 고이소 구니아키는 학도병 지원이 뜻밖에 부진하자, '최근 조선과 조선인의 유능한 자질을 일반에게 인식시켜 온 종래의 노력이 이것으로 수포가 될 것을 우려한다'며 낮은 지원율을 한국인 내부의 문제로 돌렸다. 이에 대해 친일파는 위기감을 강하게 느껴, 지원율을 높이기 위한 노력을 아끼지 않았다. 우선 경성의 유력자들이 지원을 강요하는

한국인 학도지원병 출정식

조직을 각 지역에서 결성해 마을 사람 하나하나가 학생을 감시해 지원율을
100퍼센트 가까이 되게 하는 체제를 만들었고, 이것을 한반도 전역으로 확
대했다. 특히 아버지가 엘리트층인 학생들 중에는 '(부친이) 말로 표현하기
힘든 압박과 굴욕을 받지 않으면 안 되었다'는 것 때문에 체념해서 선택한
경우가 적지 않았다.

　　대학과 고등전문학교에서는 전원 지원을 목표로 결의 대회를 계속 열
고, 교사가 호별 방문을 통해 지원하도록 설득하는가 하면 중학교 은사와
동창회도 지원율을 높이는 데 가담하며 지원율로 애국심을 나타내는 경쟁
이 격화되었다. 경성제국대학의 한 교수는 제자가 지원을 피해 모습을 감
추자 신문사를 방문했다. "자네가 지금 어디에 있는지, 몇 번의 편지에도
답장도 없고 아버지는 자네를 찾으러 경성에까지 왔다가 돌아가네. 부모의
고민, 은사의 걱정, 친구들의 걱정이 얼마나 큰지 모른 채 자신의 안전만을

도모할 것인가? 우리 연구실에서는 자네 한 사람만 아직 지원하지 않은 것을 안타깝게 생각해 마지않고 있네. 내 부족한 교육열에 무한한 책임을 느끼고 있네. 자, 오늘이라도 오게." 이런 기사를 싣고 여러 차례 편지와 전보를 보내 심리적으로 계속 압박한 것이다. 학생은 어쩔 수 없이 마지막 날 눈물을 흘리며 지원했다.

이런 식으로 96퍼센트라는 높은 지원율을 달성해, 학생 신분으로 전쟁에 동원된 한국인은 약 4000명으로 추정된다. 일본 정부와 총독부가 징병제 실시에 앞서 한국인 학생을 군대로 보낸 데는 이유가 있었다. 먼저 징병제를 실시하면 일본어를 못 하는 한국인들이 병사로 군에 들어갈 테니, 그들에 대한 지도를 맡기려는 것이었다. 그리고 엘리트층이 지원했다는 것을 징병의 모범으로 삼으려는 뜻이 있었다.

일본 군대에 징집된 한국인

이런 토대를 마련한 후 1944년 4월, 징병제를 실시해 한국인 청년 약 21만 명을 일본군 병사로 징집했다. 태평양전쟁에서 한국인 전사자는 약 2만 2000명, 부상자는 그 몇 배에 달하는 것으로 추정한다. 그중 한 명이 세계 대회에 출전할 수 있을 정도의 마라톤 기록을 갖고 있던 오행석이다. 그는 징병제를 실시하기 전인 1942년, 25세 때 일본군 군속으로 강제 소집되어 포로 감시를 맡았다. 싱가포르를 비롯한 동남아시아에 있는 포로수용소에서 연합군 포로를 감시하고, 그 일부를 타이로 이송하는 일을 맡은 것이다. 일본은 제1차 세계대전 후 포로 감시원이 보복을 당해 큰 해를 입은 사실을 알았기 때문에 포로와 접촉하는 일을 한국인에게 시켰다. 포로에게 가혹한 노동을 시키고 음식을 조금밖에 주지 않고 수면도 충분하게 보장하지 않도록 결정한 것은 일본군 장교지만, 이것을 포로에게 강제하는 것은 한국인이었다.

연합군이 승리한 후 일본인은 한국인을 남겨 둔 채 도망갔고, 많은 한국인 포로 감시원이 연합군에게 살해당했다. 그러나 오행석은 연합군 포로와 자신의 처지가 크게 다르지 않다고 생각해 학대하지 않고 일본군의 눈을 피해 음식을 건네주기도 했기 때문에 살아남았다. 그와 같이 일본 육해군 관련 기관에 동원된 한국인은 15만 명을 넘었을 것으로 추정된다. 그중 전후 군사재판에서 B급·C급 전범이 되어, 강제 동원된 사정은 고려되지 않고 일본인처럼 다루어지고 처형된 사람도 있다. B급 전범은 포로를 학대하는 등 전쟁 법규를 위반한 자, C급 전범은 명령에 따라 고문과 살인을 직접 저질러 인도주의를 거스른 자를 가리킨다.

독립운동에 가담한 한국인 학도병

한편 평안북도 선천 출신 학도병, 장준하가 있다. 목사였던 그의 아버지는 신사참배에 반대한 죄로 교직에서 쫓겨났고, 그 뒤에도 요시찰 인물로 경찰의 끊이지 않는 미행을 당했다. 그는 자신이 학도병으로 지원하지 않으면 가족이 고통받을 것이라고 느꼈기 때문에 지원병 모집에 응했다. 그가 순순히 지원하는 것을 본 주변 사람들은 일본에 저항한 가족의 명예에 상처를 주는 행위라고 비판했다. 그러나 그는 일본 군대를 탈출해서 독립군 부대에 가담할 계획이 있었다. 지원병으로 신청한 친구들이 모두 한반도에 배속되기를 희망한 것과 달리 멀리 떨어

일본신학교 시절 장준하

진 중국에 있는 일본군 부대에 배속되기를 바란 것도 이 때문이었다. 그는 중국에 대한민국 임시정부를 비롯한 다수의 독립운동 단체가 있다는 것을 알고 있었다.

장준하는 탈출하기 위해 입대 전부터 세심한 주의를 기울여 차근차근 준비했다. 병영 생활을 참지 못하고 탈주하는 한국인 학도병이 증가하고 있었기 때문에 탈주 사고가 거의 없던 쉬저우에 주둔하고 있던 부대에 배치되었고, 삼엄한 경계 속에 탈출 계획 실행일을 기다렸다. 1944년 7월, 중일전쟁 7주년 기념일에 회식이 열리고 천황이 하사했다는 술과 담배가 지급되면서 부대의 분위기가 느슨해졌다. 장준하는 야간 점호 뒤 목욕탕에 가는 척하며 동료 세 명과 계획을 실행에 옮겼다. 죽음을 의미하는 실패의 공포와 지병인 심장병에 대한 불안감을 안은 채 철조망을 넘어 탈출했다.

작열하는 태양빛 아래에서 굶주림을 참고 계속 가다가 국민당군 유격부대에 합류했다. 국민당군의 협력을 받은 장준하 일행은 일본군이 경비하던 철도를 돌파해 쉬저우 남쪽, 중국군 내에 설치되어 있던 한국광복군 훈련반에 들어가게 되었다. 그곳에서 3개월을 보낸 뒤, 임시정부가 있던 충칭을 향해 출발했다. 극심한 추위를 견딘 끝에 1945년 1월, 쉬저우로부터 2400킬로미터 거리에 있는 임시정부 청사에 도착했다. 장준하는 이렇게 조국의 독립운동에 몸을 던졌고, 전후에는 한국의 군부독재 정권에 저항해서 민주주의 실현을 위한 정치 운동의 지도자 구실을 했다.

천황폐하의 은혜에 보답하기 위하여

1943년 10월, 메이지 신궁 주변 국립 경기장에 7만 5000명의 젊은이들이 모였다. 20세 이상 학생에 대한 병역면제가 해제되어 학도병이 된 2만 5000명의 출정식을 거행하기 위해서였다. 비가 내리는 가운데 여학생들을

일본 국립 경기장에서 열린 학도 출정식

비롯해 5만 인파가 배웅을 위해 식장에 왔다. 식장에서 도조 히데키 수상과 문부대신의 연설, 게이오기주쿠 학생의 송별사에 이어 도쿄제국대학 학생의 답사가 진행되었다. 그 답사는 "맹세코 천황폐하의 은혜에 보답하고 모두의 기대를 저버리지 않도록 하겠습니다."라고 끝을 맺었다. 그런데 당시를 회상하는 증언 중 이런 것도 있다. "드디어 올 것이 왔다고 생각했다. 군대가 싫었기 때문에 대학에 들어간 것이어서, 군대는 될 수 있으면 가고 싶지 않았다. 모두 그렇게 생각하지 않았을까?"

한편 1942년 4월에 도쿄제국대학에 들어갔다가 다음 해 12월에 입대한 학도병은 군대 생활 일기에 이렇게 썼다. "매일 많은 선배와 전우가 티끌과 먼지처럼 해상에서 그대로 사라져 갔다. 무엇과도 바꿀 수 없는 하나하나의 생명이 그냥 한 덩어리가 되어 처리되어 버렸다." 그는 1945년 4월 제주도 해상에서 배가 침몰해 22세로 전사했다.

앞서 말한 출정식에 나온 학도병 가운데 3000명이 넘게 전사했다고 한다.

자유를 위하여

1922년 나가노 현에서 의사의 셋째 아들로 우에하라 료지가 태어났다. 그는 현재 고등학교에 해당하는 당시의 중학교를 졸업하고 도쿄로 가 1942년에 게이오기주쿠 경제학부에 들어갔다. 그는 파시즘을 비판하는 자유주의 사상가의 책을 즐겨 읽고 자유를 열망하는 학생이었다.

그러나 당시 중일전쟁은 장기화되었고, 연합군과 맞서는 전쟁도 시작되었다. 1942년 중반부터는 일본이 열세에 놓이고, 전쟁을 위한 동원 체제는 더욱 강화되었다. 각지에서 전사자가 증가하고, 병사들이 매우 부족해져 갔다. 우에하라 료지의 두 형은 군의관이었는데, 이해에 그중 한 명이 전사했다.

우에하라 료지

1943년 10월, 우에하라 료지는 대학이나 전문학교에 다니는 학생들에게 적용되던 징병 유예가 철폐되었다는 사실을 알게 되었다. 부족한 병사들을 보충해야 했기 때문에, 고등교육을 받는 학생들에게 적용하던 징병 유예를 철폐한 것이었다. 이과계 학생들은 무기 개발을 비롯해 전쟁을 계속하기 위한 일에 필요하다고 생각해 징병을 연기할 수 있는 조치가 계속 유지되었지만, 문과 계열에 있던 우에하라 료지는 징병 대상이었다. 우에하라 료지는 대학을 떠나 1943년 12월 1일 육군에 입대했다. 항공 조종 전문 사관이 되기 위해 구마가야 육군비행학교에 입학해 단기간에 집중적으로 조종 훈련을 받았다. 다음 해인 1944년에 비행 학교를 졸업하고 부대에 배치되었다. 당시 일본의 전쟁 상황은 더욱 악화되어 특별 공격, 즉 조종사가 탄 채로 비행기를 적함에 충돌시키는 작전을 실시하기로 군 중앙에서 결정했다.

우에하라 료지도 특공대원으로 선발되었다. 그리고 1945년 5월 11일에 오키나와 현 가데나에서 미군 부대로 돌격해 전사했다. 그가 출격하기 전날 밤 상관에게 특별히 '소감'이라는 제목으로 글을 남겼다.

자유가 승리할 것은 명백하다고 생각합니다. 인간의 본성인 자유를 없애는 것은 결코 가능하지 않습니다. 비록 그것이 억제되고 있는 것처럼 보일지라도, 그 근저에는 항상 투쟁하고 최후에는 승리한다는 것이 진리라고 생각합니다.

우에하라 료지는 자유가 허용되지 않던 일본의 패배를 예언하고 자유와 독립을 고대하며 몸을 던졌고, 스물두 살에 그 생애를 마쳤다.

아시아 사람들이
고통받다

일본은 아시아를 구미 식민지에서 해방해 '대동아공영권'을 건설하겠다며 전쟁에 돌입했다. 그러나 그 실상은 구미의 식민지 지배자를 대신해, 일본이 아시아의 지배자가 되려고 하는 침략 전쟁이었다. 전쟁이 확대되는 가운데 일본 점령 아래 있던 아시아 사람들은 어떤 생활을 강요당했을까? 또 일본 국민은 전쟁으로 어떤 일을 겪었을까?

미일 관계 악화와 동남아시아 침략

1937년에 본격화한 중일전쟁은 중국 국민의 끈질기고 강렬한 저항으로 장기화되었다. 일본의 아시아 침략이 자국의 권익을 위협한다고 판단한 미국이 1939년부터 본격적으로 중국을 지원하는 한편, 유럽 여러 나라와 손잡고 일본에 대해 경제봉쇄를 한 것도 전황에 큰 영향을 주었다. 전쟁 수행에 필요한 석유의 70퍼센트를 미국에서 수입하고 있던 일본은, 미국의 중국 지원 통로를 끊고 자원을 확보하기 위해 동남아시아 침략을 꾀했다.

일본은 1940년 9월 23일에 베트남 북부를 점령하고, 27일에는 제2차 세계대전의 유럽 전선에서 독일이 순조롭게 진격하자 독일·이탈리아와 삼국동맹을 맺었다. 이 동맹으로 일본과 미국·영국의 대립은 결정적인 것이 되었다. 같은 해 11월에 일본 정부는 '국면 타개와 일본의 자존 자위, 대동

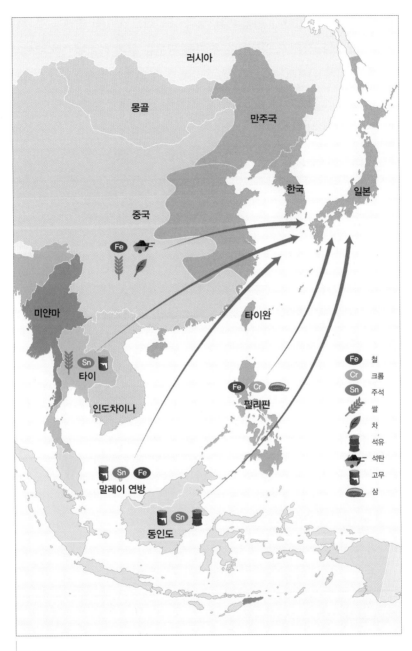

러시아

몽골

만주국

한국

일본

중국

Fe

미얀마

타이완

Sn
타이

필리핀
Fe Cr

인도차이나

Fe 철
Cr 크롬
Sn 주석
쌀
차
석유
석탄
고무
삼

Sn Fe
말레이 연방

Sn
동인도

대동아공영권

아의 신질서를 건설하기 위해 미국·영국·네덜란드에 대한 전쟁을 결의한다'고 결정했다. 그리고 일본이 석유 자원 확보를 위해 1941년 7월 베트남 남부에 군대를 진격시키자, 미국은 미국에 있는 일본인의 자산을 동결하고 석유 수출을 전면적으로 금지했다. 10월에는 육군 대신 도조 히데키가 내각 총리대신에 취임했는데, 일본의 중국 철수를 요구하는 미국과 교섭에 실패하면서 일본은 미국·영국에 맞서는 전쟁에 돌입했다.

'대동아공영권'의 허상

1941년 12월 1일, 일본은 천황이 출석한 어전회의에서 개전을 결정했다. 12월 8일에 육군이 말레이 반도 코타바루에 상륙하고, 해군이 하와이 진주만을 기습 공격해 아시아태평양전쟁에 돌입했다. 선전포고에는 "짐(천황)은 미국과 영국에 선전포고한다. 두 나라는 충칭의 중국 정권을 지원하고 평화라는 미명 아래 동양의 평화를 어지럽혔다. 일본은 거듭 참으면서 평화 회복에 노력해 왔다. 하지만 미국과 영국이 조금도 양보할 마음이 없기 때문에, 제국은 자존 자위를 위해 전쟁을 결정했다."라고 되어 있다.

그러나 개전 직전인 1941년 11월에 결정된 대본영 정부 연락회의 '남방 점령지 행정 실시 요강'에는 이렇게 되어 있다. "점령지에 대해서는 바로 군정을 실시, 치안을 회복하며 중요 국방 자원의 신속한 획득과 작전군(군대)의 자활, (식량) 확보를 행한다." 결국 남방 점령의 목적은 국방 자원의 획득과 병사들의 식량 확보였다.

지옥 같은 '일본 점령 시대'

1943년 11월, 일본은 대동아회의를 개최하고 '아시아의 해방'을 외치면서 자주 독립 존중·각국의 전통 존중·호혜적 경제 발전·인종 차별 철폐·자원 개방 등을 내건 대동아공동선언을 발표했다. 그러나 '아시아 해방'이라는 이름 아래 1942년부터 1945년까지 이어진 일본 점령 시대가 동남아시아 사람들에게는 지옥 같은 나날이었다.

코타바루 상륙 후 파죽지세로 동남아시아를 침략해 점령한 일본군은 중국을 지원한다는 이유로 중국계 주민을 학살했다. 필요한 식량과 물자 등을 일본에서 받지 않고 '자활 확보'라는 명목으로 현지에서 조달했다. 그 실태는 가차 없는 약탈이었다.

일본군은 부족한 노동력을 채우기 위해 동남아시아 사람들을 강제 연행해 철도나 비행장 건설 현장에서 일을 시켰다. '죽음의 철도'라고 불리는 '타이-미얀마 철도'는 말레이 전쟁에서 잡힌 영국·오스트레일리아 등의 연합군 포로와 반강제적으로 끌려간 동남아시아 사람들의 가혹한 노동으로 건설되었다. 1942년부터 불과 1년 3개월 만에 연장 450킬로미터를 건설한

말레이시아 역사박물관 벽화, 〈1941년 일본군의 침공〉

이 무모한 공사에서 굶주림과 질병으로 수만 명이 사망했다. 그나마 희생된 연합군 병사의 묘는 있지만, 아시아인 희생자는 아직까지 그 수조차 분명히 밝혀지지 않고 있다.

또 점령지에서는 사람들을 '천황의 백성'으로 하는 황민화 교육을 실시해 일본어와 황실에 대한 충성을 가르쳤다. 신사 참배를 강제하고, 도쿄 시간을 기준으로 삼는 등 현지의 문화와 역사를 무시한 일본화를 강행했다. 전쟁 명분인 '식민지의 해방'을 위해 미얀마와 필리핀의 독립을 인정했지만, 사실상 일본군이 지배했다. 싱가포르에서는 중국계 주민을 학살했는데, 당시 중국계 인구 60만 명 중 5만 명이 희생되었다고 한다.

3월에는 말레이 반도에서도 '치안 숙청'을 구실로 중국계 주민을 학살했다. 부모를 비롯해 가족 다섯 명이 죽임을 당할 때 일곱 살이던 남성은 이렇게 증언한다. "우리는 당초 일본 병사가 사람을 죽이리라고는 생각하지 않았다. 일본 병사 네 명이 총검으로 기습 공격했다. 땅에 꿇어 엎드려 목숨을 살려 달라고 하는 사람도 바로 찔러 죽였다. 당시 임신 중이던 내 어머니는 일본 병사 세 명이 찔러 죽였다. 칼은 어머니의 배를 관통하고 내 가슴을 관통했다."

1940년 9월에 일본군이 들어간 베트남 북부에서는 1944~1945년에 200만 명이 굶어 죽었다. 악천후나 홍수 같은 자연재해뿐만 아니라 일본군이 일상 식량과 결전을 위한 비축미로 쓰려고 식량을 약탈한 것이 원인이었다. 일본 병사 약 10만 명이 2년간 먹을 양이었다. 여덟 식구 중 일곱 명이 굶어 죽은 가운데 간신히 살아남은 남성이 여덟 살이던 당시 일을 기억했다. "먹을 것 없는 날이 아마 한 달 이상 계속되었다고 생각합니다. …… 눈앞에서 차례차례 가족이 죽어 갑니다. 팔다리가 가늘게 마른 나무처럼 되어 전혀 움직일 수 없게……."

일본 군정이 아시아 사람들의 반발을 일으키면서, 동남아시아 각지에서 항일운동이 거세지고 항일 조직이 결성되었다. 항일 조직은 독립을 요구하면서 게릴라 작전을 전개했다.

깊은 상처를 남긴 침략

아시아태평양전쟁은 아시아인 2000만 명, 일본인 310만 명의 희생자를 내고 1945년 8월 일본의 패배로 끝났다. 병사뿐만 아니라 많은 민간인이 희생되고 피해를 본 전쟁은 깊은 상처를 남겨 전후 생활도 비참하게 했다.

특히 1931년 만주사변부터 15년간 전쟁을 계속한 중국과 35년간 식민지 지배를 받은 한반도의 희생은 아주 심했다. 한국은 중일전쟁이 장기화되자, 병사와 노동력 부족을 채우기 위한 보급지가 되었다. 일본에 강제 연행된 한국인 70여 만 명과 중국인 4만여 명은 탄광, 광산, 토목건축 등에서 가혹한 조건으로 일했다. 민족 차별이 있었고 일본인보다 임금이 쌌으며 중노동을 하면서도 식사는 불충분했다. 안전보다는 작업 속도를 우선으로 생각해, 다치거나 병이 들거나 죽은 사람이 많았다. 중노동이 견디기 힘들어 도망가는 사람들도 36퍼센트나 되었다고 한다. '아시아 해방'을 말하면서도 일본은 둥베이·타이완·한반도를 식민지로 삼아 지배하고, 중국을 전면 침략했다. '대동아공영권' 구상은 일본의 침략과 전쟁을 정당화하려는 것에 지나지 않았다.

패전 6년 후인 1951년에 일본은 교전국과 샌프란시스코강화조약을 맺었다. 그러나 많은 희생자를 낸 중국, 한국, 북한은 회의에 초청되지 않았다.

일본을 배우자며 말레이시아의 마하티르가 제창한 '룩 이스트(LOOK EAST)' 정책을 채용하고 22년간 싱가포르 수상을 역임한 리콴유는 강화회의록에 이렇게 기록했다. "일본인은 우리에게 정복자로서 군림했고, 영국보다도 잔인하며 상식을 벗어나 악의에 차 있었다는 것을 보여 주었다. 싱가포르가 영국의 보호하에 있었다면 좋았을 것이라는 생각도 했다. 같은 아시아인으로서 우리는 일본인에게 환멸을 느꼈다."

원폭 투하가 일본을 항복시켰을까

싱가포르의 초등학교 교과서 중 근현대사를 다룬 사회과 교과서 4년 B 2004년판은 일본의 점령 시대를 '암흑 시대'로 기술하고 있다. '대전의 종결'에서 원폭 투하 후의 히로시마 사진을 반쪽 정도를 차지할 만큼 크게 신고, '원자폭탄의 투하가 일본을 항복시켰다'고 설명한다. 아시아에서는 일본을 항복시킨 원폭 투하가 신의 구원이라고 생각하는 사람도 있어서, 원폭 투하를 비참한 피해로 생각하는 일본인과 커다란 차이가 있다.

일본에 포츠담선언을 발표하기 하루 전인 7월 25일, 원폭 투하 명령이 내려졌다. "1945년 8월 3일경 이후 육안 공격을 할 수 있는 날씨가 되면 가능한 한 빨리 최초의 특수폭탄을 다음 목표 중 한 곳에 투하하라. 목표는 히로시마, 고쿠라, 니이가타, 나가사키……." 투하 예정일은 소련의 대일 참전 8일 전으로 결정되었다. 원폭 투하를 결정한 미국의 트루먼 대통령은 이렇게 말했다. "원폭이 승리를 앞당겼다고는 할 수 없지만, 전쟁의 종결을 앞당겼다는 것은 확실하다. 만약 원폭을 사용하지 않았다면 잃었을 수천만 명의 미군 또는 연합군의 병사의 목숨을 원폭이 구했다."

그러나 당시 천황 측근이 쓴 일기를 보면 일본 지배층에게는 원폭 투하보다도 소련의 대일 참전이 준 충격이 컸다고 한다. 중립 조약을 맺고, 중개를 기대하고 있던 소련의 참전은 만주국과 한국을 식민지로 유지하기가 불가능해졌다는 의미에서 일본 지배층에게 큰 타격이었던 것이다.

전쟁의 가해자이면서 피해자인 일본 국민

일본인은 일본군의 가해 사실보다 오키나와전, 원폭과 본토 공습 등 피해를 많이 이야기해, 아시아인들로부터 '일본인은 가해자가 아닌가'라는 비판을 받는다. 확실히 세계 최초로 히로시마와 나가사키에 투하된 원폭의 피해는 상상을 초월해, 폭심지에는 섭씨 3000~4000도의 고온에 엄청난 폭풍과 방사능이 사납게 몰아쳤다. 강렬한 열기와 폭풍에 즉사한 사람, 전신에 화상을 입고 비명을 지르면서 죽어 가는 사람이 겹쳐져서 말 그대로 지옥이었다. 당시 국민학교(초등학교) 1학년이던 나카자와 케이지는 이렇게 지옥 같은 자신의 피폭 체험을 『맨발의 겐』에 그렸다. 그가 원폭 만화를 그린 계기는 피폭 21년 후에 돌아가신 어머니의 뼈가 방사능의 영향으로 화장 후 자취도 남지 않았다는 것에 대한 분노였다.

피폭 직후에 죽은 사람은 히로시마에서 13만~15만 명, 나가사키에서는 6만~7만 명으로 추정된다. 5년 이내에 죽은 사람이 히로시마는 약 20만 명, 나가사키는 약 14만 명이고 한국인 중 피폭자는 7만 명, 사망자는 4만 명이라고 한다. 미국인, 인도네시아인 등 피폭자들의 국적은 27개국에 달한다.

세 살 때 히로시마에서 피폭한 한 남성은 2010년 5월 핵확산금지조약 재검토 회의를 위한 집회에 참가해서 피폭 체험을 미국의 고등학생들에게 이야기했다. 미국의 고등학생, 그리고 세상의 모든 사람에게 핵 폐기를 이해시키기 위해 '우선 일본군이 저지른 전쟁의 잔학함을 인정하고 사과한 다음, 미국이 떨어뜨린 원폭은 비인도적'이라고 호소한 것이다.

히로시마 원폭 돔

전쟁은 모두에게 희생을 강요했다

도시에 대한 무차별 폭격의 목적은 일반 시민에게 엄청난 폭탄을 퍼부어 전력과 전의를 없애는 것이었다. 미군의 일본 본토 공습과 원폭으로 많은 사람들이 희생되었는데, 이것은 일본군의 중국 충칭 폭격을 따라 한 것이었다. 충칭 폭격은 1937년 12월부터 1943년 8월까지 6년간 이어졌고, 중국 측 사망자가 약 1만 명이며 부상자도 1만 명이 훨씬 넘었다.

2006년 도쿄지방재판소에 충칭 폭격의 피해자가 소송을 제기했다. 1941년 8월 당시 열두 살이던 이 여성은, 일하고 있던 방적공장이 폭격을 당해 턱뼈까지 부서지는 중상을 입었다. 그녀는 "얼굴의 반이나 되는 상처로 '반면미인'이라고 놀림을 당해 괴로웠다. 일본군의 폭격에 심한 분노를 느낀다." 하고 증언한다. 폭격으로 가족은 더욱 빈곤해졌고, 취학 기회도 빼앗겼으며, 지금도 중국어를 읽고 쓸 수 없다.

2007년에는 도쿄의 공습 피해자가 나라에 사죄와 손해 배상을 요구하며 처음으로 소송을 제기했다. 열두 살이던 1945년 5월, 도쿄에서 공습을 당한 여성은 소이탄으로 허리에 구멍이 났다. 전후에도 고난의 날이 계속되어, 학비가 없는 데다 '절름발이'라고 놀림을 당했기 때문에 중학교를 다니지 못했다. 그녀는 법정에서 강하게 호소했다. "우리가 전쟁 피해자로 밑바닥 생활을 해 왔지만, 64년간 나라에서 1엔도 받지 못했습니다. 내 마음과 몸에는 지금도 전쟁이 계속되고 있습니다. 재판에 승리해서 몸과 마음을 치유하고 인생을 마치고 싶습니다."

원폭 피해자는 일본인만이 아니다. 히로시마·나가사키 피폭 피해자의 약 10퍼센트가 한국인이다. 피폭자 가운데 사망자가 전체 피폭자 중 33.7퍼센트지만, 한국인의 경우에는 57퍼센트나 된다. 치료를 제대로 받지 못하고 죽은 사람들이 많았다는 것을 의미한다. 피폭 한국인 생존자 중 2만 2000명이 귀국했는데, 대부분 가족과 재산을 잃고 방사능 장해로 괴로워하면서 살아왔다. 게다가 주위의 한국인은 원폭에 대한 이해가 없어서 가족에게조차 피폭 사실을 숨기고 살았다.

1970년 부산에 살던 피폭자 손진두는 원폭 수첩을 받기 위해 일본에 밀항했다. 원폭증 치료를 받으려면 필요했기 때문이다. 하지만 일본 정부는 그가 밀항자이고 일본 국적이 아니라는 이유로 수첩 교부를 거부했다. 손진두는 1972년에 소송을 제기해, 6년 후 승리했다. 2002년에는 재외 피폭자들도 수당과 의료비를 지급받을 수 있게 되었다.

피폭자의 고통은 자식들에게도 이어졌다. 김형율은 중학교 1학년 때인 1983년부터 몸 상태가 좋지 않아 괴로워했다. 그 후에도 원인을 알 수 없는 병으로 죽음의 문턱을 넘나들었다. 1995년에야 병명을 알았고, 그것이 어머니로부터 유전됐을 가능성이 높다는 것을 알았다. 어머니는 히로시마에서 피폭한 후 종양과 피부병 등 원폭 후유증에 시달리고 있었다. 그는 2002년에 '삶은 계속되어야 한다'는 표어를 내걸고 호소하며 '한국 원폭 2세 환우회'를 발족했다. 그리고 일본 정부와 사회가 피해자 의식만 강조하고 침략 전쟁과 가해의 역사를 숨겨 왔다고 비판했다.

히로시마에서 피폭하고 한국에서 핵 폐기 운동을 해 온 변연옥은 2008년 서울의 초등학교 6학년생에게 피폭 체험을 들려주었다. "피폭했을 때 화상으로 피부가 벗겨지고 체액이 흘러나오고 있었다. (……) 많은 피폭자가 지금도 몸 여기저기가 아파서 고생하고 있다."라고 말하며 '전쟁과 핵무기 없는 세상에 살기 위해서 무엇을 해야 하는지' 생각하길 바란다고 마무리했다. 이 질문은 현대를 사는 세계의 모든 사람이 새겨 봐야 할 것이다.

남북으로 갈라진
한반도

1945년 한반도는 일제의 식민 지배 굴레에서 벗어났다. 해방은 한국인들의 끈질긴 독립운동 덕이지만 연합국의 승리가 가져온 선물이라고도 할 수 있었다. 미군과 소련군은 일본군의 무장 해제를 명분으로 38선 남북에 각각 진주했다. 이 때문에 해방의 기쁨은 오래가지 못했다. 그리고 분단을 막기 위한 많은 노력에도 결국 1948년에 38선은 분단선이 되고 말았다. 해방을 기다리고 바라던 한반도가 왜 두 나라로 갈라서고 말았을까?

한반도가 해방되다

1945년 8월 15일, 여운형이 조선총독부 청사에 들어섰다. 2인자인 정무총감 엔도가 만나자고 했기 때문이다. 엔도는 울먹이며 여운형에게 "우리가 졌소." 하고는 고개를 푹 떨구었다. 잠시 뒤 그는 비장한 표정으로 여운형에게 '치안 유지권을 넘겨줄 테니 일본인의 생명을 지켜 달라'고 말했다.

일본이 항복하기로 했다는 것을 미리 들은 엔도는 무엇보다 일본인들의 안전을 걱정했다. 고민 끝에 그는 공식적으로 항복을 발표하기 전에 여운형을 불러 일본인의 안전을 보장해 달라고 한 것이다. 여운형이 어떤 인물이길래 엔도가 그를 불렀을까?

여운형은 국권이 강탈된 뒤 중국에 건너가 독립운동을 하다 일본 경찰에 체포되어 국내로 끌려왔다. 1932년 7월에 감옥에서 나온 뒤에는 국내에서 조선중앙일보사 사장, 조선체육회 회장 등을 지내며 민족의식을 키우기 위해 노력했다. 특히 그는 청년 교육에 큰 관심이 있었다. 1940년대에 많은 사람들이 조선총독부의 회유에 넘어가 친일의 길을 걸었지만, 여운형은 국제 정세를 살피면서 독립을 위한 비밀 조직을 만들어 활동했다. 엔도는 이런 경력이 있는 여운형만이 일본인을 안전하게 귀환시킬 적임자라고 생각해, 그를 총독부로 부른 것이다.

여운형은 엔도의 요구를 수락하는 조건으로 정치·경제범의 즉시 석방, 서울의 3개월 식량 확보, 치안 유지와 건국을 위한 정치 운동에 총독부 간섭 금지, 학생과 청년의 훈련과 조직화에 간섭 금지, 노동자와 농민의 건국 활동 보장 등을 제시했다. 해방 뒤에 있을지도 모를 사회 혼란을 막고 각계 각층이 새 나라 만들기에 참여할 길을 열기 위한 것이었다. 엔도는 모든 조건을 수락했다.

여운형은 엔도를 만난 뒤 각계 대표들을 하나로 모아 '건국준비위원회'

여운형

(건준)를 조직했다. '완전한 독립국가 건설'을 목적으로 한 건준은 명실상부한 전국 조직을 갖추고 건국 준비 작업에 힘을 쏟았다. 특히 조선총독부로부터 치안 유지권을 이양받아 일본의 급격한 패망에 따른 사회적 혼란을 막기 위해 치안 유지에 최선을 다했다.

그러나 건준에서 공산당이 영향력을 확대하자 우익과 중도 진영의 인물들이 탈퇴했다. 또 건국을 준비하는 모임이던 건준은 정부라고 할

해방을 기뻐하는 한국인

1945년 8월 16일, 휘문고보에서 여운형(사진 하단 가운데)의 연설회에 모인 사람들이 해방을 기뻐하는 모습이다.

수 없었다. 그래서 미국이 진주하기 직전에 조직을 정부 형태로 개편해 조선
인민공화국을 선포하고 정부로 인정받으려고 했다. 지방의 건준 지부는 인
민위원회로 바꾸어 갔다. 인민위원회는 지방에 만들어진 민간 자치 기구로
서 지방정부와 같은 기능을 했다. 그러나 이 조직은 공산당이 3분의 2를 차
지했고, 주석에 추대된 이승만도 취임을 거부하는 등 한계가 드러났다.

미국과 소련, 한반도를 분할 점령하다

1945년 8월 15일 낮 12시, 라디오에서 일본 천황 히로히토가 무조건 항복
한다는 소리가 흘러나왔다. 방방곡곡의 한국인들은 서로 부둥켜안고 춤을
추었다. 하지만 이 소식이 널리 전하지는 않아 일반 대중은 해방을 실감하
지 못했다. 16일이 되어서야 대규모 환영 인파가 거리로 뛰쳐나왔다. 한국

인들은 손마다 태극기를 들고 목청껏 만세를 외쳤다. 어떤 사람은 급하게 일장기에 태극을 넣고 괘를 그려 만든 태극기를 힘차게 흔들며 새 나라를 건설할 꿈에 부풀었다. 하지만 그 꿈은 얼마 지나지 않아 곤경에 빠지고 말았다. 38선이 그어진 것이다.

38선은 한국인의 뜻과 전혀 상관없이 그어졌다. 38선에 설치된 표지판 옆에 선 미군을 의아한 표정으로 쳐다보는 아래 사진이 당시 사정을 보여준다. 어쨌든 표지판에 적힌 대로 남쪽은 영어를 쓰는 미군이, 북쪽은 러시아어를 쓰는 소련군이 들어왔다. 처음에는 대다수 한국인들이 해방과 함께 한반도에 들어온 미군과 소련군을 열렬히 환영했다. 미·소 양군이 한국인의 장래를 위해 현재의 질서를 유지하고, 정부가 자립할 수 있도록 도와주기 위해 왔다고 믿었기 때문이다.

38선 앞에 선 가족
팻말에 영어와 러시아어로 38선이라 쓰인 것이 보인다.

1945년 8월 8일, 소련은 얄타회담에서 합의한 대로 독일이 항복하자 일본에 선전포고했다. 히로시마에 원자폭탄이 떨어진 뒤였다. 소련군은 선전포고 다음 날 둥베이와 한반도로 진격했다. 둥베이에 있던 일본군의 큰 저항이 없어서 예상보다 빨리 진격했다. 미국은 서둘러 10일에 소련·영국·중국 등 연합국에 동아시아 지역 일본군의 무장해제에 관한 방침을 통고했다. 한반도는 38선을 경계로 미국과 소련이 분할 점령하며 일본은 미국이, 둥베이는 소련이 맡는다는 것이었다. 소련은 이 제의를 순순히 받아들였다. 군사력이 미국에 미치지 못했고, 동유럽에 힘을 쏟고 있었기 때문이다. 또 홋카이도 북부 점령을 주장하고 있던 소련으로서는 일본의 처리에서 미국의 양보를 얻고 싶었다. 8월 28일, 소련군은 해주까지 진출해 38선 이북을 완전히 장악했다.

반면, 미군은 9월에야 한반도에 진주했다. 서울의 조선총독부에는 그때까지 일장기가 게양되어 있었는데, 미군이 진주하면서 일장기가 성조기로 바뀌었다. 그리고 미국은 한국을 일본과 전혀 다른 방법으로 통치했다. 일본의 경우, 내각을 앞세워 간접 통치하고 연합국총사령부(GHQ)가 각 부분에서 주도적으로 정책을 조율하는 방식으로 통치했다. 반면, 한국은 미군이 직접 통치했다. 미국이 군정을 실시하면서 조선인민공화국이나 대한민국 임시정부 등 어떤 정치단체도 인정하지 않은 것이다. 한국인의 정치 활동을 가능한 한 통제하려고 했다. 그리고 이 과정에서 자신들에게 우호적인 세력이 주도권을 잡도록 측면에서 지원했다.

한편 소련은 북한 지역에서 인민위원회를 인정하고, 이를 뒤에서 조종하는 식으로 통치했다. 이는 공산주의 추종 세력과 자신들의 영향력 아래 둥베이 지역에서 활동하던 한인 독립군 부대 등을 통해 한반도에 자신들에게 우호적인 정부를 충분히 세울 수 있다고 자신했기 때문이다.

방법은 달랐지만, 미국과 소련은 각자 점령한 지역에 자국에 우호적인

조선총독부에 일장기 대신 걸린 성조기

정권을 세우려고 했다. 따라서 38선은 일본군의 무장해제를 위한 단순한 경계선에서 점점 분단선이 되어 갔다. 한반도가 당시 세계 양대 강국이던 미국과 소련에 분할 점령되고, 그 뒤 전개될 냉전의 최전선에 놓인 것이다.

신탁통치로 격화된 좌우 대립

1945년 12월 말에 미국·영국·소련의 외상이 모스크바에 모여 한반도 문제를 협의했다. 회의의 중심 주제는 한국의 통일 임시정부를 어떻게 세울 것인가였다. 미국은 유엔의 주도하에 자국과 영국, 중국, 소련 등 4개국이 상당 기간 한국인을 관리하는 신탁통치를 해야 한다고 주장했다. 소련은 처음에 즉시 독립을 주장했다가 신탁통치 기간을 최대한 줄이는 조건으로 미국의 제안에 동의했다. 결국 3국 외상은 정부 수립의 전 단계로 임시정부를 세우고, 이를 지원할 미소공동위원회를 설치하며, 임시정부와 협의해 최대 5년간 미국·영국·중국·소련이 신탁통치한다는 데 합의했다.

그런데 한국의 신문들이 '미국은 즉시 독립을 주장했으나 소련이 신탁통치를 주장했다'고 보도했다. 명백한 오보였다. 신탁통치는 미국이 전부터 계획한 것이었다. 미국은 소련이 한반도 문제에 참여하는 것을 막을 수 없다고 판단했다. 따라서 연합국이 많이 참여하는 신탁통치를 통해 자신들에게 우호적인 세력을 키운 뒤에 독립시키려고 했다. 그런데 신문에 외상 회의가 열린 목적과 한국의 독립 일정 등 전체적인 내용보다는 '신탁통치 결정'만 부각되어 알려지면서 좌우의 대립이 촉발했다.

회의 결과가 알려지자, 김구와 이승만 등을 중심으로 한 우익은 신탁통치 결정에 반대하는 운동을 전개했다. 또한 소련이 신탁통치를 제시했다고 주장하며, 이를 반공 운동으로 확대하면서 자신들의 세력 확장에 이용했다.

반면, 사회주의자들인 좌익은 모스크바 3국 외상 회의의 결정을 지지했다. 좌우 대립이 심각하고 분할 점령된 상황에서 빠른 시간 안에 임시정부를 수립해 통일 정부를 만드는 것이 중요하다고 판단했기 때문이다. 좌익도 처음에는 신탁통치를 반대했다. 하지만 당시 상황에서는 3국 외상 회의 결과를 받아들일 수밖에 없으며 한국의 역량에 따라 신탁통치 기간이 단축

신탁통치 반대를 주장하는 시위 장면과 인쇄물

될 수 있다고 보게 되었다.

여운형을 비롯한 중도파는 신탁통치를 반대하지만 분할 점령이 분단으로 이어지지 않도록 남과 북을 아우르는 임시정부를 서둘러 세워야 한다고 주장했다. 그 뒤에 신탁통치 실시 여부를 협상해야 한다고 했다.

당시 많은 한국인들은 정서적으로 자신의 주권을 제대로 행사하지 못하고 다른 나라의 간섭을 받는 신탁통치는 다시 식민 시대로 돌아가는 것이라고 보았다. 그래서 김구와 이승만 등 우익은 좌익을 '신탁통치 찬성' 세력으로 몰아붙이며 신탁통치 반대 운동을 반소·반공 운동으로 몰아갔다. 이를 계기로 남한 지역에서 그때까지 열세였던 우파의 영향력이 급속히 확대되었다. 좌익과 우익이 격렬히 대립하는 가운데, 1946년에는 3국 외상 회의 결정에 따른 임시정부 수립을 논의하기 위해 미국과 소련이 대표인 미소공동위원회가 열렸다.

미소공동위원회는 임시정부 수립에 참여할 단체의 성격을 두고 대립을 거듭하다 두 차례의 회의가 모두 결렬되었다. 미국은 모든 정치단체를 포함시키자고 한 반면, 소련은 모스크바 3국 외상 회의의 결정에 반대하는 정당이나 단체는 제외해야 한다고 주장했다. 누구의 논리가 옳고 그른지는 문제가 되지 않았다. 임시정부의 구성원들이 어떤 단체가 되는가에 따라 새로 수립될 정부의 성격이 달라지기 때문이었다. 당시 남한에서 만들어진 단체는 425개, 북한의 단체는 36개였다. 중복 가입하는 경우가 많아 단체의 회원 수는 남한이 6200만 명, 북한이 1330만 명으로 남북한 인구의 두 배에 달했다. 모든 단체를 참여시키면 미국의 이해가 반영될 것이고, 반대 시위에 참여한 단체를 배제하면 소련 측에 유리했다. 당연히 합의점을 찾기는 어려웠다. 회의장 밖에서는 연일 신탁통치 반대 시위와 모스크바 3상 회의 지지 시위가 열렸다.

두 달을 끌던 회의가 성과 없이 끝나자, 남북이 서로 다른 길을 걸을지

모스크바 3상 회의 지지 시위

도 모른다는 우려가 높아졌다. 1차 회의가 결렬된 뒤 이승만은 '남한만이라도 우선 정부를 수립'할 것을 주장했다. 이에 여운형과 김규식 등 중도파는 '진정한 통일 정부는 좌우합작을 통해 수립될 것이요, 결코 좌나 우 단독으로 수립되지 못할 것'이라며 좌우가 서로 힘을 합쳐 통일 정부를 우선 세우자는 좌우합작운동을 전개했다. 그리고 미군정은 좌우합작위원회를 지지했다. 미군정으로서는 우익과 좌익의 온건한 세력을 규합해 공산 세력의 확장을 막고 싶었기 때문이다. 그러나 좌우익을 대표하는 인물들이 빠지면서 좌우합작운동은 큰 힘을 발휘하지 못했다.

남과 북에 각각 들어선 정부

1947년 7월, 여운형이 암살되었다. 이때 제2차 미소공동위원회가 열리고 있었지만 별 진전을 보지 못하고, 남한 단독정부 수립을 주장하는 세력이 확대되는 상황이었다. 분단은 반드시 막아야 한다는 주장을 펴던 여운형이, 그토록 염원하던 통일 정부의 수립을 보지 못한 채 극우 테러리스트의 손에 생을 마감한 것이다.

이즈음 다시 열린 미소공동위원회는 제1차 회의와 마찬가지로 임시정부 참가 단체에 대한 논쟁만 두 달 넘게 하다 끝나고 말았다. 그러자 미국은 한국 문제를 유엔에 넘겨 해결하려고 했다. 당시 유엔이 미국의 영향 아래 있었기 때문에, 미국의 뜻을 관철하기에 유리했던 것이다. 따라서 소련은 이를 반대하며 미국과 소련 군대는 철수하고, 한국 문제는 한국인 스스로 해결하도록 하자고 제안했다. 그러나 이 제안을 미국이 거부하고, 유엔 총회는 '유엔 감시 아래 남북한 총선거를 통한 통일 정부 수립 방안'을 다수결로 결정했다. 이 결정에 따라 총선거를 관리할 유엔 한국 임시위원단이 한국에 파견되었는데, 북한이 위원단의 입국을 거부했다. 이유는, 소련의 제안을 무시했다는 것이었다.

미국은 '선거가 가능한 지역에서만이라도 총선거를 실시한다'는 유엔 소총회의 결의에 따라 38선 이남에서 총선거를 실시하기로 했다. 그러자 남한만의 선거가 분단으로 이어질 수 있다는 판단에 따라 김구, 김규식 등이 북한과 협상해 분단을 막아 보려고 했다. 그러나 남북한의 중요 정치 세력들은 이들과 뜻이 달랐기 때문에, 이들이 분단의 흐름을 멈출

남한의 5·10총선 결과
출처: 중앙선거관리위원회, 역대 국회의원 선거 상황(1963)

대한민국 정부 수립 기념식

수는 없었다.

　남한의 제주도에서는 총선거를 반대하는 좌익 중심의 시위가 발단이 되어 민간인 수만 명이 희생되는 사건도 일어났다. 이런 와중에도 한반도 최초의 선거가 실시되었다. 이 선거는 통일 정부 수립을 주장하던 사람들은 참가하지 않은 채로 치러졌다. 선거로 구성된 제헌 국회가 헌법을 만들었고, 1945년 8월 15일에는 대한민국 정부가 수립되었다. 그리고 9월 9일, 북한 지역에서는 김일성을 수상으로 하는 조선민주주의인민공화국이 수립되었다.

동족 간의 비극, 6·25전쟁

1950년 6월 25일 새벽, 북한군이 38선을 넘어 남한을 공격했다. 같은 해 8월 10일 포항여자중학교에서 벌어진 전투 중에 숨진 국군 제3사단 소속 이우근 학도병의 군복 주머니에는 '어머니께 보내는 편지'가 있었다. "전쟁은 왜 해야 하나요?" 하고 묻던 중학생 아들, 아무리 적이지만 같은 언어와 같은 피를 나눈 동족이라고 생각하니 가슴이 답답하고 무겁다던 아들, 어머니와 형제들을 다시는 못 만나게 될까 무섭다던 아들 이우근은 왜 그곳에 있었을까?

한 민족인데 어떻게 하겠느냐

1948년 한반도에 다른 이름, 다른 이념의 두 나라가 세워졌다. 그리고 저마다 체제의 우월성을 주장하는 과정에서 경계와 충돌이 끊이지 않았다. 분단된 민족을 하루빨리 통일하려면 무력도 사용할 수 있다며 각각 북진통일과 남진통일을 주장하기도 했다. 이런 가운데 김일성을 중심으로 한 북한 지도부는 소련과 중국의 군사적 지원을 기반으로 전면전을 준비했다. 이들은 1949년 초 한반도에 주둔하고 있던 소련군과 미군이 철수한 데다 중국 공산당이 중국 전체를 장악하고 소련이 원자폭탄을 개발하는 등 한반도 주변 상황이 북한에 유리해지고 있다고 판단했다. 또 1950년 1월, 애치슨 미 국무장관의 공식 발언으로 미국의 태평양 방위선에서 한반도가 제외되자 남침을 시도할 때가 되었다고 보았다.

1950년 6월 25일, 드디어 북한의 인민군이 38선을 넘어 남쪽을 침략했다. 남침 소식이 들리는데도 서울운동장에서는 야구 경기가 태연히 진행될 정도로, 서울 시민들 중 크게 당황하거나 피란하는 사람들이 많지는 않았다. 그동안 38선 근처에서는 크고 작은 군사 충돌이 빈번히 발생했기 때문이다. 하지만 1950년 6월의 충돌은 단순한 군사 충돌이 아니었다. "국군이 북진하고 적을 격퇴하니 시민은 안심하고 생업에 종사하시오." 남한의 이런 라디오 방송과 달리 인민군은 사흘 만에 서울을 점령했다. 일방적 공격으로 7월 말에는 인민군이 낙동강까지 남하했고, 전쟁은 북한의 승리로 끝나는 듯했다. 그러나 북한이 참전하지 않을 것으로 예상하던 미국이 전쟁에 즉각 개입하고, 미국을 중심으로 영국·터키·콜롬비아·프랑스 등 16개국이 참여한 유엔군이 참전하면서 전쟁의 성격이 바뀌었다. 세계대전처럼 여러 나라가 뒤엉킨 전쟁이 된 것이다.

전쟁 발발 소식을 접한 미국 지도부는 김일성의 배후에는 반드시 소련의 스탈린이 있다고 생각했다. 그리고 중국의 마오쩌둥이 타이완을 침공하지 못하도록 타이완 해협 봉쇄를 지시하는 등 발 빠르게 대응했다. 9월 15일, 아무도 예상하지 못한 유엔군의 인천 상륙 작전으로 상황이 역전되었고 9월 28일에는 서울을 되찾았다. 그 뒤 남북 양쪽에서 포위된 인민군이 급격히 무너지면서 국군과 유엔군은 북쪽으로 진격, 10월 말에는 압록강까지 도달했다.

그러나 전쟁이 곧 끝난다고 예상한 국군과 유엔군의 염원과는 달리 중국군이 전쟁에 개입하면서 상황은 또다시 바뀌었다. 중국이 미국의 승리를 자국에 대한 위협으로 보았기 때문이다. 예상치 못한 중국군의 참전에 장기간 전쟁으로 지친 국군과 유엔군은 다시 밀리기 시작했다. 12월에는 평양, 1951년 1월 4일에는 서울이 다시 점령당했다. 하지만 물자가 부족한 인민군과 중국군의 남진은 오래 이어지지 못했고 2월에 상황은 또다시 역

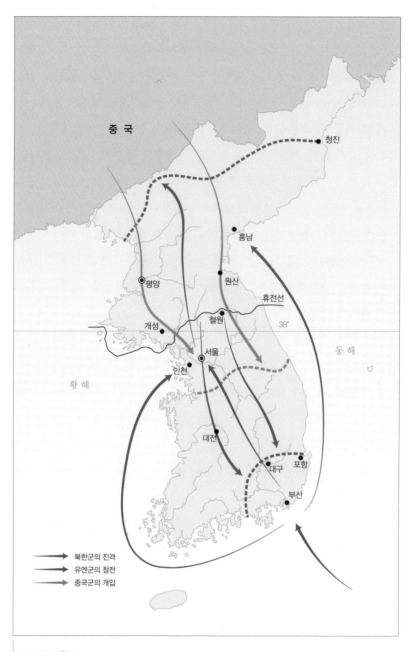

중 국

청진

홍남

평양   원산

                휴전선

        철원
개성   38°

      서울   동 해

인천

황 해

            대전

              대구 포항

                부산

→ 북한군의 진격
→ 유엔군의 참전
→ 중국군의 개입

6·25전쟁 상황도

전되었다. 38선 일대를 중심으로 서로 밀고 밀리는 지루한 공방전이 형성되었고, 끊임없는 전투에 피해는 늘어만 갔다. 1951년 초에는 소련 공군도 참전했다. 미국의 점령하에 있던 일본은 미군의 해상 운송 지원 및 바다에 있는 폭탄인 기뢰 제거 작업을 위한 특별 부대 파견 등을 담당했다.

뒤집어진 세상에서 산다는 것은

전쟁이 터지고 사흘 만에 점령된 서울에서는 미처 피란을 떠나지 못한 사람들이 하루아침에 인민공화국 사람으로 뒤바뀌어 있었다. 그리고 죽지 않으려면 인민군에게 협조할 수밖에 없었다. 지주나 지식인, 친일 경력자, 친미주의자, 경찰 간부, 군인 등은 '반역자'로 보고 처형했기 때문이다. 이들은 반대 의견을 제시하는 것이 거의 불가능한 '인민재판'을 통해 사형 판결을 받기도 했다. 서울에 남아 있던 역사학자 김성칠은 당시 모습을 일기에 기록했다.

> 나도 붉은 잉크와 푸른 잉크를 내어 놓고 공화국기를 그리기 시작했다. 우리 집 대문간에 달기 위하여서다. (……) 그러면서도 아내와 서로 보고 멋없이 웃었다. 아침저녁으로 국기를 고쳐 그려야 하는 우리 신세를 자조함에서였다.

인민공화국 치하 3개월 동안 서울에서는 거의 매일 김일성과 스탈린을 우상화하는 집회가 열렸고 미국과 이승만을 욕하는 선전물로 가득 찼다. 그리고 동무라는 말이 공식적으로 사용되었으며 사석에서만 평소 호칭이 쓰였다. 즉 거리의 행인도 동무, 늙은이도 동무, 아이들도 동무였다. 특권계급으로 간주될 수 있는 양복저고리를 입은 사람은 보기 힘들었고, 평범하고 초라한 모습이 자랑이 되었다.

인민공화국 통치 기간에 스탈린 초상을 들고 행진하는 사람들
김성칠은 '초상화를 크게 만들어 가지고 떠메고 다니는 모양은 그리 좋은 풍경으로 보이지 않는다'고 기록했다.

하지만 9월 28일에 국군과 유엔군이 서울을 되찾자 상황은 완전히 달라졌다. 인민군에 협조한 사람들에 대한 처벌과 처형이 뒤따랐다. 〈인민가〉를 비롯해 인민공화국 시기에 강요된 노래를 아는 사람들은 물론이고 관련 없는 사람들까지 사사로운 원한 때문에 부역자로 몰기도 했다. 전쟁을 직접 겪은 소설가 박완서는 자전적 소설에서 '그들은 나를 빨갱이년이라고 부르며 함부로 욕하고 위협하고 비웃었다'고 했다. 공산주의자를 속되게 일컫는 '빨갱이'라는 낙인이 한번 찍히면, 개인은 물론이고 그 가족까지도 모든 권리를 박탈당했다. 그리고 이 낙인은, 1993년 방송에서 '6·25 당시 나한테서 옷을 얻어 입은 군인이 살아 있다면 나타나 인민군에게 옷을 주었다는 이웃의 모함으로 생긴 빨갱이라는 누명을 벗겨 달라'고 눈물로 호소하던 김복련 할머니의 경우처럼 전쟁이 끝난 뒤에도 쉽게 없어지지 않았다.

이런 모습은 북한도 크게 다르지 않았다. 압록강까지 진격한 국군과 유엔군이 중국군에 밀려 후퇴한 뒤 국군에게 밥을 해 먹이거나 재워 준 사람, 미군에게 세숫물을 떠 준 사람, 태극기를 들고 국군을 환영한 사람 등 수많은 사람들을 인민군이 처형했다.

안타까운 죽음과 아물지 않는 상처

전쟁이 확대되면서 남북한의 평범한 구성원들은 피해가 점점 커졌다. 인민군 모집에 학생은 물론이고 직장이나 길거리에서 잡힌 사람, 심지어는 거지까지 강제로 끌려갔다. 남한에서도 비상사태 시 군이 국가 내 거의 모든 자원을 징발할 수 있게 해 사람들을 대량 모집해서 전선에 투입했다. 이 가운데 제대로 훈련조차 받지 못한 어린 학생들도 스스로 군인이 되어 전쟁

1950년 7월, 국군에게 주먹밥을 주는 소년들

터에 나섰다.

한편 누가 점령했느냐에 따라 각 지역에서는 처형과 학살이 반복되었다. 인민군은 후퇴하면서 수감자들을 북으로 후송하고, 후송이 곤란할 경우에는 현지에서 학살했다. 미군이 38선을 넘어 진격할 때도 인민군은 평양의 칠골리, 덕산 니켈 광산, 함흥 등의 경우처럼 미군에 협력할 가능성이 있는 사람들을 골라 수천 명을 학살했다. 남한에서도 국군과 경찰이 대전, 대구, 경남 등 전 지역에 걸쳐 해방 직후 공산주의 관련 활동을 한 사람들을 학살했다. 이들이 인민군에게 협력할 가능성이 많다고 염려해 벌인 학살이었다. 충북 영동의 노근리에서 발생한 민간인 학살 사건과 경북의 왜관 다리 폭파 사건처럼 피란 가던 민간인들이 미군의 무차별적인 폭격에 죽거나 해를 당하기도 했다. 민간인들을 변장한 인민군으로 오해하면서 벌어진 안타까운 죽음도 많았다.

전쟁이 장기화되면서 군인들은 점령 지역 주민들의 생활필수품을 빼앗으며 사람들을 더욱 힘들게 했다. 쌀은 물론이고 고추장, 숟가락, 옷, 이불까지 요구하기도 했다. 당시 '삐라', 즉 전단에서 많이 보인 구호 중 하나가 '쌀을 감추라'는 것이었다. 전쟁으로 국토는 황폐화되고 남한에 있던 마을 5000여 곳 중 1200곳 정도가 거의 살 수 없을 정도로 파괴되었다. 서울에 있던 주택의 80퍼센트 정도가 입주할 수 없는 상태에 놓였고, 전쟁고아 수십만 명과 이산가족 수천만 명이 생겨났다.

6·25전쟁의 피해는 제2차 세계대전, 14세기 유럽을 뒤덮은 흑사병, 제1차 세계대전의 뒤를 이어 세계사에서 역대 4위에 해당하는 대재앙으로 평가된다. 하지만 동족을 상대로 저지른 엄청난 살상은 당장 눈앞에 보이는 피해보다 더 큰 아픔을 남겼다. 곧 서로를 적으로 여기거나 믿지 못하는 마음의 상처를 남긴 것이다. 전쟁 이후 남한에서는 북한 공산당을 무서운 짐승으로 표현한 애니메이션이 만들어져 큰 인기를 끌기도 했다. 북한에서도

〈세계에 고함〉 같은 영화를 통해 6·25전쟁을 북침 전쟁으로 설정하고 국군과 미군의 잔인함을 부각해 이들에 대한 적개심을 높이려고 했다.

승자도 패자도 없이 중지된 전쟁

전쟁이 국제전의 양상을 띠자 세계 여러 나라는 제3차 세계대전으로 확대될 것을 우려했다. 미국조차 전선을 둥베이까지 확대하자고 주장하는 유엔군 사령관 맥아더를 해임하고 전쟁을 마무리 지으려고 했다. 마침내 1951년 6월 소련이 유엔에서 정전을 제의하고, 이를 미국이 받아들이면서 정전 회담이 시작되었다. 하지만 군사분계선을 어디로 할지, 전쟁 포로 송환은 어떻게 할지 등 여러 문제를 둘러싸고 의견 대립이 계속되어 회담은 쉽게 타결되지 못했다.

휴전의 의미
1953년 6월 11일 자 『국제신보』의 만평으로, 아버지의 허리에 휴전이라는 돌덩어리를 얹어 놓은 그림을 통해 한반도가 한 사람이라는 것과 휴전이 어떤 의미인지를 보여 준다.

특히 전쟁 포로 처리 문제는 정전 회담 자체를 중단시키기도 했다. 포로의 자유의사에 따른 송환에 합의했으나, 송환 과정에서 이념 때문에 갈등과 대립이 나타났다. 특히 인민군 포로들은 남한에 남아 있기를 원할 경우 심사장에서 남한행 통로 입구에 놓인 김일성 초상화를 밟고 지나가야만 했다. 포로 중에는 남한도 북한도 아닌 인도나 브라질, 아르헨티나 등 제3국을 선택한 이들도 있었다.

정전 회담이 진행되는 동안에도 군사분계선을 조금이라도 더 유리하게 확보하기 위한 전투가 끊임없이 이어졌다. 1951년 6월, 임시 수도 부산에서는 수만 명이 모여 '휴전 반대 국민대회'를 열었다. 그리고 정전 회담이 열릴 때마다 전국 각지에서 정전 반대 시위가 일어났다. 그러나 1953년 7월, 전쟁이 장기화되는 것을 원하지 않은 미국과 소련의 이해가 일치되어 마침내 정전 협정이 체결되었다. 정전 협정 조인서에는 공산 측을 대표해 조선인민군 최고사령관과 중국인민지원군 사령관이, 유엔군을 대표해 유엔군 총사령관이 서명했다. 당시 이승만 대통령은 통일을 주장하며 끝까지 정전에 반대했고, 그 뒤 남북한 사이에는 비무장지대와 군사분계선이 설치되었다.

남북한만의 전쟁은 아니었다

6·25전쟁은 한반도뿐만 아니라 자본주의를 내건 미국과 사회주의를 주장한 소련 그리고 그 동맹국들 간의 체제 경쟁이었고, 무기 없는 전쟁인 냉전이 세계적인 문제로 부상하는 계기가 될 정도로 그 영향력이 컸다.

한반도에서는 휴전선을 경계로 남북 분단이 굳어지면서 권력 독점 양상이 나타났다. 이승만 정부는 반공 정책을 국가 운영의 핵심으로 삼고 미국의 경제 지원을 바탕으로 전후 복구에 힘을 기울였다. 또한 헌법 개정을 통해 영구 집권의 발판을 마련했다. 북한도 김일성이 전쟁 책임을 허가이, 박헌영 등 정치적 맞수들에게 전가하며 권력을 강화했다. 그리고 소련의 경제 지원과 대중의 노동력을 동원해 경제 복구에 힘을 쏟았다.

한편 미국은 6·25전쟁으로 '제2차 국가 부흥의 계기'를 맞았다고 할 정도로 정치적, 경제적 이득을 보았다. 이에 대해 맥아더는 1954년에 한 세미나에서 '한국이 우리를 구해 주었다'고 말하기도 했다. 그리고 냉전이 심화되면서 미국을 중심으로 서방 국가들의 군사 동맹이 강화되었으며 소련을 중심으로 하는 사회주의 국가들의 군사적 동맹도 강해졌다. 한편으로는 소련이 북한과 중국의 요청에도 적극적인 전쟁 개입을 회피하면서 세 나라 간의 갈등이 발생하기도 했다. 중국의 경우 전쟁의 침략자로 몰려 국제적으로 고립되긴 했지만, 공산권 국가들에게는 자신의 존재를 부각하는 기회가 되기도 했다. 이와 동시에 북한에게는 중요한 동맹 국가로 자리 잡았다.

일본도 6·25전쟁 뒤 격화된 냉전 체제가 다방면에 걸쳐 큰 변화를 일으켰다. 먼저, 유엔군의 군수 물자 공급지가 되면서 '전쟁 특수'라 불릴 만한 경제적 부흥을 이루었다. 일본의 전 수상 요시다 시게루는 6·25전쟁을 두고 '신이 내린 선물'이라고 표현하기도 했다. 한 예로, 미군이 군용 차량의 부족분을 일제 차량으로 대신해 도요타와 닛산 등 일본 자동차 기업이 발전의 토대를 만들었다. 또 일본은 제2차 세계대전 이후 보유하지 못하게 된 군대를 재건할 기회를 얻었다. 치안 유지를 목적으로 7만 5000명 규모의 경찰예비대가 설치되고 해상 보안청 요원 8000명이 증원되었다. 경찰예비대는 1954년에 15만 명의 병력으로 확대되어 사실상 군대라고 할 수 있는 자위대로 이름을 바꾸었다. 한편으로는 제2차 세계대전 때 전쟁범죄를 저지른 사람들이 6·25전쟁 중 대거 석방되어 많은 수가 경찰예비대에 들어가기도 했다. 6·25전쟁 중이던 1951년 9월에는 제2차 세계대전의 종결을 위해 연합국과 맺은 샌프란시스코강화조약을 통해 일본이 주권을 회복했다. 이 조약을 계기로 영토와 배상을 포함한 경제문제뿐만 아니라 여러 나라와의 관계도 정상화하기 시작했다. 그리고 샌프란시스코강화조약을 맺던 날 미일안전보장조약도 조인되어 오키나와 제도와 오가사와라 제도에 미군이 주둔하고 통치하게 되었다. 그리고 미국은 1953년과 1954년에 각각 한국, 중화민국과 상호방위조약을 체결하면서 미국을 중심으로 한 반공 동맹을 형성했다.

미국이 패배한 베트남전쟁

베트남전쟁에서 미군은 최신 무기를 사용해 많은 베트남 사람들을 살상했다. 핵폭탄도 탑재할 수 있는 B52 폭격기는 베트남 상공에 엄청난 폭탄을 퍼부었다. 그런데도 베트남 민중을 굴복시키지 못하고, 시민들의 평화운동이 미국을 비롯해 세계로 퍼져 결국 미국은 패배하고 말았다. 초강대국 미국을 패배에 몰아넣은 힘은 무엇일까?

독립을 위한 베트남의 싸움

1945년 9월 2일에 호치민은, 베트남의 독립을 선언하고 하노이를 수도로 하는 베트남민주공화국을 세웠다. 그런데 150년에 걸쳐 베트남을 식민지로 지배하던 프랑스는 이것을 인정하지 않고 전쟁에 돌입했다. 전쟁이 진행되면서 베트남민주공화국을 인정한 소련, 중국과 인정하지 않는 프랑스, 미국 사이에 대립 관계가 형성되었다. 1954년 5월, 베트남이 프랑스군에 결정적 승리를 거두자 제네바 협정이 체결되었다. 미·소의 대립 속에 체결된 이 협정으로 베트남도 남북으로 분단되었다. 또 2년 안에 통일을 위한 총선거를 약속했다. 그러나 남베트남과 미국은 이 합의를 무시하고 남베트남만의 선거를 치른 뒤 정부를 수립했다.

독재정치가로서 반공 의식이 강했던 남베트남의 초대 대통령 응오딘지

엠은 미국의 후원을 받으면서 비밀경찰이나 군대를 이용해 자신에게 반대하는 사람들을 엄격하게 탄압했다.

응오딘지엠의 독재정치에 반대한 남베트남 사람들은 베트남민족해방전선(해방전선)을 결성하고 봉기했다. 여성들은 남베트남 정부군에 입대한 군인의 가족에게 해방전선에 협력하도록 설득했다. 불교 세력도 비폭력을 외치면서 독재에 반대했다. 남베트남 정부군이 진압에 나섰을 때, 승려들은 병사의 총검 앞에서 불경을 읽기 시작했다. 결국 병사들도 손을 쓸 수 없었다. 승려들은 이렇게 말했다. "베트남인의 80퍼센트가 불교 신자입니다. 우리는 무엇보다도 살아가기 위해 정부에 반대하는 것입니다. 서민을 위해서 일하는 정부가 되기를 바랍니다."

그 뒤 미국이 직접 전쟁에 개입하자, 해방전선은 미군과도 격렬하게 싸웠다. 베트남전쟁이 시작된 것이다.

북베트남은 해방전선을 지원하며 후방 기지로서 무기와 물자를 지원했

1960년 1월 17일, 응오딘지엠 정권의 압정에 저항해 메콩 강 델타 지대에서 일어난 최초의 무장봉기

고, 나중에는 군대까지 보냈다. 남베트남 정부를 무너뜨리고, 남북을 통일한다는 것이 호치민을 비롯한 북베트남 지도부의 공통 염원이었기 때문이다. 소련과 중국을 비롯한 사회주의 국가들은 북베트남을 지원했다.

미국의 개입과 확대되는 전쟁

1965년 2월, 미군이 북베트남 폭격을 시작했다. 처음에는 공격 지역이 한정되었지만, 차츰 B52 전략 폭격기가 북이건 남이건 군사시설뿐만 아니라 공장·학교·병원까지 무차별적으로 폭격했다. 미국 정부는 이 폭격을 두고 북베트남의 주요 도시인 하노이와 하이퐁 가까이에 있는 통킹 만에서 군사 행동을 하던 미국 구축함이 두 번에 걸쳐 공격당한 것에 대한 보복이라고 했다. 그리고 이를 구실로, 미국 의회는 대통령에게 거의 무제한으로 전쟁을 수행할 권리를 부여했다. 지상 전투 부대도 일시에 증강했다. 1965년에는 19만, 1966년에는 37만, 1968년에는 54만이 넘는 미군이 베트남전쟁에 참여했다. 결국 베트남에 파견된 미군은 300만 명을 넘었다.

그런데 1971년, 구축함에 대한 북베트남의 공격은 미국 정부가 만들어낸 거짓이라는 것이 밝혀졌다. 이 사실을 처음으로 보도한 것이 미국 정부의 극비 문서를 입수한 신문 『뉴욕타임스』다. 정부가 게재 금지 압력을 가하자, 다른 신문사가 힘을 보태 보도는 계속되었다.

미국은 조작한 정보를 핑계로 전쟁에 돌입한 것이다. 그리고 적의 게릴라를 찾아내겠다며 1961년부터 10년에 걸쳐 베트남 상공에서 고엽제를 뿌렸다. 미군 수뇌부는 '이 약제는 나무를 말리기만 하는 것으로 아무런 장해도 주지 않으니 걱정하지 말라'고 병사들에게 말했다. 그러나 현재 베트남 민중을 비롯해 많은 사람들이 장애를 겪고 사산을 하거나 기형아를 출산하는 등 그 후로도 많은 해를 입고 있다.

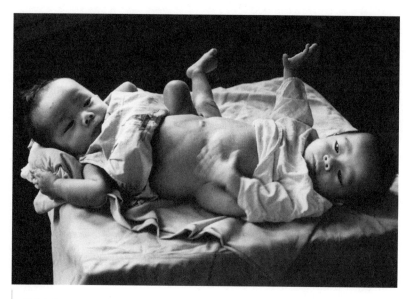

고엽제의 피해
1981년 2월 베트남 중부의 한 마을에서 구엔베토, 구엔도쿠 형제가 태어났다. 그들은 고엽제의 영향으로 하반신이 붙은 결합 쌍둥이였다.

한국군을 괴롭힌 고엽제

1993년, 베트남전쟁에 참가했던 한국군 병사가 일본 언론인에게 이렇게 말했다.

> 가려워지기 시작하면, 더 이상 참을 수 없습니다. 정신없이 전신을 쥐어뜯어 버립니다. 이런 가려움은 매일 되풀이되어 20년간 계속되었습니다.

그는 스물세 살이던 1969년 10월에 맹호사단의 위생병으로 베트남에 갔다. 베트남에 있던 2년간 살포된 고엽제를 맞고 입원까지 했다. 수족이 저리고 마비되었지만 '원인 불명의 염증'이라는 진단을 받았다. 베트남에서

베트남으로 떠나는 한국군

돌아오고 두 달 후에 결혼했는데 생활은 괴로웠다. 취직하려고 해도, 발진
이 지독한 그를 한번 보면 상대가 고개를 가로저었다. 할 수 없이 땅을 팔
아 치료비를 댔고, 아내는 두 딸을 데리고 떠나 버렸다.

　박정희 대통령이 베트남 파병을 표명한 것은 1965년 1월이다. 1953년
에 체결한 한미상호방위조약의 적용 범위에 베트남이 포함되어 있지는 않
았다. 한국은 공산주의에 대항하는 동남아시아 조약 기구의 가맹국도 아니
었다. 그런데 한국은 필리핀·오스트레일리아 등 다른 참전국에 비해 월등
히 많은 32만 명을 파견했다. 이것은 미군 다음으로 많은 규모였다. 한국군
이 해방전선과 처음 교전한 이래 한국군은 미군 이상으로 '용맹 잔학'하다
는 말이 돌았다. 베트남에서는 '따이한', 즉 대한이라고 하면 지금도 그 무
서움을 이야기할 정도다.

　1965년부터 1972년까지 8년간 한국의 베트남 특수는 10억 2200만 달

러나 된다. 그리고 그중 72퍼센트에 해당하는 7억 4000만 달러는 기술자·군인 송금, 건설, 노동력 및 군수물자 납품과 같은 무역 외 수지였다. 이런 특수가 한국의 경제 발전을 촉진하고, 군사 정변으로 집권한 박정희 정권은 그 정당성을 호소할 수 있었다. 6·25전쟁 때 도와준 미국에 은혜를 갚는 한편, '베트남전쟁은 민족 해방 투쟁'이라고 주장하고 있던 북한과 대결하기 위해서도 베트남 파병은 필요하다고 생각할 수 있었다. 하지만 패색이 짙어진 1972년, 한국군은 베트남에서 철수했다. 사상자는 1만 5000명을 넘었다.

한국 국방부는 1992년이 되어서야 베트남전쟁의 전사자 수를 공표했고, 베트남 참전에 대해 비판적인 논조는 계속 억압받았다. 미국과 군사적 동맹을 강화해야 북한을 제압할 수 있다고 생각했기 때문이다.

그러나 고엽제의 피해를 본 참전 군인 중에는 '베트남에 대한 죄의식 같은 것이 우리들에게 없다고는 할 수 없다'고 하는 사람도 나타났다. 또 베트남전진실위원회를 중심으로 베트남에 평화역사관을 세우고, '피해를 준 사람들에게 사죄하기 위해서뿐만 아니라, 전쟁의 상처를 한 번도 치유하지 않은 채 전쟁을 정당화해 온 한국인 내면의 상처도 치유하자'는 운동도 확산되고 있다.

전쟁에 가담한 일본

미국이 북베트남 폭격을 개시하자 B52 폭격기가 오키나와 기지에서 곧장 베트남으로 날아갔다. 여론의 반대를 무릅쓰고 2000킬로미터 이상 떨어진 베트남을 폭격한 것이다. 일본 외상이 직접적인 작전행동은 삼가기를 바란다고 했지만, 태평양 통합군의 지휘관은 '우리는 이 기지를 언제까지나 자유롭게 사용할 수 있는 권리가 있다'고 밝혔다. 미국 제7함대 소속 원자력

항공모함도 사세보와 요코스카를 기지로 삼아 베트남 해상에 자주 출동했다. 도쿄 오지(王子)에 있는 야전병원을 비롯해 도쿄 주변의 병원에는 매일 부상한 미군 병사들이 들어갔다.

당시 일본의 사토 수상은 '베트남에서 미국의 보복 폭격은 어쩔 수 없는 일'이라며 미국의 북베트남 폭격을 지지했다. 미국의 경제원조로 대량의 자금과 물자가 유입되던 남베트남, 필리핀, 타이 같은 국가들에 일본의 대기업이 진출하고 있었기 때문이다. 그뿐만 아니라 많은 물자가 일본의 항구에서 실려 나갔다. 베트남에서 사용된 네이팜탄의 90퍼센트는 일본제였다. 일본의 직간접적인 베트남 특수는 1965년부터 1972년까지 70억 달러였다고 한다.

이렇게 다양한 측면에서 일본은 미국의 전쟁 정책을 지지하고 있었다. 그러나 미국 정책에 대한 동조는 헌법을 위반하는 것이고, 세계 평화에 반하는 것이라는 소리도 높아졌다.

세계로 퍼져 가는 반전의 목소리

베트남전쟁이 확대되어 감에 따라 세계 각지에서 전쟁에 반대하는 운동도 활발해졌다. 특히 미국에서는 신문을 비롯한 언론이 점차 수렁으로 빠져드는 전쟁을 비판하는 목소리가 높아지고 있었다. 당시 아프리카계 미국인들은 인종차별에 항의하며 백인과 동등한 권리 보장을 요구하는 공민권 운동을 전개하고 있었다. 이들과 힘을 합친 전쟁 반대 집회와 시위가 미국 각지로 번져 나갔다. 그리고 이 운동은 베트남전쟁에 징병되어 끌려가야 할 젊은이들에게도 확산되었다. 이들은 법률에 따른 처벌까지 각오하며 징병 카드를 불태우는 행동도 서슴지 않았다. 그리고 1967년 10월 21일, 워싱턴에 10만 명이 넘는 사람들이 모여 베트남전쟁 반대를 외쳤다. 철학자 버트런드 러셀을 비롯한 사람들의 호소에 따라 '미국의 전쟁범죄를 재판하는 국제 법정'이 스웨덴의 스톡홀름에서 개최되어 미국의 행동을 강하게 비판했다.

일본에서도 많은 노동조합이 반전 파업을 벌이고 '베트남에 평화를! 시민연합'(베평련)의 활동 같은 반전운동에 많은 시민이 참가했다. 베평련은 1960년대 후반부터 1970년대에 걸쳐 활동했다. 이들은 반전 탈영 미군 병사를 지원하고, 미군 기지 내 지하 반전 노조 결성을 호소했다. 이 운동은 미국 정부에 대한 비난에 그치지 않고, 미국에 협력하는 일본 정부까지 강하게 비판했다. 고교생들도 미군이 실제로 북베트남 폭격에 사용한 산탄형 폭탄인 볼(Ball) 폭탄의 일부를 학교 축제에 전시하며 전쟁 반대를 호소했다.

이런 와중에 1968년 11월 19일 이른 아침, 오키나와 현 가데나 기지 주변의 주민은 큰 소리에 놀라 깼다. B52가 이륙에 실패해 추락한 것이다. 이때 어느 여중생은 어머니에게 "전쟁일지도 몰라요. 전기를 끄고 제일 좋은

1973년 일본에서 북베트남 폭격에 항의하는 여성 단체의 시위

옷을 입으세요."라고 했다고 한다. 이 사고를 계기로 오키나와에서는 미군 기지 철폐와 오키나와의 일본 복귀 운동이 한층 격렬하게 전개되었다.

또한 조앤 바에즈가 반전 메시지를 담은 〈도나도나〉 같은 노래를 통해 많은 젊은이들의 마음을 사로잡았다. 이런 반전 노래가 자본주의 국가에 퍼지면서 각국에서 반전운동이 더 크게 일어났다.

미국의 패배

1965년부터 1973년까지 약 8년간 미군 5만 명이 전사하고, 수십만 명이 부상했다. 그리고 미국은 1200억 달러나 되는 돈을 전쟁에 쏟아부었다.

1950년대 베트남에서 싸운 프랑스를 원조한 이래 미국 정부의 방침은 일관되었다. 그것은 '공산주의를 봉쇄한다'는 것이었다. 미국은 북베트남이나 해방전선을 '소련의 앞잡이', '중국의 앞잡이' 등으로밖에 보지 않은 것이다. 이런 미소 대립과 베트남전쟁이라는 격렬한 대립 구도 속에서 중국과 소련은 사회주의 국가의 형성 방법이나 혁명의 방식을 둘러싸고 심하게 대립하고 있었다. 이를 주목한 닉슨 대통령은 1969년 1월의 취임 연설에서 중국 정부와 관계를 개선하고 싶다고 말하고, 이를 행동으로 옮겼다. 같은 해 3월, 중소 국경 지대인 우스리 강의 작은 섬을 둘러싸고 중국과 소련 양군의 무력 충돌이 일어났다. 미국은 이를 이용해 양국의 북베트남 지원을 그만두게 할 수 있다면, 수렁에 빠진 베트남전쟁에서 손을 뗄 수 있을 것이라고 생각했다. 소련과 대립이 심해지던 중국으로서도 미국의 접근은 유익한 것이었다.

1971년 7월에 미국의 키신저 보좌관이 은밀하게 중국을 방문해 저우언라이 수상과 회담했다. 다음 해 2월에는 닉슨 대통령이 베이징을 방문했다. 그리고 '모든 중국인이, 중국은 하나이며 타이완은 중국의 일부라고 주장하는 것을 미국은 알고 있다'고 발표했다. 미국은 타이완으로 피한 장제스 정권을 원조하며 군대를 주둔시키고 있었다. 그런데 미국이 타이완과 일정한 거리를 두고, 베트남과 대립이 깊어지고 있던 중국에 힘을 보태라고 표명한 것이다. 미국과 중국은 1979년에 국교를 맺었다.

1973년, 평화협정을 체결하고 미군이 베트남에서 철수하기 시작했다. 베트남에 너무나 많은 달러가 투입되어 미국 경제가 기울었기 때문이다. 또 국내외에서 전쟁에 반대하는 여론을 무시할 수 없기도 했다. 그 대신 남베트남 정부의 군대를 강화해, 미군 대신 해방전선이나 북베트남군과 싸우게 하려는 의도도 있었다.

한편 북베트남과 해방전선은 남베트남 정부가 평화협정을 지키게 해 연합 정부를 만들어서 전쟁을 끝내려고 했다. 1975년에 북베트남이 남베트남을 공격하기 시작했는데, 남베트남 정부가 그렇게 빨리 무너지리라고는

1975년 4월 30일 사이공 함락 후 해방군을 환영하는 사이공 시민

생각하지 못했다. 일부 지역이 함락되자 남베트남 정부군이 붕괴하기 시작했고, 군인들이 전선에서 도망가 스스로 무너졌다. 사이공에 남아 있던 미국 대사나 남베트남에 살고 있던 미국인은 대부분 미군 헬리콥터로 탈출했다. 미국 적십자사의 요청을 받은 북베트남과 해방전선은 사이공에 있는 미군과 민간인이 완전히 철수할 때까지 사이공 시내에 들어가지 않았다. 그러나 그 후 북베트남은 남북 통일에만 급급해 사람들의 감정을 무시한 정치를 실시했기 때문에 밀항선을 타고 베트남을 탈출하는 사람들, 즉 보트피플이 100만 명을 넘었다.

　남북을 합쳐 500만 명이라는 사망자와 역시 수백만에 달하는 부상자를 낸 베트남전쟁이 끝났다. 1995년에는 미국과 베트남이 국교를 맺었다.

한일조약,
남은 문제들

한국과 일본은 1965년에 정식 국교를 맺었다. 그런데 일본 식민지 지배의 피해자들은 일본 정부에 계속 배상을 요구하면서도 아직까지 배상을 못 받고 있다. 일이 왜 이렇게 되었을까? 이제 이 문제는 어떻게 해결할 수 있을까?

사죄와 배상이 빠진 국교 정상화

1965년 2월, 미군이 북베트남을 전면적으로 폭격하고 남베트남에 지상군을 보내면서 베트남전쟁이 시작되었다. 그해 6월 22일, 한일 양국 정부는 한일기본조약 및 여러 협정(한일조약)에 조인해 정식 외교 관계를 맺었다. 그런데 몇 가지 문제가 있다. 먼저 양국의 주장이 대립하는, 독도가 어느 쪽에 귀속하는가에 대해서는 전혀 언급하고 있지 않다. 둘째, 한국 정부는 스스로 한반도 전체를 대표하는 정부라고 주장하지만 일본은 한국 정부의 주권이 미치는 범위를 6·25전쟁 때 결정된 휴전선 이남으로 본다. 셋째, 한국 병합에 이르기까지 양국 간에 맺어진 여러 조약들이 적법한 것이 아니라 무효라는 한국의 주장에 대해, 일본은 이 조약을 체결하던 때에는 적법했는데 한일조약을 조인하면서 무효가 되었다고 해석한다. 넷째, 그 후 양국 관계에서 무엇보다도 큰 문제가 되어 온 식민지 지배에 대한 일본 정부의 사죄와 배상이라는 문제가 있다. 한일기본조약에는 일본의 식민지 지배와 그것이 한국인들에게 미친 피해에 대한 사죄의 말은 한마디도 없다.

대한민국과 일본국 사이의 기본 관계에 관한 조약 전문(前文)

대한민국 및 일본국은 양국민 간의 역사적 배경과 선린 관계의 상호 존중 원칙에 기초하여 양국 간의 관계 정상화에 대한 상호의 희망을 고려하고, 양국의 상호 복지 및 공통의 이익 증진을 위하고, 국제 평화 및 안전의 유지를 위하여 양국이 국제연합헌장의 원칙에 적합하게 긴밀히 협력하는 것이 중요하다는 것을 인정하고 (……) 이 기본 관계에 관한 조약을 체결할 것을 결정

그리고 청구권 및 경제협력에 대한 협정에서 일본은 갚아야 하는(유상) 2억 달러와 갚지 않아도 되는(무상) 3억 달러 등 총 5억 달러를 일본의 생산물과 공사·운반 등 노동력이 필요한 작업으로 한국에 지불한다고 되어 있다. 그러나 이것은 배상으로서가 아니라 경제협력을 증진하기 위한 것이었다. 또 이 협정으로 양국과 그 국민의 재산, 권리, 이익 및 청구권에 관한 문제는 '완전히 최종적으로 해결된 것으로 한다'고 했다.

반대를 무릅쓰고 강행한 조인

한국에서는 조약의 내용이 밝혀진 1964년부터 학생을 중심으로 국민 각계 각층에서 반대 운동이 퍼져, 서울뿐 아니라 각지에서 조약에 반대하는 집회와 시위행진이 이어졌다. 반대하는 주된 이유는, 당당히 요구해야 마땅한 청구권을 포기하고 사죄의 말도 없이 경제협력이라는 방식으로 일본 기

한일조약 체결을 반대하는 시위대와 맞선 한국군

업의 진출을 허락해 일본에 경제적으로 종속되는 결과를 초래한다는 것이었다. 이에 정부는 계엄령 선포로 군대를 출동시켜 1000명 이상을 체포하고, 모든 집회와 시위행진을 금지했다. 그래도 조약 체결을 서두르는 박정희 정권에 대한 비판은 한층 높아 갔다. 조약이 조인된 후 정부는 8월에 여당만의 단독 심의를 강행해 국회 비준을 끝냈고, 군대와 경찰의 힘을 통해 반대 운동을 강압적으로 눌렀다.

　북한 정부는 한일회담에 반대해 일본과 국교를 정상화하는 것은 남한·북한·일본 등 3자 회담에서 결정해야 한다고 주장했고, 조약이 조인된 날에는 '한일회담에서 이루어진 조약과 협정은 전부 무효'라는 성명을 발표했

한일회담 반대 운동에 대한 단속을 풍자한, 『동아일보』 연재 만화 〈고바우영감〉(1965. 8. 27.)과 한일조약 비준 저지와 베트남 침략 반대를 구호로 내건 1965년 9월 도쿄의 집회

다. 이 조약은 미국이 동아시아 군사동맹을 만들어 한반도의 분단을 고착화하고, 남한을 식민지적 예속 상태로 묶어 두려고 하는 것이며, 한반도의 전 인민은 식민지 지배의 피해에 대해 배상을 요구할 당연한 권리를 갖고 있다는 것이었다. 그 후 북한과 일본 사이에는 국교가 열리지 않고 있다.

일본에서도 노동조합을 중심으로 군사적 긴장 고조에 반대하는 많은 시민 단체가 참여하면서 조약 반대 운동이 퍼져 나갔다. 국회에서도 야당이 비준을 저지했지만, 정부가 표결 강행을 지속적으로 시도해 결국 12월에 비준되었다. 일본의 반대 운동은, 북한을 적대하는 일본·한국·미국의 협력 관계 강화가 결국은 삼국의 군사동맹으로 나아가 한반도 전쟁이 재발했을 때 일본도 전쟁에 끌려 들어갈지도 모른다는 불안에 따른 것이었다. 따라서 한일회담 반대 운동은 미국의 원자력 잠수함이 일본 항구에 들르는 것을 저지하는 운동, 베트남 침략 반대 운동과 맞물려 전개되었다. 과거의 식민지 지배에 대한 사죄와 배상이 없다는 것은 일본에서 거의 문제가 되지 않았다.

한일 국교 정상화를 서두른 미국

국교 정상화를 향한 한일회담은 연합군의 점령 지배가 끝나고 일본이 다시 독립하는 1952년 4월을 눈앞에 둔 2월 1일에 시작되었다. 그러나 양국 간에 이해와 주장이 대립되는 문제들이 있어서 바로 합의에 이를 수는 없었다.

한국 측은 식민지 지배로 받은 고통과 손해에 대해 사죄와 배상을 요구했지만, 일본 측은 이를 거부했다. 한국이 아니라 미군에게 몰수당했는데도 일본 측은 한국에서 철수한 일본인의 사유재산에 대한 보장을 요구하고, 그것과 상쇄한다면 배상할 필요는 없다고 주장했다. 게다가 1953년 10월에 수석대표였던 구보타 간타로는 '한국 측이 일본의 식민지 통치에 대해 배상을 운운한다면 일본 측도 일본이 한국의 경제력을 배양했다는 사실을 지적할 수밖에 없다'며 '일본의 한반도 통치가 반드시 나쁜 것만은 아니었고 좋은 측면도 있었다'고 말했다. 한국 측이 이 발언에 항의했으나 일본이 응하지 않았기 때문에 회담은 중단되었고, 그로부터 4년 반 동안 다시 열리지 않았다. 1958년이 되어서야 다시 회담이 열렸으나, 구체적인 진전 없이 시간이 지나갔다.

그런데 1961년 5월 박정희가 일으킨 군사 쿠데타로 한국에 새로운 정권이 성립되자, 미국의 케네디 대통령이 일본 이케다 하야토 수상과 회담하면서 한일 국교 정상화를 서둘러 달라고 요청했다. 미국이 한일 쌍방에 거듭 손을 써, 7월에는 한국 정부도 일본에 회담 재개를 요구하고 11월에는 회담이 다시 시작되었다. 그 후 회담이 막힐 때마다 미국은 한일 양국 정부의 관계자에게 조약을 체결하라고 압력을 가했다.

미국으로서는 한일 국교 정상화를 재촉할 이유가 있었다. 1960년경 아시아·아메리카의 많은 나라들이 정치적으로 독립하고, 경제적 자립을 꾀하는 움직임이 활발해지고 있었다. 이 때문에 사회주의 국가인 소련을 본받아 국가 주도의 계획 경제를 통한 공업화로 나아가려는 움직임이 퍼져갔다. 이에 케네디 대통령은 소련에 대항하기 위해 핵무기 개발을 진행시켜 군사력을 강화하고, 저개발국에 대한 경제원조를 늘려 민간 기업이 주도하는 공업화를 촉진해서 자본주의를 통한 경제성장의 길을 보여 줄 필요가 있다고 생각하고 있었다. 또 미국으로서는 동아시아에서 미소 군사 대립의 최전선인 한국의 정치를 안정시키는 것이 긴급한 과제였다. 정치 안정을 위해서는 가난에 시달리는 한국의 경제를 일으켜 세울 필요가 있었고, 그 자금을 얻는 데 일본의 경제력을 이용하고 싶었던 것이다.

사죄보다 절실했던 경제개발 자금

박정희로서도 쿠데타로 세운 지 얼마 안 된 정권의 기초를 다지고, 국민의 지지를 얻기 위해서는 무엇보다도 민중의 생활을 풍족하게 하는 것이 가장 중요했다. 미국의 지원을 얻기 위해서라도 그 기대에 부응해 일본과 국교 정상화를 서두르지 않을 수 없었다. 박정희에게 무엇보다도 필요한 것은 경제 건설을 위한 자금이었다. 그러나 일본 정부가 식민지 지배에 대한 사죄와 배상을 계속 거부하고 있었기 때문에, 경제협력이라는 명목으로 그 자금을 획득할 수밖에 없었다. 그 금액도 20억 달러 이상이라는 종래의 주장을 철회하고, 5억 달러에 만족할 수밖에 없었다.

이 5억 달러는 농림수산업의 개발, 서울 부산 간 고속도로의 건설, 다리·항구 등의 정비, 일본에서 빌려 쌓여 있던 빚 갚기 등에 충당되었다. 특히 포항종합제철소 건설에 가장 많이 지출되었다. 또 민간 차관 3억 달러가 추가되어 서울 지하철 건설에 쓰였다. 이런 사업들이 베트남전쟁으로 생긴 미군 특수와 맞물리면서 한국의 경제 상태를 개선했다. 베트남전쟁에서는 전쟁터로 간 병사들이 미군에게 받은 급여와 베트남의 군수 관련 시설 건설공사, 군수물자의 제조·수송으로 많은 외화를 벌어들였다. 이렇게 얻은 자금으로 외국 기업과 손잡고 값싼 노동력을 활용한 수출 지향형 가공 생산을 주로 하는 공장이 급속히 증가했다.

이런 일들은 한국의 경제뿐만 아니라 일본 기업의 발전에도 도움이 되었다. 일본에서 생산물과 노동력 형태로 5억 달러를 받기로 했기 때문에, 자금이 일본에서 한국 정부로 전하지 않고 건설공사를 하거나 자재나 원료를 제공한 일본 기업에게 지불되었기 때문이다. 게다가 유상 2억 달러와 민간 차관 3억 달러는 빌린 것이기 때문에 이자를 붙여서 갚아야 했다. 일본 기업은 이를 계기로 한국으로 원재료와 제조 설비를 수출하고 한국에서 제

포항제철소

품을 수입하는 일에 나서면서, 한국의 값싼 노동력을 이용해 큰 이익을 올리기 시작했다.

그대로 남은 일본인의 왜곡된 한국 인식

당시 일본에서는 구보타 간타로 발언에서 드러난 것처럼 과거 식민지 지배를 정당화하는 사고방식이 드물지 않았다. 1963년 이케다 하야토 수상의 발언, 1965년 한일회담의 일본 측 수석 대표였던 다카스기 신이치의 발언에도 같은 사고방식이 나타난다.

1919년에 조선총독 하세가와 요시미치는 이렇게 말했다. "조선인은 제국 신민이므로 내지인(일본인)과 차별하지 않는다. 따라서 조선의 통치는 동화의 방침에 기초해 내지인과 구별하지 않고 평등하게 다스려야 할 것이며,

차별하지 않도록 하고 싶다." 당시 대다수 일본인들은 한국 지배의 현실을 알지 못한 채 의문을 품지 않고 이 말을 그대로 받아들였다. 그래서 한국을 독자적 문화가 있는 존재로 인정하지 않고 일본과 일체화해, 근대화가 늦어진 한국을 일본이 구해 준다는 우월감이 퍼져 갔다.

전쟁이 끝나자 한반도는 미군과 소련군에게 점령되었기 때문에, 일본은 한국의 독립 주장에 직면하지 않았다. 일본도 점령국인 미국에 군사적·경제적으로 의존하게 되면서 미국과 맺는 관계가 무엇보다도 중시되었다. 따라서 과거 식민지 관계에 대해 재인식할 필요를 느끼지 못한 채 대다수 일본 국민은 옛 식민지에 대한 관심을 잃어 갔다. 학교에서 과거 식민지 지배에 대해 배우는 일도 없고, 식민지 시대에 형성된 한국에 대한 멸시와 우월감은 그대로 변하지 않고 살아남아 이어졌다.

한일회담에서도 일본 정부는 한국을 대등한 상대로 대하지 않고 미국의 움직임에 더 신경 썼다. 한국이 제기한 식민지 지배에 대한 사죄 요구는 거부했지만, 미국을 만족시키려면 한국의 경제성장을 촉진할 자금 제공은 피할 수 없다고 생각했다. 그러나 그 금액은 한국의 바람과 달리 가능한 한 적게 하려고 했다.

사과하는 일본 정부, 배상을 못 받는 피해자

1965년, 한국과 일본 간에 정식으로 외교 관계가 수립되었다. 그러나 일본의 식민지 지배에 대한 책임은 추궁되지 않았고, 식민지 시대에 일본이 행한 비인도적인 행위에 해를 입은 사람들에 대한 배상 문제는 방치되었다.

1982년에 한국과 중국이 일본 역사 교과서의 서술에 대해 항의하자, 일본에서도 과거의 침략과 식민지 지배의 가해 문제가 주목받게 되었다. 그리고 1990년 전후로 한국에서는 일본 식민지 지배의 피해자들이, 중국에서는 일본군 침략의 피해자들이 배상을 요구하는 움직임이 퍼져 갔다.

1991년에는 일본 정부와 기업이 저지른 비인도적 행위의 피해자인 한국인과 유족들이 제기한 배상 청구 소송이 잇달아 일본의 재판소에 제출되었다. 피해자는 제2차 세계대전 중 강제로 일본에 연행되어 노동을 강요당한 사람들, 강제로 전쟁터에 보내져 '위안부'가 된 사람들, 군속으로서 전쟁터에 보내져 부상한 사람들, 일본군 병사가 되어 패전 후 점령지에서 전범으로 처형당한 사람들이었다.

그러나 일본 정부는 식민지 지배 아래 발생한 피해에 대해 한국과 한국인에게 배상하는 문제가 1965년 청구권에 관한 한국과 일본의 협정으로 이미 끝났다는 태도를 바꾸지 않고 있다. 최고재판소의 판결에서도 일본 정부에 대한 배상 청구는 하나도 인정되지 않고 있다. 배상의 근거가 없고, 한국과 협정을 통해 이미 끝냈다는 것 등이 그 이유로 제시되고 있다.

다만 2001년에 시행된 새로운 법률에 따라 재일 한국인 중 군인·군속으로 전사하거나 부상한 사람의 유족에 대해 1인당 조위금 260만 엔, 부상자 본인에 대해 1인당 위문금 200만 엔과 특별급부금 200만 엔이 지급되었다.

사죄의 문제에 관해서는, 1972년 일본과 중국이 국교를 회복하면서 발표한 중일공동성명에 '일본이 전쟁을 통해 중국 국민에게 중대한 손해를 주었다는 것에 대한 책임을 통감하고 깊이 반성한다'는 말이 있다. 그러나 배상 문제는, 중국 측이 공동성명에서 '전쟁 배상의 청구를 포기한다'고 했다. 또 중국 둥베이와 타이완의 식민지 지배에 대한 일본의 사죄와 배상은 전혀 언급하지 않았다.

1990년대에 들어 일본 수상이 한국과 중국 모두에 대해 '반성'만이 아니라 '사죄'라는 말을 했다. 그러나 강제 연행과 일본군 '위안부'에 대한 배상 같은 일본 정부의 피해자 구제는 지금까지 실행되지 않고 있다.

할머니들의 눈물이
아직도 흐른다

1991년 8월, 67세의 김학순 할머니가 충격적인 고백을 했다. 자신이 일본군 '위안부'였다는 것이다. 김학순 할머니는 사람들이 과거의 일을 확실하게 해결하지 않으면 안 된다고 힘주어 말했다. 한국에서는 그때까지 자신이 일본군 '위안부'였다며 나선 여성이 없었다. 긴 침묵을 깬 김학순 할머니는 사람들에게 무엇을 이야기하고 싶었을까?

일본군은 조직적으로 위안소를 만들었다

1931년 9월, 일본이 둥베이를 침략했다. 일본 군인들이 현지 여성들을 강간·살해해 중국 각지에서 반일 감정이 크게 높아졌다. 한편 성병에 감염된 일본군 병사가 많아지기 시작했다. 이 때문에 전쟁 수행에 어려움이 있다고 판단한 일본군은 이런 상황을 해결하기 위해 위안소 제도를 만들었다. 위안소는 1937년에 중국과 전면전을 시작하면서 중국 각지에 설치되었다. 전쟁이 태평양과 동남아시아로 확산되면서 위안소도 늘어났다. 처음에 일본군은 성매매를 직업적으로 하는 일본인 여성들을 동원했다. 그러나 그 수가 부족해지자 한국과 타이완의 일반 여성을 일본군 '위안부'로 만들기 시작했다. 물론 일본군이 점령한 중국, 필리핀, 말레이시아, 인도네시아, 동티모르 등의 여성도 일본군 '위안부'가 되었다. 대부분이 14~19세의 여

216

러시아

몽골

헤이허

하이라얼

사할린(가라후토)

유즈노사할린스크

하얼빈
무단장

창춘 지린
훈춘

선양 푸순
방진

바오터우
장자커우
베이징
다퉁
스좌장
타이위안 양취안
린칭
뤄양 정저우 쉬저우
시엔
우한
이창 (한커우, 우창, 한양)
난창
창사
구이린 광저우
난닝

미치나
바오산
라시오
레이묘
크틸라
곤
야마
라오스
치앙마이
타이
칸차나부리
반폰
방콕
춤폰
프놈펜
캄보디아
베트남
호치민
송클라
코타바하루
폐낭
이포
쿠알라룸프르
메단
조호르바루
시불가
부키팅기
싱가포르
파당
팔렘방
수마트라섬
보고르
자카르타
수카부미
반둥
세마랑
마겔랑
족자카르타
자바섬
수라바야
말랑 발리섬
와이카부바크
숨바섬

헤산
톈진
다롄
평양
인천
대한민국
마츠시로
일본

부산
서귀포
오카야마 오사카
히로시마
나카쓰
미야자키
기사라츠
니지마

지치섬

난징
상하이
다천셴
항저우
난세이제도
나하
푸저우
아모이 타이베이
미나미다이토섬
오키나와섬
오키다이토섬
미야코섬
신주
장화
이시가키섬
평후섬
마궁
타이완
가오슝
홍콩
마카오
하이커우
하틴
링수이
싼야

루손섬
바기오
바욤봉
타를라크
양겔레스
마닐라
필리핀
레가스피
파나이섬
레이테섬
네그로스섬
민다오섬
민다나오섬
다바오

가라판 사이판섬
티니안섬
괌
야프섬
코로로
팔라우
미크로네시아
트럭섬
폰페이섬

말레이시아
쿠칭
브루나이
미리
코타키나발루
산다칸
타라칸
칼리만탄섬
폰티아낙
사마린다
발릭파판
반자르마신
므나도
할마헤라섬

파푸아뉴기니
캐비엥
파푸아주
뉴아일랜드섬
라바울
부건빌섬
뉴브리튼섬
포트모르즈비
과달카라섬

큰다리
마카사르
암본
인도네시아
플로레스섬 틸라
쿠팡 동티모르
티모르섬

● 피해자 증언
◆ 병사 증언
■ 공문서, 군 관계 자료
▲ 목격 증언, 기타

일본군 최대 침공 라인

일본군 위안소 분포도

일본군이 침략한 지역 대부분에 '위안소'가 설치되어 있다는 것이 옛 일본군 '위안부'와 병사 등의 증언에서 밝혀지고 있다.

성들이었다.

김학순 할머니도 그중 한 명이었다. 김학순 할머니는 가난한 홀어머니 밑에서 컸고 소학교를 중퇴했다. 1941년에 양아버지에게 끌려 일자리를 찾아 중국 베이징으로 갔다. 그곳에서 일본군 병사가 불러 세우더니 "조선 인이지, 스파이 아니야?" 하면서 트럭에 실어 연행했다. 그 뒤 위안소에 끌려가 성노예로 학대당했다.

김학순 할머니의 증언을 시작으로 과거 일본군의 '위안부'가 되었던 할머니들의 증언이 이어졌다. 한 할머니는 집 주변에서 놀고 있다가 강제로 트럭에 실려 전쟁터에 갔다고 했다. 간호부가 될 수 있다든가 공장에서 일할 수 있다고 하는 말에 속아 끌려간 할머니도 있다. 가난한 살림에 도움이 되고 싶다고 생각했지, 설마 자신이 일본군 '위안부'가 되리라고는 생각도 못했다고 한다.

일본군은 이런 여성들을 일회용품처럼 다루었다. 때로는 친절한 군인도 있었지만, 여성들에게 폭언을 하고 심할 경우에는 칼로 찌르는 군인도 있었다. 여성들은 얇은 모포와 세면기만 달랑 있는 아주 좁은 방에서 종일 일본군 병사들을 상대하지 않으면 안 되었다. 매일매일 10여 명의 일본군 병사에게 강간당했다. 그런 상황 속에서 성병에 걸리거나 아이를 낳을 수 없는 몸이 되기도 했다. 위안소에서는 마음대로 외출할 수도 없었다. 한국어도 사용할 수 없었다. 그래서 김학순 할머니는 위안소에서 '아이코'라는 일본식 이름으로 불렸다. 반찬은 된장국이나 단무지밖에 지급되지 않았다. 일본이 전쟁에서 불리해지면 그것마저도 나오지 않았다. 위안소에서 고통스러워 정신이상이 되기도 하고, 죽음을 선택한 사람도 있었다. 도망갔다가 잡혀 매질을 당하는 경우도 많았다.

위안소를 관리하던 일본군은 정기적으로 여성들이 성병에 감염되어 있지 않은가를 검사했다. 군인들에게 병이 옮겨져 전투력이 떨어지는 것을 걱정한 것이다. 위안소를 이용하는 병사들은 그 요금을 임시 지폐인 군표로 지불했다. 그러나 이 군표는 위안소의 여성들에게 건네지지 않은 경우가 많다. 군표를 받아도 위안소의 경영자에게 각종 명목으로 빼앗겼다. 많은 여성들이 돈을 받지 못했다고 증언한다. 전쟁이 막바지에 이르자 일본군은 자신들의 행위를 숨기기 위해 여성들을 죽이기도 하고, 전쟁이 끝났는데도 그 사실을 알려 주지 않은 채 위안소에 그대로 두고 떠나 버렸다.

남아 있는 고통

1980년대 이후 한국에서 일본군 '위안부' 문제에 관심을 갖고, 이것을 해결하기 위해 노력하는 사람들이 나타났다. 이런 움직임은 한국 사회가 조금씩 민주화되고, 여성운동이 활발해진 것과 관계있었다. 그러나 일본군 '위안부' 문제를 해결하기 위한 사람들의 활동은 많은 어려움에 부딪혔다. 위안소에 관한 자료나 증거를 일본군이 고의로 소각·폐기한 데다, 일본 정부가 사실을 인정하려고 하지 않았기 때문이다. 이런 상황 속에서 할머니들의 증언은 긴 시간 동안 잊혔던 역사의 진실을 세상에 드러냈다.

1945년 8월 일본의 항복과 1991년 8월 김학순 할머니의 증언 사이에는 대략 45년이라고 하는 긴 침묵의 세월이 있었다. 왜 할머니들은 그렇게 오랫동안 자신의 피해를 말할 수 없었을까? 한국 여성들은 어려서부터 '여성의 가치는 순결에 있다'고 교육받았다. '순결의 상실은 여성의 인간적 가치의 상실'이라고 생각하는 분위기는 해방 후에도 이어졌다. 따라서 일본군 '위안부'였던 여성들은 국가와 사회의 보호를 받을 수 없었고, 고통을 받은 피해자인데도 자신의 아픔을 아무에게도 말할 수 없었다. 고향에 돌아가고 싶어도 누군가가 자신의 과거를 알고 있지 않을까 두려워서 돌아가지 못했으며, 심신의 상처 때문에 결혼을 생각하지 못하고 혼자 산 여성들이 대부분이다. 그러나 할머니들이 자신의 아픔을 말하기 시작했다. 진실을 인정하지 않는 일본 정부의 태도에 분노한 할머니들이 자기 이름을 밝히고 나선 것이다. 타이완, 필리핀, 중국 등에서도 같은 상황이었다. 한국 할머니들의 용기 있는 고백에 자극을 받아 여성들이 잇달아 자기 이름을 밝히고 나섰다.

최초의 증언이 있고 나서 일본은 일본군 '위안부' 문제에 대해 어떤 태도를 보였을까? 일본 정부는 1993년 고노 요헤이 관방장관 담화에서 '일본군의 관여'를 인정했지만, 이 문제는 정부 간 해결이 끝난 것이라며 개인 배상에는 적극적인 자세를 보이지 않았다. 그 후 '아시아여성국민기금'이라는 이름으로 일본 민간인들이 모은 돈을 위안부 피해 할머니에게 지급하는 것으로 문제를 해결하려고 했다. 그러나 많은 할머니들이 그 돈을 받지 않았다. 일본 정부의 성의 있는 사죄가 없이 지불된 돈을 거부한 것이다.

1997년 일본에서는 모든 중학교 역사 교과서에 일본군 '위안부' 문제를 기술해 아이들에게 위안부 문제에 대해 가르치려고 했다. 그러나 이에 대해 '위안부는 상행위였다', '일본군의 강제는 없었다'고 말하며 강하게 반발하는 사람들이 등장했다. 이런 공격 때문에 현재 교과서는 대부분 이 문제를 다루지 않고 있다. 국회에서도 위안부 문제 해결을 진전시킬 법률안을 야당에서 제안했지만, 10년이 넘도록 심의되지 않고 있다.

할머니들이 소리 높여 외친다

매주 수요일 정오, 서울의 일본 대사관 앞에는 사람들이 모여든다. 맨 앞에는 일본군 '위안부'였던 사람들이 있다. 1992년에 시작한 수요시위는 2011년 말 1000회를 맞이했다. 차가운 비바람이 휘몰아치는 지독한 날씨에도 일본군 '위안부' 시절의 후유증이 있는 할머니들이 자리를 지키고 일

서울 일본 대사관 앞의 수요시위

본 정부에 대한 항의를 멈추지 않고 있다. "일본군 '위안부' 문제의 범죄 사실을 인정하라!" "할머니들에게 사과하고 배상하라!" 할머니들은 이렇게 외치고 있다. 처음 시위를 시작했을 때 할머니들은 참가하기를 주저했다. 그러나 학생, 주부, 일본인 등 시위에 참가하는 사람들이 늘어남에 따라 할머니들도 당당하게 맨 앞에 앉아서 외치게 되었다.

어떤 할머니는 그림을 그리면서 아픔과 정신적 고통을 조금이라도 덜어 내려고 했다. 할머니들의 그림은 현재 경기도 광주 '나눔의 집'에서 볼 수 있다. 나눔의 집은 일본군 '위안부'였던 할머니들이 함께 사는 공간이다. 그곳의 '위안부 역사관'에서 할머니가 왜 일본군 '위안부'가 되어야 했는지, 어떻게 생활했는지를 배울 수 있다. 때로는 할머니들로부터 직접 당시의 이야기를 들을 수 있다. 그래서 역사의 진실을 알려고 하는 많은 사람들이 이 역사관을 방문한다. 나눔의 집에서 봉사하던 한 일본 젊은이는 이렇게 말

김순덕 할머니의 그림, 〈못다 핀 꽃〉

나눔의 집에 사는 할머니는 자기 생각을 그림으로 그리는 데 힘쓰고 있다. 할머니들이 함께 생활하시는 나눔의 집에서는 할머니들의 치유를 위해 그림을 그리는 프로그램을 마련했다.

했다. "나는 일본에서 왔습니다. 전쟁을 모르고 자란 세대입니다. 그러나 나눔의 집에서 생활하면서 할머니들의 요구는 정당하고 일본 정부는 사죄하지 않으면 안 된다고 생각하게 되었습니다."

한 할머니는 자신이 어렵게 모은 돈을 장학금으로 내놓기도 했다. 과거의 비극을 되풀이하지 않으려면 어린이들이 배워야 한다고 생각했기 때문이다. 한편 '사이버 평화 박물관'을 만드는 데 기부한 할머니도 있다. 온라인상이긴 하지만 '평화'를 주제로 한 한국 최초의 박물관으로서, 사람들이 전쟁에 반대하고 평화로운 미래를 생각하는 계기를 만들어 줄 것이다. 전쟁의 피해자였던 할머니들이 이제 평화로운 미래를 만드는 주체가 되고 있다.

손을 잡은 일본과 한국의 젊은이들

일본군 '위안부'는 한국에서 두 건, 중국에서 네 건의 소송을 일본 법원에 제기했다. 그리고 필리핀, 타이완, 인도네시아, 재일 한국인들도 일본 정부의 사죄와 개인 배상을 요구하며 열 건의 소송을 제기했다. 각 재판일에 일본에 간 일본군 '위안부' 피해자들은 법원에서 진술하면서, 또는 일본 각 지역의 증언 집회에 참석해서 일본인에게 피해 사실을 호소했다. 2010년에 모든 재판이 종결되고 원고가 패소했지만 사실은 인정되었다. 사실은 있는데 법적 책임은 없다고 하는 법원의 결론에 대해 국회에서 법률을 만들려고 하는 움직임이 확산되고 있다. 일본의 33개 지방자치단체도 2012년 1월에 이 문제의 해결을 요구하는 결의를 냈고 한국의 지방자치단체도 호응하고 있다.

또 일본 정부의 책임을 추궁하는 국제적인 움직임도 일어나고 있다. 2000년 12월에는 여성국제전범법정이 도쿄에서 열려, 아시아 각지의 피해자와 국제적인 법학자가 참여하는 심의를 통해 일본 정부에게 유죄 판결을 내렸다. 도쿄에는 '여성들의 전쟁과 평화 자료관'이 만들어져서 할머니들의 피해 사실과 일본 정부의 책임에 관한 자료가 전시되어, 일본군이 저지른 죄의 실상을 배울 수도 있다.

2003년부터는 매년 8월, 한국과 일본의 대학생이 중심이 되어 '젊은이들의 모임'이 열리고 있다. 이 자리에서 학생들은 할머니들의 목소리를 듣고, 역사관의 전시를 같이 보고, 저마다 학교에서 고민하던 것들을 나눈다. 그리고 식민지 지배 시기부터 지금까지 한국과 일본 사이에 어떤 역사가 있었는지를 서로 배운다. 대학에서 일본군 '위안부' 문제를 알게 된 고베의 대학생은 할머니들을 만나고 나서, 고등학교 때까지 아무것도 배우지 않았다는 사실에 놀랐다. 그리고 이 문제를 널리 알리기 위해 적극적으로 행동하고 있다.

끝나지 않은 역사

김학순 할머니의 증언으로 일본군 '위안부' 문제에 대한 관심이 높아지고 난 뒤 한국 정부는 할머니들이 살고 있는 집과 얼마간의 생활비를 지급하기 시작했다. 할머니들을 돕는 사람들도 많아졌다. 일본인들 사이에서도 이 문제에 관심을 갖고 해결하기 위해 적극적으로 행동하는 사람들이 생겼다. 일본의 책임 있는 행동을 요구하는 국제적인 목소리도 높아지고 있다.

2007년 7월 미국 하원에서 일본 정부를 향한 결의가 채택되었다. 그것은 일본 정부에게 '위안부 문제'의 사실을 인정하고, 책임을 지고, 피해 여성에게 사죄와 법적인 배상을 하고, 다음 세대에게 이 문제를 전하라고 요구했다. 더 나아가 11월에는 네덜란드 하원과 캐나다 하원이 각각 일본 정부에게 사죄와 함께 책임 있는 태도로 해결할 것을 요구하는 결의를 했다. 그리고 12월에는 EU의회에서, 2008년에는 타이완 입법원에서도 같은 결

서울 일본 대사관 앞의 소녀상

1000번째 수요시위가 열린 2011년 12월 14일. 시민들의 모금으로 만든 소녀상이 주한 일본 대사관 앞에 세워졌다.

의를 했다. 한국 국회에서도 일본군 '위안부'의 명예를 회복하기 위해 일본 정부에 대한 항의 결의를 채택했다. 이런 결의가 채택될 때마다 일본군 '위안부'였던 할머니들은 현장으로 달려가 자신이 경험한 일들을 증언했고, 그 이야기는 사람들의 마음을 움직였다.

그런데 2011년 한 해에만 피해자 할머니 열여섯 명이 세상을 떠났다. 2014년 6월 현재, 한국 정부에 등록된 할머니 243명 중 생존자는 54명밖에 안 된다. 게다가 많은 할머니들이 신체적·정신적 후유증을 겪고, 해가 갈수록 기력을 잃고 있다. 하지만 일본 정부의 태도는 20년간 전혀 변하지 않고 있다. 그리고 아직 많은 사람들이 일본군 '위안부' 문제를 과거의 문제로만 생각한다.

오늘날 일본군 '위안부' 문제는 '여성의 인권 존중'이라는 시점에서 바라봐야 한다. 지금도 세계 곳곳에서 여성에 대한 전시 성폭력이 일어나고 있다. 1990년대 유고슬라비아 분쟁 때, 민족 정화라는 이름으로 타민족 여성에 대한 성폭력이 벌어졌다. 아프리카의 르완다에서도 민족 분쟁 아래 타민족 여성에 대한 테러가 많이 일어났다.

길원옥 할머니가 2010년 독일을 방문했을 때 재독 콩고 대사는 할머니의 투쟁이 콩고에 있는 많은 성폭력 피해 여성들의 희망이 된다고 했다. 할머니는 아프리카의 콩고에서 장기간에 걸친 내전으로 수많은 여성이 과거의 당신처럼 성폭력을 당한 사실을 알게 되었다. 2012년 3월 세계 여성의 날, 김복동·길원옥 할머니는 일본 정부로부터 배상받을 경우 배상금 전액을 콩고 내전의 성폭력 피해 여성들을 위해 내겠다고 했다. 한국의 시민 단체는 이를 위해 '(가칭) 나비기금'을 만들기로 했다. 나비는 일본군 '위안부' 할머니들을 상징한다. 애벌레 시기를 거쳐 화려한 날개를 펼치는 나비처럼 할머니들도 아픈 과거에서 벗어나 자유롭게 살아가기를 바라는 것이다. 나비기금의 첫 지원 대상은 콩고민주공화국의 레베카 마시카 카추바다. 그는

1998년 콩고 내전 당시 군인들에게 성폭행을 당한 뒤 '경청의 집(Listening House)'을 세워 자신과 비슷한 처지의 전쟁 피해 여성들을 돕고, 그들의 아이를 입양해 온 활동가다.

미국은 제2차 세계대전이 끝난 뒤 공산당이 중국 대륙을 장악하자 일본을 반공의 방어벽으로 설정했다. 그리고 공산주의 확대를 막기 위해 한반도의 이승만 정권과 일본의 자민당 정권을 지지하기 시작했다. 이어, 양국과 상호 방위 조약을 체결해 군사동맹 관계를 형성하고 베트남전쟁을 일으켰다.

한편 한국의 민주화 운동은 장기간 지속적으로 전개되었다. 이승만 독재를 무너뜨리고 군사정권과 싸우며 1980년대에 민주주의의 꽃을 피웠다. 일본은 1990년대 초반까지 보수 성향인 자민당이 장기 집권했다.

한일 양국은 아시아태평양전쟁이 끝난 뒤 극심한 경제적 어려움을 겪었다. 한국의 분단과 6·25전쟁은 경제적 궁핍을 가속화했다. 1960년대에 시작된 한국의 경제성장은 장기간에 걸친 노동자들의 희생을 바탕으

4

경제성장과
민주주의의 발전

로 한 것이었다. 그런데 일본의 경제적 어려움은 역설적이게도 한국의 6·25전쟁을 계기로 극복되었다. 군수물자 수출을 통해 회생하기 시작한 일본 경제는 그 뒤 10퍼센트대의 고속 성장을 이룩했다. 하지만 일본의 경제성장에도 노동자들의 희생과 환경문제라는 그늘이 있었다.

두 나라의 경제성장과 여성의 적극적인 정치 참여는 여성 권리의 확대로 이어졌다. 일본에서는 전쟁 말기에 히로시마·나가사키의 원폭 투하를 경험한 뒤 이에 대한 위기의식이 고조되었다. 특히 비키니 섬 사건을 계기로 스기나미 어머니들이 노력한 덕에 반핵 평화운동이 세계적으로 확산되었다. 민주주의와 사회적 정의를 실현하기 위해 어떻게 투쟁했는지 살펴보자.

남녀평등을 향한
긴 여정

1946년 4월 10일, 제2차 세계대전 뒤 처음으로 일본에서 중의원 선거가 실시되었다. 이날 여성들은 역사상 처음으로 투표용지를 손에 쥐었다. 시골에 살던 어떤 여성은 그 흥분을 이렇게 기억한다. "아침 일찍부터 농사를 끝내고 투표장으로 서둘러 갔습니다. 투표용지를 받았을 때 손이 떨리는 것이 멈추지 않았습니다."
일본 여성들은 남녀평등을 향해 어떤 여정을 밟아 왔을까? 또 일본 헌법은 일본 사람들에게 무엇을 가져다주었을까?

어머니들의 한탄

여성참정권 운동을 주도한 이치카와 후사에는 자서전에서 어머니에 대해 회상했다.

지금까지 나의 80년 긴 인생을 되돌아볼 때, 가장 먼저 눈앞에 떠오르는 것은 어머니의 모습이다. 그것도 내가 어릴 적 폭군이던 아버지에게 주먹으로, 때로는 장작으로 맞으면서 꼼짝도 하지 않고 참고 있던 어머니의 모습이다. 그때 나는 울면서 어머니를 감싸 주었다. 나중에 어머니는 내 머리를 쓰다듬고 눈물을 훔치면서 말했다. "지금까지 몇 번이고 고향으로 돌아가려고 마음먹었지만, 너희들이 불쌍해서 차마 그러지 못했다. 여자로 태어난 게 죄니까."

'대일본제국헌법'은 국가의 주권자인 천황을 남자만 계승할 수 있다. 또 이 헌법 아래 민법은 호주라고 불리는 남자에게 강력한 권한을 주고 있다. 호주는 어디서 살지 결정할 수 있고, 결혼할 때는 반드시 호주에게 허락을 받아야 했다. 아내에게 상속권은 없고, 아내의 재산은 남편이 관리하도록 했다. 아내에게는 자녀에 대한 친권도 없고, 사실상 일부다처가 용인되었다. 여성에게는 참정권은커녕 합법적인 정치 집회에 참석하는 것조차 금지

이치카와 후사에

되었다. 정치적으로도, 경제적으로도 아무런 권리가 없던 여성들은 가정에서도 복종과 무저항을 강요받고 있었다. 이치카와 어머니의 모습은 당시 사회에서 흔히 볼 수 있는 것이었다.

이치카와는 교사, 신문기자, 일본 최초의 노동조합인 우애회 부인부의 책임자 등으로 일하면서 여성의 지위 향상에 깊은 관심을 갖게 되었다. 여성참정권 운동을 추진한 이치카와의 마음속에는 어릴 때 깊이 새겨진 어머니의 슬픔과 여성들의 한탄이 있다.

여성참정권이 없는 보통선거는 없다

1920년, 공장에 취업한 남자가 1699만 명이었고 여성 취업자도 1027만 명에 이르렀다. 농업과 방직공장 등의 일자리에 더해 타자수와 전화 교환원 같은 새로운 직업이 생겨나면서 여성의 사회 진출이 늘어난 것이다.

이런 사회 변화를 배경으로 이치카와는 히라쓰카 라이초와 '신부인협회'를 만들고, 여성들에게 사회적 지위 향상을 위해 단결해야 할 때가 왔다고

호소했다. 그리고 여성의 정치 집회 참가를 금지한 치안경찰법 개정을 목표로 활동하기 시작했다. 진보적인 생각을 가진 남성들에게도 협력을 구하며 집회를 열고 서명을 받는 등 끈질기게 청원한 결과, 1922년 의회에서 개정안이 통과되었다. 약 30년 만에 여성이 정치 집회를 주최하고 참가하는 권리를 얻어 본격적으로 여성참정권 운동을 펼칠 길이 열린 것이다.

이치카와는 1924년 '부인회 참정권 획득 기성 동맹회'(부선획득동맹)를 결성했다. 여기에 사상을 비롯해 여러 조건을 뛰어넘어 많은 여성들이 모였다. 다음 해인 1925년에는 선거법이 바뀌어 25세 이상 남자들은 선거권을 갖게 되었다. 부선획득동맹은 이 '보통선거'에서 여성이 배제된 것에 대한 항의를 담아 "부선 없는 보선 없다!"를 구호로 내세우고 여성참정권 없는 보통선거는 없다는 점을 강조했다. 그리고 국정에 참가하는 참정권, 지방정치에 참가하는 공민권, 정당에 가입하는 결사권 등 여성참정 3권의 획

여성에게 참정권을!
1927년, 전국에서 모인 약 5만 명의 청원서를 중의원에 보내다.

득을 목표로 전국에 지부를 만들고 서명을 모아 의회에 청원했다. 또 여성 참정권에 찬성하는 의원을 늘리고, 정당에도 압력을 가했다. 그 결과, 정당의 여성참정권 실현안이 몇 차례 국회에 제출되었다. 신문도 '여성참정권은 때와 조건의 문제이지, 가부의 문제는 아니'라고 쓰게 되었다. 1931년에는 정부가 지방 참정권만 인정한 조건부 여성 공민권 안을 제출해 중의원에서 통과되었다. 그러나 귀족원에서 부결되고 말았다.

전쟁과 여성참정권 운동

이렇게 여성참정권 실현이 한발 앞으로 다가섰을 때 만주사변이 일어났다. 이치카와는 '전쟁이 여성에게 가족을 빼앗아 견디기 어려운 고통을 주기 때문에 여성은 국가와 상관없이 평화주의자'라고 주장하고 관동군을 만철 부속 지역으로 철수하고 대화로 해결하라고 요구했다. 무산정당까지 둥베이 침략을 지지하는 풍조 속에서도 제3회 '전 일본 여성참정권 대회'는 '파시즘 절대 반대'를 결의하고 전쟁 반대라는 태도를 명확히 했다. 그 뒤에도 여성 참정권 대회는 팽창하는 군사비에 반대하고, 평화를 위해 각국의 여성과 연대를 결의했다.

그러나 중일전쟁이 시작되자 언론 탄압이 한층 더 심해졌다. 이치카와는 자서전에서 당시를 회상하며 '정면으로 전쟁에 반대하고 감옥에 갈 것인가, 운동에서 완전히 물러설 것인가, 현실을 일단 받아들이고 어느 정도 협력할 것인가' 하는 세 가지 선택을 두고 깊이 고민했다고 한다. 이치카와는 여성운동을 앞장서서 이끈 책임이 있으니, 여성과 아이 들의 전시 생활을 조금이나마 지키기 위해서라도 전쟁 협력을 선택한다는 결정을 내렸다. 또한 여성이 전쟁에 협력해서 사회적인 힘을 보여 주는 것이 전쟁이 끝난 뒤에 참정권을 얻는 발판이 된다고 생각했다. 이때보다 10여 년 전 이치카와가 미국에 살 때 제1차 세계대전 중 여성의 노동이 인정되었고, 여성참정권이 실현되었다. 이런 일을 미국에서 겪은 것이 이치카와에게 영향을 주었다.

이치카와는 정부의 각 부처에 적극적으로 협조해 강연회를 열어 전쟁을 지원하면서 모든 가정이 절약하고 저축해야 한다고 호소했다. 일본군이 점령하고 있던 중국 중부를 시찰하고는 전쟁을 지지한다고 분명하게 말했다. 그녀는 국민을 전쟁에 동원하려고 만든 대정익찬회와 대일본언론보국회 등에서 요직을 맡아, 여러 부서의 책임 있는 자리에 여성을 등용하고 근로 동원에 주부들을 적극적으로 동원해야 한다고 주장했다. 패전 직전에는 본토 결전에 대비해 군과 협력해 전장 최전선에 투입되는 부인 의용 전투대까지 조직하려고 했다.

1945년 8월, 일본이 패전했다. 패전한 날부터 열흘째 되는 날 이치카와는 '전후대책부인위원회'를 결성하고 여성참정권 획득을 위해 정부와 정당에 영향력을 행사하려는 운동을 재개했다. 그러나 1947년, 전쟁 중의 협력을 문제 삼아 연합국총사령부(GHQ)가 이치카와를 공직에서 추방했다. 나중에는 추방이 해제되어 국회의원이 되고, 평생 여성의 삶과 지위 향상을 위해 활동했다. 그녀는 전쟁에 협력한 것에 대해서는 별다른 해명을 하지 않았을 뿐만 아니라 엄격한 자기비판도 없었다. 다만 '전쟁이 시작되었을 때는 반대하는 것이 어렵다, 전쟁을 시작하기 전에 반대하는 것이 중요하다'고 했다.

여성 국회의원, 우리 시대가 왔다

1945년 9월 말, 일본에서 최초로 길 가는 사람을 인터뷰한 라디오 프로그램인 '가두녹음'이 시작되었다. 마이크에 대고 미츠코시 백화점의 점원이라고 한 여성이 질문이 없었는데도 "여성참정권은 대찬성입니다."라고 했다. 여성들 사이에 자신의 권리를 찾으려는 열망이 어느 정도였는지를 잘 보여 준 사건이다.

10월, GHQ는 5대 개혁 명령을 발표했다. 그 내용은 여성해방과 참정권, 노동조합의 육성과 촉진, 학교 교육의 민주화, 비밀경찰 제도와 사상 통제의 폐지, 경제 민주화였다. 선거법 개정 작업은 빠르게 진전되어, 12월에는 여성참정권이 실현되었다. 1893년 뉴질랜드에서 처음으로 여성참정권이 실현된 이래 세계에서 예순네 번째, 아시아에서 열다섯 번째였다.

그리고 1946년 4월, 20세 이상 남녀 국민이 참가하는 첫 중의원 선거가 실시되었다. 선거운동은 3월부터 시작되어 전국에서 뜨거운 열기 속에 진행되었다. 입후보한 여성은 79명. 그중 28세인 야마구치 시즈에는 도쿄에서 가두연설을 690회나 했다. 거리에서 종을 울려 사람들이 음식을 파는 장사치가 왔다고 생각하고 몰려들면 연설을 했다. 공습으로 집과 공장이 불에 탄 이야기, 사랑하는 동생이 필리핀에서 전사했다는 이야기에 사람들은 눈물을 흘렸다. "두 번 다시 전쟁을 해서는 안 됩니다." "여성이 하루 여섯 시간 일하면 먹고살 수 있는 세상을 만들어 봅시다." 그녀는 이렇게 호소해 당선했다.

종전 전부터 '여성참정권획득동맹'에서 활동한 입후보자는 열 명이었다. 당시 나이 62세로 아키타 현에 살던 와자키 하루도 그중 한 사람이다. 와자키는 남편과 사별한 뒤 다섯 자녀를 기르고 미용사로 일하면서 지방에서 여성참정권 운동을 지지했다. 그녀는 연설회를 열고 유권자에게 엽서 1만 장을 보냈다. 배급 제도의 정비와 영유아의 보호 대책, 민주적인 민법 개정 등을 호소해 1위로 당선했다. 여성참정권획득동맹 출신 당선자는 일곱 명이었다.

GHQ는 민주화 정책을 성공시키기 위해 여성의 투표율을 올리려고 노

여성 국회의원의 탄생
야마구치 시즈에는 유력한 후보자들이 나선 도쿄의 격전지에서 2위로 당선했다.

력했다. 신문의 관심도 투표율이었다. 선거 당일, 어머니가 투표하러 갈 수 있도록 부인회에서 아이들을 돌봐 주었다. 손수레로 환자와 노인을 투표장까지 데려다 주는 지역도 있었다. 여성의 투표율은 67퍼센트로 남성의 투표율 79퍼센트보다는 낮았지만 신문의 예상을 뛰어넘을 만큼 높았고, 여성 국회의원 서른아홉 명이 탄생했다. 중의원 중 8.8퍼센트로, 당시로서는 세계적으로도 높은 수준이었다.

그러나 2011년 현재 일본 중의원에서 여성의원이 차지하는 비율은 11.3퍼센트로 세계 186개국 중 121위다. 세계적으로는 남녀 격차를 시정하기 위해 여성의 의석을 할당하는 제도를 채택해 여성 의원 비율이 40~50퍼센트를 넘는 나라가 늘어나는 가운데 일본 여성 의원의 비율은 매우 낮은 수준에 머물러 있다.

일본국 헌법 제정일은 여성의 독립기념일

선거 후 중의원에서는 헌법 개정안을 심의했다. 여성 의원은 남녀가 동등한 권리를 갖는 헌법을 요구하고, 혼인·재산·상속 등에 관한 권리를 민주적으로 만들어야 한다고 발언했다. 이런 염원을 담아 1946년에는 국민주권, 기본적 인권의 존중, 평화주의를 중심으로 하는 일본국 헌법이 공포되었다.

헌법이 내건 남녀평등 이념은 학교에서 민주 교육을 경험하고 지역에서 헌법을 확산하는 임무를 담당한 청년단 젊은이들에게 먼저 스며들었다. 사이타마 현 청년단 변론 대회에서는 이렇게 주장한 여성이 우승했다.

> 남성과 부모와 남편 아래에서 노예처럼, 물건처럼 인격도 없는 생활을 강요받아 온 여성들. 그러나 패전이 이런 인습을 깨부수고 여성을 진정한 인간으로 만든 것은 불행 중 다행이었습니다.
>
> 이제 여성은 참정권을 얻고, 부모 허락 없이 마음대로 결혼할 수 없는 굴레를 벗어던졌습니다. 재산에 대한 권리도 되찾았습니다. 여성이 처음으로 독립적인 인간이 된 것입니다. 신헌법이 실시된 날이 여성의 독립기념일이라고 할 수 있지 않겠습니까?

헌법에 제시된 높은 이념은 여성들을 움직여 법적으로 남녀평등 사회를 이루는 출발점이 되었다. 그러나 불평등한 제도와 낡은 사고방식은 뿌리 깊이 남아, 그 이후 가정과 직장 등 실제 사회생활에서 평등을 실현하는 것이 과제로 남았다. 예를 들면, 전후에도 성매매를 국가가 공인해, 신헌법에서 제시한 인권과 평등과는 동떨어진 환경에 놓인 '매춘부'가 50만 명이었다. 이들은 몸값에 속박되어 노예 같은 생활을 강요받는다. 여성 의원들은 이 문제에 초당적으로 대처해 1956년에 매춘방지법을 제정했다. 이 법률에 따라, 여성들의 경제적 곤란을 이용한 성매매 업자의 행위를 형법으로 처벌할 수 있게 되었다.

신헌법 제정의 그늘에 놓인 과제

신헌법의 혜택이 일본에 사는 모든 사람에게 주어진 것은 아니었다. 종전 당시 일본에 있던 200만 명이 넘는 한국인들이 일제히 귀국하기 시작했지만, 그중 60만 명 이상이 일본에 남았다. 귀국할 때 가져갈 수 있는 재산이 제한되었고 한반도의 불안한 정세와 귀국 뒤 불확실한 생활 탓에 많은 수가 일본에 머무르게 된 것이다. 일본 정부는 그때까지 일방적으로 일본 국민이던 옛 식민지 사람들이 어떤 어려움을 겪는지에 전혀 관심이 없었고, 다시 일방적으로 국적을 박탈하는 정책을 추진했다.

일본 정부는 패전 직후에 일본에 살고 있는 타이완인과 한국인을 '일본인으로 간주해' 일본의 법령을 따르도록 했다. 하지만 1945년 12월에는 일본 국적을 그대로 갖고 있던 남성의 참정권을 정지시켰다. 재일 한국인이 선거에 참가하면 천황제의 폐지를 주장하는 의원이 다수 등장할지도 모른다는 위기감에 따른 조치였다. 일본 정부는 헌법이 시행되기 하루 전인 1947년 5월 2일, 천황의 최후 칙령으로 외국인 등록령을 발표하며 재일 한국인을 '당분간 외국인으로 간주한다'고 해 외국인 등록을 의무화했다. 일본국 헌법이 보장하는 권리 바깥에 재일 한국인이 놓이게 된 것이다. 그리고 1952년 4월 샌프란시스코강화조약이 발효되자 재일 한국인은 일본 국적을 공식적으로 빼앗겼다. 그 직전에 제정한 군인·군속 원호법의 대상에서도 재일 한국인은 제외되었다.

재일 한국인은 일찍이 군수산업에서 일하던 사람들이 많아서, 전후에는 새로운 직업을 얻기가 어려웠다. 이들은 극심한 취업 차별 속에 직장을 구하지 못한 채 어려운 생활을 강요받았다. 그래서 많은 재일 한국인이 단속될 것을 뻔히 알면서도 암시장에서 장사를 하거나 막걸리를 제조했다.

1941년에 태어난 재일 한국인 2세 박옥산 씨 가족의 역사는 많은 재일 한국인들의 역사를 말해 준다. 전쟁 뒤 그녀의 아버지가 병으로 쓰러지고, 어머니는 일곱 자녀와 피눈물을 흘리며 고생했다. 멀리 떨어진 농가에 물건을 사러 가고, 노동자 50명의 식사를 준비하고, 다른 집의 세탁과 삯바느질을 하고, 돼지를 사육해서 생활을 유지했다. 막걸리를 제조하던 어머니가 체포된 것은 초등학생이던 그녀에게 잊을 수 없는 기억으로 남았다.

전후 재일 한국인은 한국어를 가르치는 민족학교를 전국 각지에 세웠다. 한국에서 여성에 대한 교육은 가사와 길쌈, 재봉 등 신부 수업을 위한 것들 중심이었다. 재일 한국인 1세 여성 중에는 학교 교육을 받을 기회가 없던 사람도 많았다. 이런 경험 때문이었을까, 전후 여성들은 아이들의 교육을 무엇보다 우선시하고 노력했다. 민족학교를 지키기 위해 적극적으로 활동한 여성들도 있었다.

한편 재일 한국인 남성 중

재일 한국인 가족

1950년대 이와테 현의 한 재일 한국인 가족이다. 도쿄의 '재일한인역사자료관'에서는 가족 사진을 많이 모아 편집하고 있다.

에는 일본 사회의 차별에 맞서 싸우기 위해 민족 단체와 향우회의 활동에 몰두한 나머지 너무 바빠서 가정을 돌보지 않은 사람도 있다. 옛날 조선에서는 남자를 우선시하는 유교적인 사고방식이 강했다. 그 영향으로 남성은 가사에 신경 쓰지 않는 것이 미덕이라는 생각이 있어서 여성이 생활 일체를 도맡아야 하는 가정도 있었다. 민족 차별에 더해 여성으로 태어난 어려움까지 떠안으며 여성들은 가족과 생활을 꾸려 나갔다.

긴 여정의 끝에 일본 여성은 참정권을 획득했다. 일본국 헌법은 여성들에게 희망을 가져다주었다. 그러나 그 반대편 그늘에서는 재일 한국인 여성의 평등권, 생존권의 과제가 무겁게 남아 있다.

반핵 평화를 추구하는
일본 시민운동

일본은 인류 역사상 처음으로 핵 공격을 당했다. 피폭한 사람의 삶은 그 후 오랫동안 차별과 생명의 위기라는 고난의 연속이었다. 제2차 세계대전 후 미소 간 냉전이 핵무기 개발 경쟁을 일으켰지만, 핵 군축과 폐기를 향한 움직임이 조금씩 진행되고 있다. 반핵 평화 인식은 어떻게 세계로 확산되었을지 함께 생각해 보자.

핵무기 절대 금지를 요구하는 운동의 시작

도쿄 도 스기나미 구에 '오로라의 비'라는 비석이 있다. 이 비에는 이곳이 '세계적인 원수폭 금지 운동의 발상지'라고 불리는 이유가 쓰여 있다. 원수 폭은 원자폭탄과 수소폭탄, 즉 핵폭탄을 가리킨다. 이 비에 따르면 1954년 3월 비키니 섬 수폭 실험이 계기가 되어 스기나미 구 의회에서 수폭 금지 결의가 의결되었고, 이와 동시에 이곳을 근거지로 삼아 구민들이 원수폭 금지 운동을 광범하게 전개했다는 것이다.

제2차 세계대전 직후 미소의 대립이 심화되었고, 이것은 핵 개발 경쟁으로 나타났다. 미국은 1946년 7월부터 주로 마셜 제도 주변에서 핵실험을 시작했다.

핵 개발 경쟁이 격화되면서 과학자, 시민 단체, 노동조합 등을 중심으로

원수폭 금지 운동의 발상지에 세워진 오로라의 비

다양한 반핵 평화운동이 시작되었다. 1949년 4월 파리에서 열린 세계 평화 옹호자 대회는 인류를 대량으로 죽이는 핵무기와 그 밖의 전쟁 수단을 금지하는 것에 찬성한다고 선언했다. 1950년 3월에는 스웨덴의 스톡홀름에서 세계 평화 옹호자 대회가 열려 "인류에 대한 위협이자 대량 살상 병기인 핵무기의 절대 금지를 촉구한다. 어떤 나라라도 앞으로 먼저 핵무기를 사용하는 것은 인류에 대한 범죄 행위이며 그 정부는 전쟁 범죄인으로서 취급하겠다." 등 네 항목을 넣은 핵무기 금지에 관한 서명운동을 결정하고 전세계에 호소했다.

당시 트루먼 미국 대통령이 6·25전쟁이 일어났을 때 원폭 사용을 넌지시 암시한 것 때문에 이 호소는 미국에 대한 강한 비난이 되었다. 미군 점령하에 있던 일본에서는 서명 활동이 공산당이나 재일 한국인과 일부 노동자와 학생을 중심으로 시작되었다. 그러나 나중에는 당파를 초월한 범국민적 운동으로 전개되었으며, 서명자가 650만 명을 넘었다. 세계적으로는 약 5억 명이 서명했다. 그래서 1950년 6월에 시작된 6·25전쟁에서 미군이 원폭 사용 계획을 단념하게 됐다.

방사선 장애의 두려움

1953년 8월에 소련이 처음으로 수폭 실험을 하자 미국도 1954년 3월에 수폭 실험을 했다. 그런데 1954년 3월 1일부터 5월 14일까지 미국이 마셜 제도의 비키니 섬에서 한 수폭 실험으로 발생한 방사성 낙진이, 예상을 넘어 비키니 섬과 주변 섬들뿐만 아니라 위험 수역에서 멀리 떨어져 있던 800척 이상의 어선에도 떨어졌다. 일본의 참치잡이 어선 '제5후쿠류마루'의 승무원 23명과 롱게랍 섬과 그 주변 섬들에 있던 157명도 바람의 영향으로 피폭했다. 당시 제5후쿠류마루는 롱게랍 섬에서 북서쪽 30킬로미터, 비키니 섬 동쪽 130킬로미터 되는 곳에서 작업하고 있었다. 그 지점은 미국 정부가 지정한 위험 수역에서 30킬로미터나 떨어진 곳이었다.

바로 시즈오카 현 야이츠에 귀항한 제5후쿠류마루의 선원 다수는 심한 설사와 화상으로 고생했고, 무선장(無線長)인 구보야마 아이키치는 1954년 9월에 사망했다. 이런 사실이 보도되면서 방사선 장애의 실태가 알려지게 되었다. 원폭 투하 후 9년이 지난 당시까지 많은 일본인은 히로시마와 나가사키에서 열선과 폭풍에 따른 피해는 알아도 방사선 장애의 고통은 알지 못했다. 원폭 피해 정보는 점령 정책에 방해가 된다는 이유로 미군이 검열했기 때문에 보도될 수 없었다.

미국 정부는 실험에 성공했으며 앞으로도 실험을 계속한다는 성명을 발표했다. 미일안전보장조약을 유지하려고 하는 일본 정부는 실험이 나쁘다고 보는 인상을 주거나 실험을 중지하려고 하는 태도를 취하지 않는다는

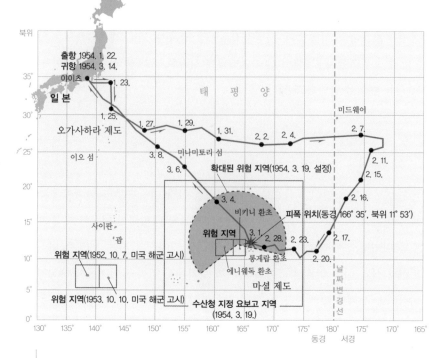

북위

출항 1954. 1. 22.
귀항 1954. 3. 14.
아이츠
일본

태 평 양

미드웨이

1. 23.
1. 25.
1. 27.
1. 29.
1. 31.
2. 2.
2. 4.
2. 7.

오가사하라 제도
이오 섬
미나미토리 섬
3. 8.
3. 6.
확대된 위험 지역(1954. 3. 19. 설정)

2. 11.
2. 15.
2. 16.

3. 4.
비키니 환초
피폭 위치(동경 166° 35′, 북위 11° 53′)

사이판
괌
위험 지역(1952. 10. 7. 미국 해군 고시)

위험 지역
3. 1.
2. 28.
2. 23.
2. 17.
2. 20.

위험 지역(1953. 10. 10. 미국 해군 고시)
롱게랍 환초
에니웨독 환초
마셜 제도
수산청 지정 요보고 지역
(1954. 3. 19.)

날짜변경선

동경 서경

제5후쿠류마루 호의 항해와 피폭 위치
이 사건을 배경으로 제작된 영화 〈고질라〉는 당시 일본 국민의 큰 관심을 받고 흥행에 성공했다.

방침을 세웠다.

그러나 일본의 과학자들은 언론을 통해서 위기감을 호소했고, 언론도 선원의 병세를 계속 자세하게 보도했다. 당시 신문은 '이미 팔린 방사능 오염 참치, 먹으면 피폭병'이라고 보도했다. 참치나 고래는 일본인의 귀중한 단백질원이라서, 어류의 방사능 오염은 사람들의 사활이 걸린 문제였다. 생선을 다루는 상인들은 방사능 오염을 의심받으며 문을 닫아야 하는 상황에 놓였다. 더 나아가 방사능에 오염된 비가 내려 '우유도 위험하다', '채소도 위험하다', '비를 맞으면 머리카락이 빠진다'는 등 여러 말이 나돌아 국민의 생활이 공황 상태에 빠졌다.

확산되는 여성들의 서명운동

한 주부가 보낸 투서가 계기가 되어 신문 지상에서 '안전하게 살고 싶다'고 호소하는 여성들의 의견 교환이 확산되었다. 그리고 이것은 여성들이 원수폭 반대 서명운동을 시작하게 하는 계기가 되었다. 뚜렷한 계획 없이 시작했기 때문에 처음에는 서명 용지의 형식도 제각각이었고, 누가 앞장서서 서명하지도 않았다. "서명하는 것이 무슨 의미가 있어요?" 하고 물으면, "입 다물고 있는 것보다는 훨씬 낫습니다. 침묵은 찬성을 뜻하니까요."라고 대답하는 여성도 있었다.

1930년 전후부터 소비생활 운동이 활발해진 스기나미 지역에서는 제5후쿠류마루 사건 직후인 1954년 4월 15일에 스기나미 구 공민관, 즉 주민 자치센터에서 강연회가 열렸다. 생선 장수의 부인인 스가하라 도미코 씨가 "고기가 전혀 팔리지 않아 힘듭니다. 비키니 수폭 문제를 다뤄 주세요. 이대로는 생선 가게가 망할 수밖에 없습니다." 하고 호소하며 생선 가게들이 진행한 원수폭 금지를 호소하는 서명을 소개했다. 이때 강사로 참여한 야스이가 '이것은 전 인류의 문제'라고 호응해 서명운동이 일시에 확산되었다. 4월 17일에는 구 의회에서 만장일치로 수폭 금지를 결의했다.

5월에는 공민관을 거점으로 주부들이 원수폭 실험 금지를 요구하는 서명 활동에 앞장섰다. 교직원 조합, 초등학교 학부모회 등 스물여섯 단체가 참가하는 수폭 금지 서명운동 스기나미협의회가 결성되었다. 이들은 "전 일본 국민의 서명운동으로 수폭 금지를 전 세계에 호소합시다. 이 서명운동은 특정 당파 운동이 아니라 모든 사람을 연결하는 범국민운동입니다."라는 스기나미 선언으로 호소했다. 야스이는 부인 단체 협의회 등 42개 단체를 조직해서 원수폭 서명운동을 전개했다. 여성들은 담당 구역을 정한 뒤 서명지를 갖고 한 집 한 집 서명을 받으러 다녔다. 그중에는 혼자 수천

水爆禁止のための
署 名 簿

人類の生命と幸福を守りましょう
世界各国の政府と国民に訴えましょう
水爆禁止のために全国民が署名しましょう

水爆禁止署名運動杉並協議會

원수폭 금지를 요구하는 운동의 서명부 표지

명의 서명을 받은 사람도 있다. 서명부의 표지에는 '스기나미 선언'의 끝에도 있는 세 가지 구호가 쓰여 있었다. "수폭 금지를 위해 전 국민이 서명합시다. 세계 각국의 정부와 국민 들에게 호소합니다. 인류의 생명과 행복을 지킵시다."

당시 평화운동은 '공산당이 하는 선동'이라는 공격을 받기도 했다. 그래서 운동 관계자는 반미 색채를 드러내지 않고, 재군비나 군사기지에 찬성하는 사람과도 연대하는, 원자력과 인류의 대결이라는 순수한 운동으로 하자는 방침을 정했다. 이들이 서명 활동을 여성 중심의 호별 방문으로 진행한 것도 당시 많은 사람들이 가두서명을 하는 평화운동을 부정적으로 보았기 때문이다. 스기나미 선언은 히로시마·나가사키·비키니 사건을 같이 취급해, 히로시마·나가사키 원폭 투하의 발단이 된 일본의 침략 전쟁에 대한 가해성 논의나 사죄의 내용이 없었다. 지금 보면 큰 문제점이다. 하지만 '이제 전쟁은 싫다'는 국민적 공감대를 이끌어 낸 것, 조직이 위에서 아래로 지시해 시작한 운동이 아니라 일반 서민 중에서도 특히 여성들이 중심이 되어 시작한 큰 운동이었다는 점에서 특기할 만한 가치가 있다.

1954년 5월 13일부터 시작한 서명운동의 참여자는 6월 24일에 26만 5124명이 되었다. 이것은 당시 스기나미 구 인구인 약 39만의 70퍼센트 가까이 되는 놀랄 만한 숫자다. 이 운동은 전국으로 확산되었다.

세계로 확산되는 원수폭 금지의 염원

1954년 8월, 원수폭금지서명운동전국협의회가 결성되었다. 1955년 1월, 평화 활동을 조직한 세계 지식인들이 모인 오스트리아 빈의 회의에서 야스이가 세계 각국에서 원수폭 금지 서명 활동을 해 달라고 호소했다. 그런데도 미국은 2월에서 5월까지 15회나 핵실험을 했다.

1955년 8월 6일 히로시마에서는 제1회 원수폭금지세계대회가 열렸다. 야스이는 이 자리에서 서명 인원이 3158만 3123명이라고 보고했다. 이것은 당시 일본 성인 인구의 절반을 넘는 것이었다. 또 세계 각국에서 6억 이상의 서명이 모였다는 것도 보고되었다. 세계 각지에서 '히로시마의 날'이라는 이름으로 원수폭 금지를 호소하는 집회가 열렸다. 그 후 원수폭금지서명운동전국협의회는 원수폭금지일본협의회로 발전했으며, 해마다 8월에 세계 대회가 열리게 되었다.

1953년 4월에 일본부인단체연합회를 결성한 히라쓰카 라이초는 12월에 국제민주여성연맹에서도 활동했다. 그녀는 20세기 초 여성의 사회적 지위 향상을 위해 운동한 선구자다. 1931년부터 일본이 침략 전쟁을 할 때는 전쟁에 반대하지 않고 침묵을 지켰지만 전후에는 평화 추진 운동을 했다. 그리고 그녀가 국제민주여성연맹에 원수폭 금지를 바라는 일본 여성들의 호소를 보낸 것은 세계 어머니 대회의 계기가 되었다. 1955년 6월에 이케부쿠로에서는 전국에서 2000명의 어머니들이 모여 일본 어머니 대회가 열렸다. "생명을 낳는 어머니는 생명을 키우고 생명을 지키기를 희망합니다."라는 구호를 내걸었다. 제5후쿠류마루 사고로 사망한 구보야마 아이키치의 아내 구보야마 수즈도 참가해서 원수폭 금지를 호소했고, 참가자들은 공감의 눈물을 흘렸다. 7월에는 스위스 로잔에서 세계 최초로 세계 어머니 대회가 열렸고, 일본의 어머들 16명을 포함해 68개국에서 1060명의 어머니가 참가했다.

1949년, 일본에서 처음으로 노벨 물리학상을 수상한 유가와 히데키는 제5후쿠류마루 사건 후 "원자력의 위협에서 인류를 지키지 않으면 안 된다. 이것은 과학자의 책무다." 하고 신문 지상에 호소했다. 1955년에는 영국의 버트런드 러셀이 아인슈타인과 공동으로 "우리 인류는 멸망을 초래할 것인가, 아니면 전쟁을 포기할 것인가?" 하면서 과학자 열한 명이 핵무기 철폐와 세계 평화 실현을 선언했다. 이 선언에 서명한 유가와를 비롯한 사람들은 평화호소7인위원회를 만들어 세계를 향해 핵무기가 전 인류의 존재를 위협한다고 호소했다.

이 선언을 토대로 1957년에는 캐나다의 퍼그와 시에서 제1회 과학자의 회가 열렸다. 1962년 5월에는 자연과학자와 사회과학자가 공동으로 핵무기 철폐를 고민하자는 제1회 과학자 교토 회의도 열렸다. 여기에서는 항구 평화를 지향하고 전쟁의 포기와 군비의 폐지를 원칙으로 하는 일본국 헌법 정신이 인류 평화를 창조한다고 확인했다. 전쟁을 없애려면 결국 세계가 하나가 되어야 한다는 것도 시사되었다.

핵전쟁의 문턱까지 간 1962년 쿠바 위기를 겪고 나서 1963년에는 이런 반핵 운동의 역사를 배경으로 미국, 소련, 영국의 부분적인 핵실험 금지 조약이 발효되었다.

미일안전보장조약에 반대하는 운동

제2차 세계대전이 끝난 후 일본에서는 기지 반대 운동, 미일안전보장조약(안보조약) 반대 운동, 공해 방지 같은 환경 보호 운동, 소비자 운동, 약물 피해 근절 운동 등 생명과 생활을 지지하는 시민운동이 전개되었다. 그중에서도 1959~1960년의 안보조약 반대 운동은 일본 역사상 전례 없는 규모의 평화운동이었다.

일본에는 지금도 오키나와를 중심으로 많은 미군 기지가 있는데, 이것은 안보조약이 체결되었기 때문이다. 1951년 9월 8일, 연합국 49개국과 일본 간에 샌프란시스코강화조약이 체결되었다. 안보조약은 당시 주석 전권위원인 요시다 시게루 수상이 단독으로 체결한 것이었다. 1958년경부터는 개정 교섭이 진행되어, 1960년 6월에 미일신안보조약을 조인하기로 결정했다. 이것을 둘러싸고, 국회 심의와 동시에 진행된 것이

일본 국회의사당을 둘러싼 시민들의 안보조약 반대 투쟁

안보 투쟁이다. 미일신안보조약은 10년마다 자동 연장하기로 규정되어 있기 때문에, 안보 투쟁은 1968년경 다시 일어났다. 그러나 그때는 고도 경제성장기라서 경제성장과 관련되지 않은 문제는 관심을 못 끌어 국민적인 운동으로 확산되지 않았다. 많은 국민이 미·일 안보 체제가 자신들의 안정된 생활을 지켜 줄 것이라고 생각하고 있었기 때문이다.

핵무기·원자력 발전과 우리의 과제

일본에서는 2011년 3월 11일에 일어난 동일본 대지진의 영향으로 원자력 발전소 사고가 일어났다. 일본 정부와 도쿄전력은 원전 사고의 진상 규명

후쿠시마 원전 사고

과 정보 공개에 소극적이었고, 사고에 대한 대응도 늦었다.

대기 중에 방출된 방사성 물질은 바람과 비의 영향을 받아 토양, 하천, 지하수를 오염했다. 토양 오염은 농작물의 오염을 초래했다. 음식을 통해 방사성 물질이 체내로 들어가 일어나는 내부 피폭에 따른 건강 장해에 대한 대책은 향후 수십 년에 걸쳐 다루어질 필요가 있다. 10만 명이 넘는 원전 인근 지역 주민들은 고향을 떠나 다른 지역에서 피난 생활을 강요당하고 있지만, 고향에 가서 다시 원래 생활을 하기는 사실상 어렵다. 원전에서 멀리 떨어진 지역에서도 높은 방사선량이 검출되는 경우가 있다.

해양 오염도 심각하다. 원자력 발전소 내 노심을 냉각하기 위한 물이 원전 시설의 폭발에 따라 저장되지 못하고 오염된 채로 바다에 많이 흘러나 갔다. 일본 근해의 어패류가 오염되었을 뿐만 아니라 해류에 따른 오염의 확산도 우려된다.

핵무기뿐만 아니라 원전도 인류에 위협적인 것은 분명하다. 1953년 말, 핵 기술을 독점할 수 없게 된 미국은 유엔을 통해 의료 및 발전 등 '원자력의 평화적 이용'을 앞장서서 이끌겠다는 뜻을 표명했다. 일본 정부, 대기업, 주요 언론도 동조했다. 그 결과, 지진이 자주 일어나는 일본 열도에 지금까지 원전 54기가 만들어졌다. 일본 정부와 전력 업계는 '안전 신화'를 선전하고, 원전을 사회가 받아들이게 했다. 이런 선전에 들어간 비용은 전기 요금에 가산되거나 세금에서 지출되기도 했다.

한편 원전은 전력이 필요한 도시에 만들어지는 것이 아니라 한적한 곳에 만들어진다. 원전 사고가 난 후쿠시마 현 오쿠마 마을에서 1964년에 도쿄전력 직원은 주민을 이렇게 설득했다.

여러분은 원폭이 어떤 것인지 알고 있습니까? 저는 원폭을 투하한 B29와 그 후에 하늘에 피어오른 버섯구름을 보았습니다. 내 형도 원폭으로 죽어 여러분보다 더욱 그 무서움을 몸으로 겪고 알고 있습니다. 따라서 여러분보다 더 진지하게 원자력 발전에 대해 공부했습니다. 원자력 발전은 핵반응을 조용하고 부드럽게 진행시킵니다. 만일 그 반응이 예상보다 빨리 진행되면 이중, 삼중으로 방어합니다. 이렇게 충분히 안전 대책을 실시하고 있기 때문에 저는 안전하다고 믿습니다. 조금이라도 불안한 것이 있으면 그것이 회사 정책이라고 해도 육친을 잃은 저는 따르지 않을 것입니다. 근무할 곳이 도쿄전력밖에 없는 것은 아니기 때문에 저는 도쿄전력을 그만두겠습니다.

실제로 끊임없이 사고가 일어나는 지금, 이 사원을 비롯해 원자력 발전을 추진한 사람들은 어떻게 책임지고 있을까? 진상 규명과 방사능 오염의 수습 전망도 불명확한 상태에서 일본 정부는 전력 산업과 일부 산업계의 요청을 받아 일부 원전을 재가동했다. 하지만 지금 일본의 시민 의식은 크게 변화해서 탈원전의 움직임이 확산되고 있다. 어떤 선택을 해야 하는가, 어떤 행동을 해 나갈 것인가를 우리 한 사람 한 사람에게 묻고 있다.

1970년대 한반도의
남과 북

1969년 베트남전쟁이 수렁에 빠진 가운데 미국 대통령 닉슨은 새로운 외교 정책을 발표했다. 이에 따라 미국은 베트남에서 군대를 철수하고 중국과 외교 관계를 맺었다. 한반도에서도 1972년 7월 4일, 남북한 정부가 통일 원칙에 합의했다고 발표했다. 끊임없이 대립하고 갈등하던 남북한 정부가 갑작스럽게 7·4남북공동성명을 발표한 까닭은 무엇일까? 그 내용은 왜 실현되지 못했을까?

궁지에 몰리는 두 정부

1961년 군사 쿠데타를 통해 권력을 잡은 박정희는 1969년에 대통령을 세 번 할 수 있도록 헌법을 고치려고 했다. 시민과 야당만이 아니라 집권 여당에서도 적지 않은 사람들이 반대했지만, 박정희는 갖가지 수단을 동원해 강행 처리하고 세 번째로 대통령이 되었다. 하지만 장기 집권과 독재에 대한 우려로 야당 후보인 김대중과 표 차가 4년 전에 비해 크게 줄어들었다. 박정희의 고향이 있는 경상도를 뺀 나머지 지역에서는 김대중이 얻은 표가 더 많았다. 성장하고 있던 경제도 위기를 맞았다. 국내 자본이 부족해서 박정희 정부는 경제개발에 필요한 막대한 자본을 외국에서 빌렸다.

북한도 사정이 비슷했다. 북한은 6·25전쟁 뒤 소련 및 중국과 긴밀한 협조 관계를 맺고 경제를 발전시켰다. 그런데 소련이 동서 화해를 추진하면서 관계가 틀어졌다. 북한이 '제국주의' 미국과 타협한다며 소련을 비판했기 때문이다. 믿고 있던 중국마저 미국과 교류를 추진하고 일본과 국교를 맺자 북한은 더욱 곤란한 처지가 되었다. 게다가 소련에서 시작된 스탈린 개인숭배 비판 운동의 영향을 받아 북한에서도 김일성 1인 지배 체제에 도전하는 움직임이 일어났다. 또 중국, 소련과 관계가 악화되어 지원이 줄어들자 경제성장의 속도가 더뎌졌다. 그런데도 중공업에 치우친 경제정책을 취해 생필품이 부족해졌다. 인민의 생활은 갈수록 어려워졌다. 농업기술이 발전하지 못한 상태에서 진행한 농업 협동화도 경제 발전을 가로막고 있었다.

궁지에 몰린 남과 북 두 정부는 이런 위기를 돌파할 계기가 필요했다. 냉전 완화라는 거대한 물결 속에 국내외에서 정권에 대한 기대와 신뢰를 되찾을 방법은 무엇이었을까? 그것이 바로 7·4남북공동성명이었다.

7·4남북공동성명

6·25전쟁은 남과 북 모두에게 상대방에 대한 적개심과 경계심을 한층 높였다. 남북한 정부는 상대방 정권을 미국과 소련의 꼭두각시 정권, 괴뢰라고 부르면서 타도해야 할 대상으로 여겼다. 무력으로 상대방을 제압해 통일을 이루자는 것이 아니라 대화와 교류를 말했다가는 반역으로 몰릴 각오를 해야 했다.

그렇게 서로 적대시하며 전쟁 위기감을 부추기던 남북한 정부가 갑자기 1972년 7월 4일, 통일 원칙에 합의했다고 발표했다. 서울과 평양에서 동시에 발표한 공동성명은 이렇다. 첫째, 통일은 외세에 대한 의존이나 외세의 간섭 없이 자주적으로 해결해야 한다. 둘째, 통일은 서로 상대방을 반대하는 무력행사가 아닌 평화적 방법으로 실현해야 한다. 셋째, 사상과 이념·제도의 차이를 초월해 우선 한 민족으로서 대단결을 도모해야 한다.

박정희와 박성철
남한 대통령인 박정희(오른쪽)와 북한 제2부수상인 박성철이 악수하는 이 장면은 많은 사람들에게 충격을 주면서 통일에 대한 기대감도 갖게 했다.

남북공동성명에는 상대방에 대한 중상 비방 금지와 무장 도발 금지, 민족적 연계와 자주적 평화 통일을 촉진하기 위한 다방면에 걸친 교류 실시, 남북 적십자 회담 실시를 위한 적극 협조, 서울과 평양 사이의 상설 직통 전화 설치 등 중요한 합의 사항도 포함되었다. 또 합의 사항을 추진하고 남북 간 다양한 문제를 해결해 나가기 위해 남북조절위원회를 구성하기로 했다.

남북공동성명이 발표되자 남한에서는 많은 사람들이 통일에 대한 기대를 나타냈다. 고향에 갈 수 있을 것이라는 기대로 밤새 음식점에서 사람들이 이야기꽃을 피우기도 했다. 재일 한국인들도 민단과 조총련이 모두 평화 통일에 대한 기대로 기뻐하며 놀라움을 나타냈다.

하지만 모두를 깜짝 놀라게 한 이 합의는 사실 갑작스러운 것이 아니었다. 이 무렵 미국 닉슨 대통령은 베트남에서 철군하기로 결정했다. 곧이어 아시아에서 미국의 구실을 줄여 나가겠다는 '닉슨 독트린'을 발표했다. 중국도 변화하기 시작했다. 죽(竹)의 장막이라 불리며 서방 국가들과 교류가 없던 중국이 세계탁구선수권대회에 미국 선수단을 초대했다. 닉슨 대통령을 초청한다고도 발표했다. 당시 미국의 『워싱턴포스트』는 닉슨 대통령이 달나라에 가겠다는 발표보다 더 충격적인 소식이라고 논평했다.

남과 북도 이런 흐름을 무시할 수 없었다. 북한은 먼저 남북 정치 협상회의 소집을 제안하고, 남한의 모든 정당과 사회단체 및 개별 인사들과 아무 때나 접촉할 수 있다고 했다. 남한도 적십자사가 이산가족 재회를 위한 남북 적십자 회담을 제안했다. 북한이 이를 받아들이면서 적십자 회담이 시작되고, '7·4남북공동성명'을 발표하기에 이른 것이다.

남북공동성명이 발표되자 박정희 정권에 대한 불만과 경제에 대한 위기감 표출이 잠시 주춤했다. 북한도 남북공동성명에서 자신들이 줄곧 주장한 통일 방안이 받아들여졌다는 사실을 성과로 내세우면서 정권을 공고하게 할 수 있었다.

이렇게 남북공동성명은 정치적 목적에서 나왔다고 할 수 있다. 그렇다고 해도 남북공동성명은 역사적 의미가 크다. 무엇보다도 중요한 것은 남북한 정부가 평화 통일 원칙에 합의하고, 이 원칙을 지금까지 남북한 정부가 인정하고 있다는 점이다.

유신 체제와 유일 체제의 등장

그러나 남북공동성명이 준 기쁨은 오래가지 않았다. 그것을 발표하고 3개월 뒤인 10월 17일에 박정희 대통령은 유신을 선포했고, 같은 날 오후 7시에는 전국에 비상계엄이 선포되었다. 국회를 강제 해산하고 정치 활동도 금지했다. 헌법 기능은 정지되었고 언론은 사전 검열을 받았으며 대학에는 휴교령이 내려졌다. 새로 제정된 헌법은 국민투표로 통과되었다. 새 헌법에서는 대통령을 통일주체국민회의에서 간접선거로 선출하도록 했다. 대통령의 중임 제한도 없어졌다. 첫 통일주체국민회의 선거에서 박정희는 혼자 입후보했고 99.9퍼센트 찬성으로 대통령이 되었다. 실수로 기표한 두 표가 없었다면 100퍼센트 찬성이라는 기록을 세웠을 것이다. 임기는 6년이었지만 횟수 제한이 없어지면서 박정희 대통령은 종신토록 대통령을 할 수 있게 되었다.

대통령은 행정부만이 아니라 입법부와 사법부도 장악했다. 국회의원 3분의 1을 추천하고 대법원장을 임명할 권한을 가졌기 때문이다. 게다가 대통령은 국정 전반에 걸쳐 긴급조치를 내려 국민의 기본권을 제약할 수 있었다. 모든 권력이 대통령에게 집중된 것이다. 7·4남북공동성명이 가져온 평화 통일에 대한 기대와 희망이 순식간에 얼어붙었다.

북한도, 유신헌법을 선포한 지 2개월 만에 사회주의 헌법을 제정해 김일성 우상화 작업을 완성했다. 북한에서는 주체사상을 강조한다. 주체사상이란, 한마디로 소련이나 중국과 달리 북한에는 북한의 현실에 맞는 사회주의 투쟁이 있고 그 중심에는 수령으로서 김일성이 존재한다는 것이다. 이렇게 1950~1960년대를 거쳐 형성된 주체사상을 법적으로 정리한 것이 북한의 사회주의 헌법이다. 김일성은 이 법에서 주석으로 추대됨으로써 위상이 더욱 강화되었다.

권력 기반을 강화한 남북 정부는 7·4남북공동성명에서 합의한 대로 남북조절위원회를 만들고 활동을 시작했다. 하지만 경제와 사회 분야부터 교류하자는 남한과 정치적·군사적 문제 해결이 우선이라는 북한의 주장이 팽

팽히 맞서다가 세 차례 회의가 별다른 성과 없이 막을 내리고 말았다. 곧바로 1973년 6월 23일에 박정희 대통령이 남북한의 유엔 동시 가입을 제안했다. 유엔에 남과 북이 동시에 가입하는 것은 두 정부를 국제적으로 인정받는 것을 의미한다. 분단을 확정하고 통일을 미루는 것이기도 했다. 통일이라는 명분마저 버리고 서로 상대의 위협을 강조하면서 체제를 지키는 데 힘을 쏟기 시작한 것이다. 남북 두 정권이 적대적 의존 관계를 형성했다고 할 수도 있다.

긴급조치, 장발 단속, 금지 가요

유신헌법은 각계각층의 반발과 저항으로 이어졌다. '유신헌법 반대 100만 인 서명운동'이 큰 호응을 얻고 사법계, 언론계, 문학계, 노동계에서도 반대 운동이 일어났다. 박정희 정권은 긴급조치를 연거푸 내려 저항을 완전히 틀어막으려고 했다. 특히 긴급조치 9호는, 단순히 헌법에 대해 논의하는 것조차 금지해 버렸다.

정부는 헌법에 대한 논의뿐만 아니라 단순한 일상생활도 통제했다. 1974년 5월, 어떤 사람이 버스 옆자리에 앉은 여고생에게 '정부는 분식을 장려하면서 정부 고관은 육류를 즐긴다, 유신헌법 체제하에서는 민주주의가 발전할 수 없으니 이북과 합쳐서 나라가 없어져도 배불리 먹었으면 좋겠다'고 했다가 긴급조치와 반공법 위반 혐의로 기소되었다. 그는 2010년에야 무죄를 선고받았다. 이 사건 외에도 긴급조치 위반 혐의로 기소된 사건 589건 중 48퍼센트인 282건이 음주 대화나 수업 중 박정희·유신 체제를 비판한 것이었다.

1975년에 〈바보들의 행진〉이라는 영화가 흥행에 크게 성공했다. 이 영화는 불투명한 미래를 걱정하는 대학생들의 사랑과 방황을 그리고 있다.

긴급조치 9호에 대한 기사

가장 큰 제목이 '헌법 비방·개폐 선전 금지'다. 헌법에 대한 찬성이나 반대를 비롯한 모든 논의를 금지하겠다는 뜻이다. 유신헌법을 비방하거나 헌법에 대해 논의하는 경우 사형까지 할 수 있도록 했다.

영화에 가수 송창식이 부른 〈왜 불러〉라는 노래가 흐르면서 두 남자 주인공이 장발 단속을 피해 도망치는 장면이 나온다. 유신 시대에는 남자가 머리를 길게 기르면 처벌받았다. 여자들은 치마의 길이가 짧으면 경범죄 위반으로 처벌받았다. 〈왜 불러〉는 공무를 방해했다는 이유로 금지곡이 되었다.

반면, 북한에는 금지곡과 금서(禁書)가 없다. 문학과 예술이 '주체 문예 이론' 아래 통제되었기 때문이다. 김정일이 주도한 이 이론은, 모든 문예 활동을 당 정책 홍보와 인민 교육이라는 목적 달성의 수단으로 여긴다. 따라서 개인의 창작 활동이 제한되고 대개 집단 창작을 한다. 문학과 미술을 포함한 모든 문화 예술 작품이 국가의 검열과 통제 아래 놓여 있었다.

유신의 종말

남한은 사회 곳곳에서 민주화 운동이 일어나 긴급조치 철폐와 박정희 정권의 퇴진 주장이 계속 이어졌고, 정권은 강력한 탄압으로 대응했다. 저항이 이어지자 박정희 정권은 민청학련(전국민주청년학생총연맹)·인혁당(인민혁명당) 사건을 조작했다. 인혁당 사건은 1974년 4월에 중앙정보부가 '북한의 지령을 받은 인혁당 재건위가 민청학련을 배후에서 조종해 학생 시위와 정부 전복을 기도했다'고 발표한 사건으로, 이듬해 4월 8일 대법원이 관련자 여덟 명에 대해 사형을 선고하고는 확정판결 뒤 약 스무 시간 만에 사형을 집행했다. 최근, 인혁당 사건 피해자 가족들이 당시 벌어진 간첩 조작으로 오랫동안 피해를 봤다며 국가를 상대로 낸 손해배상 청구 소송에서 승소했다. 이 사건은 사법부를 이용한 반정부 인사 탄압을 대표하며 '사법 살인'이라고 불렸다. 이미 2008년에 서울중앙지법은 재심 공판에서 이들의 무죄를 선고했다.

유신 체제 아래 수많은 저항 사건이 있었지만, 정권은 긴급조치 같은 방식을 통해 모든 반대 목소리를 원천 봉쇄했다. 하지만 이런 권위주의 정권은 결국 안에서부터 무너져 내렸다. 당시 정권은 민주화 인사들뿐만 아니라 노동계로부터도 심각한 저항을 받았다. 특히 YH무역의 여성 노동자들은 유신 체제 몰락의 도화선을 당긴 주역이다. 기업주의 부당한 폐업으로 직장을 잃을 위기에 놓이자 YH무역 여성 노동자들은 "여기서 나가라면 어디로 가란 말인가!" 하고 외치며 격렬하게 항의했다. 회사와 정부의 탄압을 피해 야당인 신민당사에서 농성에 들어간 이들을 경찰 1000여 명이 강제

신민당사에서 농성 중인 YH무역 여성 노동자들(위)과 그들을 강제로 해산하는 공권력(옆)

대표적인 가발 생산 업체였던 YH무역의 여직원들은 무책임한 부당 폐업에 항의하며 농성을 벌였다. 경제성장을 위해 저임금 노동 정책을 편 정부는 노동운동을 강하게 탄압했다.

해산했다. 경찰은 신민당 당원, 국회의원, 기자를 가리지 않고 폭력을 행사했다. 이 과정에서 스물두 살의 여성 노동자가 목숨을 잃기도 했다.

야당 대표 김영삼이 야당 당사를 짓밟은 폭거에 항의하자, 박정희 정권은 그의 국회의원직을 박탈해 버렸다. 그러자 김영삼의 정치적 고향이라 할 수 있는 부산에서부터 시위가 일어났다. 부산과 마산을 중심으로 유신 체제에 반대하는 시민들의 목소리가 터져 나온 것이다. 박정희 정권 시절 경제적으로 혜택을 많이 받은 경남 지역에서 이런 시위가 벌어진 것은 정권에 커다란 타격이 되었다. 게다가 미국 역시 박정희 정권에 대한 지지를 철회하려는 움직임을 보이자, 정권이 흔들리기 시작했다.

대통령 주변의 핵심 인물들은 반대 목소리를 더욱 강하게 탄압해 막아야 한다는 쪽과 더는 힘으로 누르기가 힘들다는 쪽으로 나뉘었다. 18년 간 이어 온 권력을 스스로 내려놓지는 못했다. 결국 1979년 10월 26일, 박정희가 측근에게 암살당하며 유신 체제는 종말을 맞이했다.

한편 북한에서는 김일성의 아들 김정일이 권력을 이어받았다. 노동당과 군을 장악한 김정일은 주체사상을 더욱 체계화하면서 '우리식 사회주의'를 내세웠다. '우리식 사회주의'란 바로 '조선의 혁명은 조선 땅에서 조선 사람이 한다'는 뜻이다. 이를 통해 김일성에서 김정일로 후계 체제를 유연하게 이은 북한은 김정일이 죽은 지금 김정은이 권력을 이어 나가고 있다.

고도성장으로
생활이 변하다

2003년 도쿄의 우에노 역에 노래비 하나가 세워졌다. 이 노래비에는 "고도성장기, 금달걀이라고 불리던 젊은
이들은 지방에서 취직 열차를 타고 우에노 역에 내렸다. 전후 일본 경제의 원동력이 된 것이 이 집단 취업자들
이라고 해도 과언이 아니다."라고 쓰여 있다. 고도성장이란 무엇일까? 그리고 고도성장으로 일본 서민의 생활
은 어떻게 변했을까?

'금달걀'이라고 불린 젊은이들

전후에 일본 농촌은 크게 변했다. 1947년 농지 개혁에 따라 그때까지 소작
농이던 농민들이 모두 자신의 경작지를 갖는 자작농이 되었다. 농업 생산
에 대한 의욕이 높아진 농민들은 전후의 식량난을 극복하기 위해 농업기술
을 개발하고, 생산량을 증대하려고 노력했다. 그 결과, 1955년부터 1960년
까지 5년 동안 농업 생산성은 1.6배 늘어나고 농가 세대의 수입도 도시 근
로자 세대의 수입에 육박할 정도가 되었다.

당시 농가 한 세대당 경지 면적은 평균 약 1헥타르로, 가족 모두가 일할
경우 그럭저럭 먹고살 수 있는 면적이었다. 부모가 늙거나 죽으면 그 집의
농지는 전부 장남이 상속하는 것이 관습이었다. 따라서 농가의 둘째, 셋째
아들은 어른이 되면 다른 농가의 일손을 돕거나 가까운 마을에서 농업 이

가요 〈아아 우에노 역〉의 비
'좌절하지 않는 인생이 어느 날 여기에서 시
작되었다'고 부르는 노래는 라디오에서 집단
취업 젊은이들을 위로했다고 한다.

외의 일을 찾지 않으면 안 되었다.

한편 대도시의 중소기업 공장과 상점
에서는 일손이 부족했다. 그래서 공장주
와 점주들은 직업 안내 기관인 직업안정
소를 통해 농촌에서 일손을 찾았다. 이런
상황에서 농가의 둘째, 셋째 아들과 딸
들은 대도시로 일자리를 구해 이동하게
되었다.

중학교 졸업 후 도호쿠 지방에서 상경
해 미용사가 된 어느 여성은 집단 취업을
통해 자리 잡은 자신의 모습을 이렇게 회
상했다.

내가 상경한 것은 1958년 3월 20일, 15세가 된 다음 날이었다. 중학교 담임교사
가 "취직을 해라. 너한테 어울릴 것 같다." 하면서 미용사의 길을 추천했다. 가족
은 반대했지만, 8남매의 막내인 나는 빨리 부모를 안심시켜 드리고 싶었다. 울면
서 기차에 올라 우에노 역에 도착했다.
미용실에서 입주 견습생으로 생활을 시작했다. 미용실 일과 샴푸로 손이 마를 날
이 없었다. 너무 힘들어서 울면 "나가서 울어!" 하고 혼내기도 했다. 같은 미용실
에 취직한 사람은 1개월 후 혼자서 귀향했다. 나는 그 가게에서 12년 동안 일하고
독립해, 일을 하면서 야간 고등학교를 졸업했다.

매년 3월 대도시에 취업이 결정된 중학교 졸업생들은 '집단 취업 전용
열차'를 타고 도호쿠 지방과 큐슈 지방에서 도쿄·오사카 등 대도시로 향했
다. 이 열차는 지역에서 상공회의소와 고용주들이 대절한 것으로, 각지의

역에 정차해서 중학교를 갓 졸업한 젊은이들을 태우고 대도시에 도착했다. 그들은 벅찬 희망을 품고 도시와 주변의 직장으로 흩어졌다. 그리고 중소기업의 공장 노동자와 중소 상점의 입주 사원, 부유한 가정의 입주 가정부로서 일을 시작했다. 그러나 도호쿠 지방에서 상경한 여성의 수기에 따르면, 부모의 슬하를 떠나 일하는 노동환경이 결코 호락호락하지 않았다.

이들은 싼 임금으로 고용주의 의도에 따라 순종하면서 일할 것이라고 여겨졌고, 오랫동안 이익을 내는 귀중한 것이라는 의미를 담아 '금달걀'이라고 불렸다. 이런 값싼 노동력을 농촌에서 대량으로 확보할 수 있었던 것이 일본 경제의 고도성장을 가능하게 한 조건 중 하나다.

한편 대도시와 지방 도시에서는 고등학교 진학이 보편적인 것이 되었다. 대기업은 복잡해지는 업무에 대응할 수 있는 인재로서 인문계 고등학교의 신규 졸업생을 요구했기 때문에, 인문계 고등학교 진학에 대한 희망이 대도시에서 지방과 농촌으로 확산되어 갔다.

그러나 1960년대 초에는 고교의 숫자가 적었고, 진학하고 싶어 하는 학생을 다 수용할 수 없었다. 따라서 고교를 증설하고 진학 희망 학생이 전원 입학할 수 있도록 하자는 시민운동이 시작되었다. 교토 부의 혁신 지사였던 니나가와 토라조우

금달걀

지역 특산물인 사과를 들고 인솔 교사와 함께 집단 취업 열차로 도쿄 우에노 역에 도착한 중학교 졸업생들이다.

가 제시한 '15세의 봄을 울게 하지 말자'는 구호가 공감대를 형성해 전국으로 확산되었다. 그 결과 1955년에 50퍼센트이던 고교 진학률이 1965년에는 70퍼센트를 넘어, 많은 학생들이 고교를 졸업하고 취업할 수 있게 되었다. 차츰 중학교 졸업생의 집단 취업자는 줄어들고, 그들을 수송하던 취업열차도 1975년에는 운행을 정지하게 되었다.

가전제품의 보급

일본에서는 1955년부터 1973년까지를 고도성장기라고 부른다. 1960년부터 1970년까지 일본의 연간 실제 경제성장률은 11퍼센트로 세계적으로도 경이적인 성장을 해 1968년에는 국민총생산(GNP)이 자본주의 세계에서 2위가 되었다. 게다가 숫자상으로만이 아니라 서민들 스스로 생활이 향상하는 것을 실감할 수 있는 시기이기도 했다.

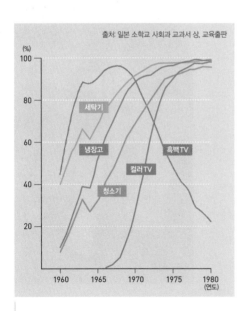

가전제품의 보급

1960년대 이후가 되면 가전제품이 거의 전국의 가정에 보급되었고, 자동차·에어컨·컬러TV가 서민들의 다음 꿈이 되었다.

1950년대 말, 광고하는 가전제품을 하나씩 구입하면서 서민들은 그것을 쓰며 편리하게 사는 '전화 생활(電化生活)'이라는 꿈을 실현하게 되었다. 그중에서도 TV, 세탁기, 냉장고 등 세 가지는 특히 인기가 많은 제품이었다. 가전제품은 수요가 늘어날수록 양산되고 가격이 낮아져서 판매가 더욱 늘어났다. 예를 들어, 1953년에 14인치 흑백TV가 약 20만 엔에 판매되기 시작했다. 당시 대졸자의 초임 월급이 8000엔이었기 때문에 서민들에게는 꿈의 상품이었다. 그러나 1960년대에는 값이 4만 엔까지 떨어져 도시 가정의 60퍼센트, 농촌 가정의 28퍼센트까지 갖게 되었다.

가전제품의 보급은 여성의 가사노동과 가정 내 위치를 변화시켰다. 가전제품 가운데 특히 영향을 크게 미친 것은 세탁기다. 그때까지 세탁은 매일 긴 시간이 걸리는 힘든 노동으로, 여성이 집안일을 하는 시간 중 대부분을 차지하는 것이었다. 또 냉장고가 보급되어 신선 식품을 가정에서 쉽게 저장할 수 있게 되었고, 식품 구매 횟수와 식품의 종류가 변했다. 가전제품의 보급이 가사노동의 부담을 줄이고 가사노동의 내용도 바꾼 것이다. 그

수동식 탈수용 고무 롤러가 달린 전기세탁기
아직 전자동 세탁기는 아니었지만, 전기세탁기의 보급으로 여성의 가사노동 시간이 한 시간 정도 줄었다고 한다.

래서 가전제품의 보급이 사회에 나와 일하려고 하는 여성을 지원하는 조건이 되기도 했다. 풍족한 생활을 요구하는 자신의 능력을 살리기 위해 직장에서 일하는 여성의 수가 계속 증가했다.

한편 국민소득이 급속하게 증가하는 가운데 봉급생활자인 남편의 수입만으로 가정생활을 유지할 수 있게 된 가정이 증가해, 자신들의 생활수준이 사회에서 중간이라고 생각하는 '중산층 의식'도 널리 확산되었다. 이때부터 여성은 가정에서 가사노동과 육아를 하면서 밖에서 일하는 남성을 지원하는 전업주부라는 인식도 퍼졌다.

도시 서민의 주택 사정

대도시와 그 주변 지역에 사람들이 몰리면서 도시의 주택난은 급격하게 심화되었다. 도시 지역 주민의 대다수는 월세가 싼 목조 단독주택의 단칸방에서 생활했다. 면적은 평균 7~10제곱미터로, 목욕탕은 없고 공용 화장실을 쓰는 것이었다. 좁은 부엌이라도 실내에 있으면 좋은 축에 속했다. 1960년대 도시에서 1인당 바닥 면적이 4.3제곱미터 미만인 세대는 여덟 가구 중한 가구 꼴이었다.

특히 지방에서 대도시로 몰려온 청년 노동자들에게 주택난이 심각했다. 내 집 마련을 꿈꿔 보지만, 1955~1960년 도시 지역의 주택 가격 상승률은 그 전의 세 배나 되었다. 대다수 서민들은 공공 아파트의 입주 추첨에 응모해 임대주택에 입주하고 싶어 했다. 공공 주택은 철근콘크리트구조로, 대부분 엘리베이터가 없는 5층 건물이었다. 한 가구에 거실 겸 부엌과 두세 개의 방, 화장실, 목욕탕이 딸려 있었다. 이 주택용 건물을 중심으로 상가와 학교, 은행 등이 배치된 주택단지가 대도시권에 점차 조성되었다. 그러나 월세를 내지 못하거나 추첨에 탈락한 사람들은 목조주택의 단칸방 생활

고도성장기의 삶
공공 아파트에서 가전제품에 둘러싸여 생활하는 것이 서민들의 꿈이었다.

을 계속 할 수밖에 없었다.

고도성장기의 후반부에 임대주택에서 벗어나 내 집 마련을 원하는 사람들이 늘어났다. 정부도 국가 예산으로 임대주택을 건설하기보다는 서민이 소유할 주택의 건설을 장려하고, 법률과 제도를 정비했다. 그러나 대도시의 택지는 비쌌다. 서민이 집을 마련하는 지역은 대도시 근교로 확산되었다. 이때부터 통근에 한 시간 반에서 두 시간까지 걸리는 장소에 집을 건설하는 것도 드물지 않게 되었다. 그래도 내 집 마련은 이 시기 서민들의 꿈이었다.

고도 경제성장을 지지한 미국의 전략

1949년, 제국주의 지배에 저항하던 중국에서 공산당이 정권을 잡아 그때까지 식민 지배하에 있던 나라들에 큰 영향을 주기 시작했다. 아시아·아프리카에서는 반제국주의·반식민지주의·민족자결의 정신을 토대로 한 독립운동, 나라 만들기가 큰 조류가 되었다.

아시아의 이런 변화는 미국이 아시아 전략을 수정하게 했다. 미국의 새로운 방침은, 아시아의 어떤 나라가 중국에 이어서 사회주의화되면 그것이 연쇄적으로 인접 국가들에 적용된다는 '도미노 이론'에 입각했다. 미국은 아시아 제국의 사회주의화를 저지하고, 그 나라들이 자본주의 진영에 머무르게 했다. 이를 위해 각국의 발전 상황을 고려하고 그 국가가 할 수 있는 구실을 상정해서, 그에 걸맞은 원조를 하도록 했다.

미국은 일본을 아시아 경제 발전의 중심 국가로 상정하고 여러 가지 경제적 원조를 했다. 자금 원조뿐만 아니라 중화학 공업을 위한 기술 원조도 했고, 석탄에서 석유로 바뀐 에너지도 미국 자본의 지배하에 있는 서아시아로부터 싸게 수입할 수 있도록 했다.

한편 미국의 결정에 따라 강한 군사력을 갖게 된 아시아 국가들이 있다. 미군은 한국과 필리핀에 계속 주둔하면서 이 나라들의 군사정권을 여러 방법으로 원조했다. 이 나라들에서는 경제 발전보다 군사적 안정이 국가 정책의 최우선 과제가 되었다. 일본에서는 오키나와만 본토에서 떨어져 나가 미국의 점령하에서 군사적 부담을 계속 강요받았다.

이런 아시아의 환경에서 일본의 역대 보수 정권은 군사 강화 노선을 취하지 않고 경제성장 우선 노선을 내세울 수 있었다. 일본은 국가 예산에서 군사비가 차지하는 비율을 10퍼센트 이하로 억제해 예산을 경제정책으로 돌릴 수 있었다. 이 덕분에 일본은 경제성장에 성공할 수 있었다.

변화하는 노동조합

미국의 세계 전략을 기초로 경제 발전을 달성하기 위해 일본의 역대 보수 정권은 노동조합을 적대시하는 정책을 취했고, 노동운동 측은 수세에 몰릴 수밖에 없었다. 그러나 1950년대 후반에 노동운동 측도 전국 조직인 일본노동조합총평의회(총평)를 재건하고 투쟁에 나서 정부 정책에 영향을 미쳤다.

1955년 봄, 총평 가맹 조합을 중심으로 임금 인상 투쟁을 공동 실시하는 춘투(春鬪)가 시작되었다. 그때까지 임금 인상 투쟁을 제각각 하던 조합들이 결집해 회사 측과 교섭하는 방식이었다. 그래서 1970년대 이후에는 임금 인상뿐만 아니라 물가 상승 저지와 사회복지·사회보장 개선 같은 요구도 함께 거론하며 투쟁하고, 전국적인 파업을 포함한 운동이 확산되었다.

그러나 1975년을 정점으로 일본의 노동조합 운동은 계속 침체되었다. 이때 일본의 기업은 대개 정년까지 고용을 보장하는 종신고용제를 취하고

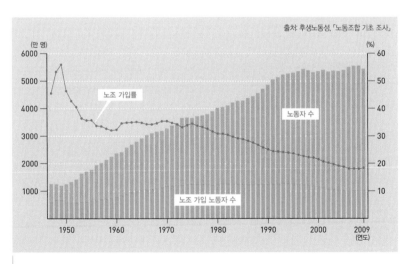

노조 가입 노동자의 수

일본에서 노동조합에 가입하는 노동자의 숫자가 감소하고 있다. 파업 투쟁도 1975년을 정점으로 감소하고 있다.

연령에 따라 급료를 인상하는 연공서열 임금제를 택했다. 한번 입사하면 사회보장에서 복리 후생, 주택까지 회사가 부담했다. 게다가 노동조합은 기업별로 조직되었다. 자신들이 노력해서 회사의 이익이 증가하면 자신들에게 돌아오는 몫도 커진다는 사고방식이 노동자들 사이에 널리 퍼졌다. 우선 대기업 노동조합이 기업 경영에 협력하게 되었고, 그 영향은 중소기업 노동조합에도 미쳤다.

그러나 1970년대 후반에 고도성장이 끝나고 저성장 시대가 되었다. 1990년대에는 일본형 고용제도가 완전히 무너졌다. 정규직 노동자는 성과주의 임금으로 경쟁에 내몰리며 일하게 되었고, 전체 근로자의 거의 절반이 임금이 낮고 신분이 불안정한 비정규직으로 일하는 시대가 되었다. 그리고 기업별로 가입하는 노조가 아닌, 개인별로 가입하는 새로운 노조가 등장해 젊은이들이 참가할 수 있게 되었다. 사회 전반에 차별과 빈곤이 없이 서로 돕고 살자는 운동도 등장했다. 이제 노동조합 운동과 시민운동은 더 나은 사회를 위해 어떤 구실을 해야 하는지 고민하고 있다.

'산업 전사'의 땀과 눈물이
한국 경제를 일으키다

1960년대와 1970년대 한국의 경제는 비약적으로 성장했다. 한국의 경제성장은 어떻게 이루어졌고, 그 과정에 어떤 문제가 있었을까? 당시 최고 권력자였던 박정희는 한국 대통령 중 가장 인기 있는 인물이다. 어째서일까?

잘 있거라, 정든 내 고향

나는 아직 전쟁의 흔적이 다 가시지 않은 1950년대 후반 남부 지방 농촌에서 소작
농의 자식으로 태어났다. 부모님은 7남매를 낳으셨다. 나는 큰딸로 태어났으며,
위로 오빠가 한 명 있다. 부모님은 비록 남의 땅이지만 열심히 농사를 지으셨다.
그러나 남의 땅을 빌어 농사짓는 것으로 자식을 모두 다 키우기는 어려웠다. 우리
집은 매년 농업협동조합에서 빚을 내야 했고, 결국에는 빌린 금액에 이자까지 붙어
갚을 수 없는 지경에 이르렀다. 오빠는 군대에 갔기 때문에 결국 내가 무슨 방법으
로든 가족을 부양하고 두 남동생의 교육을 책임져야 했다. 나는 국민학교를 졸업
하자마자 중학교 진학을 포기하고, 일자리를 찾아 서울로 갈 수밖에 없었다. 그
때 내 나이 열네 살이었다.

앞의 글은 1960년대의 모습을 말하는 어느 평범한 여성 노동자의 회고다. 두려움과 막막함을 가슴에 가득 담고 고향을 나선 이 소녀는 서울에 가면 공장에 취직하게 될 것이다. 그렇다고 서울이라는 도시가 그녀에게 풍요로운 삶을 제공해 준다는 보장은 없었다. '여공'의 일과가 농촌에서 농사를 짓는 것보다 더 편하지도 않았다. 소작농으로서 먹고살기도 힘든 가족에게 보탬을 주기 위해 한 입이라도 더는 것이었다. 안정적인 직장에 들어가 돈을 벌 수 있으면 좋겠지만, 우선 자기가 먹을 양식만이라도 절약해야 하는 급박한 가정 사정 때문에 간 길이었다. 마음 한편에는 열심히 일하고 아껴 쓰며 저축해서 좀 더 나은 삶을 살겠다는 기대와 다짐도 있었다.

산업 전사, 조국 근대화의 기수

한국에서 이농 현상이 본격화한 것은 1960년대부터다. 젊은이들이 농촌에서 도시로 이주하기 시작한 것이다. 1961년 쿠데타로 권력을 잡은 박정희 정권은 '굶주림에 허덕이는 민중의 생활을 개선하겠다'는 구호를 앞세워 경제개발에 본격적으로 나섰다. 박정희 정권은 세 차례에 걸친 경제개발계획을 추진했다.

경제개발의 핵심은 수출이었고, '수출만이 살 길'이라는 구호가 울려 퍼졌다. 그러나 한국에는 외국에 팔 만한 것이 별로 없었다. 자원은 빈약하고, 기술 수준은 매우 낮았다. 유일하게 넘쳐흐르는 것이 인력이었다. 정부는 넘치는 인력을 최대한 이용하는 노동 집약적인 경공업으로 활로를 마련하려고 했다. 섬유 공장, 신발 공장 등이 설립·가동되기 시작했다. 공장의 주된 노동력은 초등학교나 중학교를 졸업한 10대 후반의 청소년들이었다. 이들은 저임금과 열악한 작업환경에 시달리면서 힘들게 생활했다.

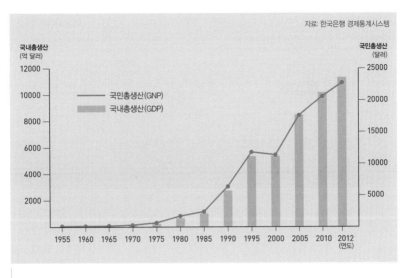

자료: 한국은행 경제통계시스템

국내총생산
(억 달러)

국민총생산
(달러)

— 국민총생산(GNP)
▮ 국내총생산(GDP)

GNP의 변화

박정희 정부는 이들을 '산업 전사', '고도성장의 역군'으로 추어올리며 경제개발을 밀어붙였다. 이런 경제정책으로 한국 사회는 엄청나게 변했다. 국가의 경제구조는 농업 같은 1차 산업에서 제조업 중심으로 바뀌었고, 농촌 인구는 급속도로 도시에 흘러들었다.

수출량도 급격히 증가했다. 1963년에 8700달러이던 수출 총액이 1970년에는 8억 3000만 달러가 되었다. 국민총생산도 매년 평균 10퍼센트 정도 증가했다. 도시의 임금노동자는 1960년 130만 명에서 1970년 340만 명으로, 1980년대에는 약 800만 명으로 늘어났다.

산업의 중심이 1960년대에는 경공업이었지만, 1970년대에는 중화학공업으로 바뀌었다. 정부는 철강, 화학, 비철금속, 기계, 조선, 전자 등을 6대 전략 업종으로 지정했다. 새로 조성된 공업단지에서는 이와 관련된 상품이 생산되었다. 기업들도 공장 건설에 앞장서, 1977년이 되자 생산액에서 중공업이 경공업을 앞질렀다. 1960년대에 흑백TV를 자체 생산했고, 1975년

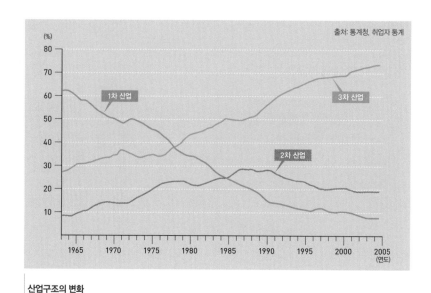

산업구조의 변화

에는 한국 상표를 단 자동차가 생산되었다.

그런데 한국의 경제성장은 재벌이라고 불리는 기업 집단을 중심으로 진행되었다. 정부는 이들에게 세금 감면과 외국에서 빌리는 차관 대출을 비롯한 각종 혜택을 주어 경제성장을 이끌게 했다.

달동네 벌집에서 새우잠을

매년 수만 명이 농촌을 떠나 도시로 밀려들었다. 이들은 특별한 기술이 없었고, 학교 교육도 충분히 받지 못했다. 따라서 대부분 단순노동으로 생계를 유지할 수밖에 없었다. 겉으로는 산업 역군, 조국 근대화의 기수로 떠받들어졌지만 이들의 삶은 매우 힘들었다.

이들은 결코 제대로 된 집에서 살 수 없었다. 산비탈에 무허가 판잣집을 다닥다닥 짓고 모여 살았다. 이런 곳을 당시에는 달동네라고 불렀다. 집집

달동네의 판잣집들

마다 화장실을 둘 만큼 주거 공간이 넓지는 않았기 때문에 공동 화장실을 써야 했다. 수도나 전기도 제대로 공급될 리 만무했다.

노동자가 밝힌 공장의 불빛

오늘은 새벽 4시까지 잠도 자지 못하고 일해야 했다. 몸은 고달프고 눈이 아파 오면서 잠을 제대로 자지 못해 머리가 어지러워 온다. 간신히 일을 마치니 몸은 지칠 대로 지친다. 비틀거리며 기숙사에 돌아와 밥을 먹는데, 밥이 먹히지 않는다.

초등학교를 졸업하지 못한 나는 한 달 월급이 2만 원 정도이다. 대학을 나오면 평균 12만 원은 된다고 한다. 똑같이 초등학교를 못 나와도 남자는 여자보다 두 배는 받는다. 월급 2만 원 받으면 집세, 밀린 외상값, 식비를 쓰고 나면 집에 보낼 돈이 거의 없다. 같은 공장에서 일하는 내 옆 언니는 매달 빠짐없이 늙으신 어머니와 네 명의 동생이 있는 고향에 돈을 보냈다고 한다. "우리 받는 월급으로 집에 보낼

유신 홍보 포스터

돈이 어디 있어?" 하고 물어보면 언니는 피식 웃으며 "치약 하나 사면 그걸로 3년 썼어." 하고 대답했다.

당시 공장 노동자들의 나이는 10대 후반에서 20대 초반으로 대부분 시골에서 도시로 온 사람들이었다. 하루 10~12시간 노동은 기본이었고, 일이 밀리면 수당도 못 받으며 밤샘 초과 근무를 하기 일쑤였다. 직장에서 회사 측 관리자들의 폭력도 자주 있었다. 특히 여성들은 저임금과 장시간 노동으로 대부분 한두 가지 직업병이 있었다.

박정희 정권은 이들에게 장밋빛 미래를 약속했다. 1972년 헌법 개정을 통해 장기 독재 권력의 기반을 확보한 박정희 대통령은 이듬해 연두 기자 회견에서 국민들에게 10년 안에 100억 불 수출과 1000불 국민 소득에 '마이카 시대'를 달성하겠다는 매력적인 약속을 제시했다. 그러나 노동자에게는 피부에 와 닿지 않은 멀기만 한 '꿈'일 뿐이었다. 그런 꿈을 꾸기에는 현실이 너무 힘들고 고달팠다.

평화롭지 못한 평화시장

1960~1970년대 서울 청계천 주변에는 피복 공장이 몰려 있었다. 한때 이 지역에서 생산되는 의류가 국내 의류 수요의 약 80퍼센트를 차지하기도 했다. 하지만 노동환경은 어느 곳보다도 열악했다. 당시 신문 기사 중 이곳의 작업장 상황을 묘사한 것이 있다.

> 이곳은 10~50여 명의 종업원을 고용하고 있는 900여 개의 군소 업체가 밀집되어 각종 어린이 옷, 어른 기성복, 잠바, 작업복 등을 대량으로 만들고 있다. 여기서 일하는 종업원은 재단사 2500여 명, 재봉사 1만 2천여 명, 소녀 견습공 1만 3천여 명 등 2만 7천여 명으로 추산된다. 공장 내부는 한 층을 합판으로 막아 상하로 나누어 천장 높이가 약 1.5m이기 때문에, 키 큰 종업원은 허리를 펼 수 없는 형편이다.

대부분 미싱을 써서 대낮에 백열등이나 형광등을 켜 놓고 일하기 때문에, 밖에 나가면 밝은 햇빛 아래 눈을 바로 뜰 수 없다고 했다. 한 평 넓이의 공간에 평균 네 명이 재봉틀을 두고 일하는 작업장 한 구석에는 자취하는 종업원들의 취사도구들이 놓여 있고, 환기 시설 하나 없었다. 더우면 문을 열어 두는 게 고작이었다. 추우면 문을 닫아, 제품 생산 과정에서 특히 많이 생기는 분진이 작업장 밖으로 빠져나갈 수 없는 형편이었다.

종업원들이 노동청에 작업환경 개선 청원을 하기 위해 126명을 대상으로 자체 조사한 결과에 따르면 96명이 폐결핵을 비롯한 기관지 질환을 앓고, 126명 전원이 안질환에 걸려 밝은 곳에서는 눈을 제대로 뜰 수 없는 상태였다. 이런 작업환경에서 종업원들은 하루 14~15시간씩 혹사당하면서도 시간 외 수당을 받지 못했다. 특히 1만 3000여 명이나 되는 13~17세 소녀 조수나 견습공들은 월급으로 숙식을 해결하기도 어려웠다.

몸을 불살라 노동자의 권리를 호소한 청년

1970년 11월 13일 오후, 서울 중심부를 가로지르는 청계천 옆에 있는 평화
시장·동대문시장·통일상가 등의 종업원 500여 명이 근로 조건 개선을 요
구하는 시위를 벌이려다 경찰의 제지를 받았다. 이때 재단사 전태일이 몸
에 휘발유를 뿌리고 불을 붙여 스스로 목숨을 끊었다.

당시 스물두 살이던 전태일은 평화시장의 재단사였다. 그는 열악한 작업
환경에 시달리는 어린 소녀들의 처지를 개선해야겠다고 생각했다. 그래서
같은 처지에 있는 노동자들과 모임을 만들었다. 노동 현실에 대해 조사한
뒤 그것을 가지고 동료들과 시청에 가서 근로감독관에게 사정을 알렸다.
하지만 별다른 개선 조치가 없었다. 근로감독관은 한국의 실정 때문에 개
선이 안 된다는 답변만 했다. 노동청에 가서도 신통한 답변을 듣지 못했다.

전태일은 노동청 기자실에 들러, 열악한 상황을 신문에 보도할 수 있다
는 사실을 알았다. 전태일과 그의 동료들은 설문지를 돌려 실태 조사를 했
다. 10월 5일, 이 설문 결과를 들고 친목단체 이름으로 노동청에 진정서를
제출했다. 각 신문은 '다락방에서 16시간, 2만 7000여 명 직업병에 시달린
다' 같은 제목으로 보도했다.

이들은 퇴근시간에 길에서 신문을 흔들며 "평화시장 기사 특보요!" 하고
외쳤다. 사장들이 무섭지 않았다. 실태 조사에 응한 아이들이 찾아와 "오
빠, 이제 일요일에 쉬는 거야?" 하고 물으면 "그럼! 작업 시간도 짧아진
다." 하고 대답했다. 그들은 덩실덩실 춤을 추었다.

그런데 2, 3일 후 노동청 근로국장이 나와 '한국의 실정이 그렇고 시장
형편도 어렵다'면서 '백열등을 형광등으로 바꾸고 벽에 환풍기를 설치해 줄
테니 이해하라'고 했다. 일요일을 쉬게 해 달라는 요구는 거절했다. 회사
측도 상황이 어렵다는 이유로 이들의 요구를 받아들이지 않았다. 전태일과

회원들은 노동자들의 인권을 지켜 주지 못하는 근로기준법의 화형식을 결의했다. 전태일은 상황이 만만치 않다는 것을 깨닫고 비상하게 각오해야 할 시간이 다가왔다고 느꼈다. 당시 전태일은 일기에 각오를 기록한다.

올해와 같은 내년을 남기지 않기 위하여 나는 결단코 투쟁한다. 역사는 증명한다. 나는 돌아가야 한다. 꼭 돌아가야 한다. 불쌍한 내 형제의 곁으로, 내 마음의 고향으로, 내 이상의 전부인 평화시장의 어린 동심 곁으로. 조금만 더 참고 견디어라. 너희들의 곁을 떠나지 않기 위해 나약한 나를 다 바치마.

11월 13일 아침, 전태일이 동료 노동자 모임을 소집했다. 회장인 전태일은 근로기준법 책을 꺼내며 "오늘 내 책에 대한 화형식을 갖습니다. 휘발유를 한 되 사 놓으세요. 돈이 좀 들겠지만 플래카드도 천으로 만들어 주세요."라고 말했다. 평소에는 종이로 플래카드를 만들었다.

근로기준법 화형식을 하는 시위는 기업주들과 경찰의 방해로 제대로 진행되지 않았다. 이때 전태일이 갑자기 몸에 휘발유를 붓고 몸을 태우면서 외쳤다.

노동자는 기계가 아니다! 근로기준법을 준수하라!

전태일 동상
2005년 9월 서울 청계천 평화시장 앞 버들다리에서 전태일 동상 제막식이 열렸다.

전태일의 분신은 사회에 많은 파장을 일으켰다. 대학생과 지식인 들이 노동자의 현실에 관심을 갖기 시작했고, 평화시장을 중심으로 하는 청계피복노동조합은 민주적인 노동조합의 상징이 되었다. 전태일과 함께 노동자 모임에 참여하던 회원들은 그 뒤 노동운동에서 중추가 되었다. 노동자들이 주인 되는 세상을 만들기 위해 일어서기 시작한 것이다.

반복되는 교과서 문제와
시민운동

제2차 세계대전 이후 미국 점령하의 일본에서는 전쟁을 찬미하던 그 전의 교과서를 대신해 전쟁을 비판적으로
쓴 교과서가 등장했다. 그러나 점령이 끝나자, 보수정당과 일부 학자들이 역사 교과서가 편향되어 있다며 공세
를 펼쳤다. 그때마다 문부과학성은 교과서 검정을 강화하고 역사를 왜곡해 국내외에서 비판받았다. 왜 이런 문
제가 계속되는 것일까?

제2차 세계대전 이후 일본의 교과서 제도

제2차 세계대전 이후 미국교육사절단은 미군이 점령하는 일본에서 교과서
의 자유 발행·자유 채택을 권고했다. 그러나 문부과학성(문부성)은 검정 제
도를 채용해 교과서 검정으로 국민의 사상을 계속 통제하려고 했다. 전쟁
이전까지 초등학교에서는 문부성이 만든 국정 교과서 단 한 종류가 사용되
었고, 중등학교에서는 검정 교과서가 사용되고 있었다. 그러나 미군 점령
하에서 교과서 검정이 보수정당의 뜻대로 되지는 않았다.

1949년 중국 혁명이 성공해 중화인민공화국이 수립된 것을 전후로 미
국의 일본 점령 정책이 바뀌었다. 과거 군인을 모아, 훗날 자위대로 발전하
는 경찰예비대가 조직되고 일본의 재군비가 시작되었다. 이때부터 미군 점
령하에 실시된 민주 교육을 부정하는 교육 정책이 시작되었다. 점령하의

학습 지도 요령이 '시안'으로 명기되어 교과서 기술에 대한 구속력이 없던 것과 달리, 1958년부터는 학습 지도 요령이 법적 구속력을 갖게 되었다. 정부가 학습 지도 요령과 검정 제도를 이용해 교과서와 교육 내용을 통제하기 시작했다.

교과서 검정의 강화와 제1차 교과서 문제

1955년 일본 민주당의 하토야마 이치로 내각은 총선거에서 전후 최초로 '자유 헌법 제정, 자위군 창설, 국정 교과서의 통일' 등을 공약으로 내세웠다. 그리고 소책자 『걱정스러운 교과서 문제』를 발표하고, 사회과 교과서를 소련과 중국 찬미형·공산주의 사상 고취형 등으로 분류하고 비방했다. 같은 해에 미국의 강한 요청으로 민주당과 자유당이 합당해 자유민주당(자민당)이 결성되었고, 교과서 제도는 한층 더 개악되었다. 1956년 문부성은 검정 전문 교과서 조사관을 새로 만들고, 교과용 도서 검정 조사 심의회 위원을 그 전의 두 배인 100명으로 늘려 검정을 강화했다. 그 결과 1957년 검정에서 초등학교 교과서의 3분의 1, 그리고 중학교·고등학교 사회과 8종이 불합격했다. 이에 따라 1950년대 후반부터 1960년대에 걸쳐 초등학교·중학교·고등학교 사회과 교과서의 기술이 현저하게 변했다. 예를 들어, '태평양전쟁은 낭만적으로 표현할 것', '고고학은 역사학이 아니니 일본의 역사를 고고학에서 시작하지 말 것' 같은 검정 의견을 내세워 변경을 강요했다. 또 중일전쟁에 대해서 '일본이 중국을 침략했다'고 기술한 교과서는 '중국에 진출했다'는 표현으로 바꿔야 했다.

게다가 문부성은 1963년에 초등학교·중학교 교과서가 무상화되는 것을 계기로 현장 교사의 교과서 채택권을 빼앗기 위해, 학교별로 교과서를 채택하던 기존 방식 대신 전국적으로 약 500개인 군·시 규모의 광역 채택 방식으로 변경했다. 그 결과, 현장 교사가 여러 교과서를 비교하고 토론하면서 교과서를 선택하던 권리를 빼앗기고 말았다.

평화 헌법 옹호 운동

헌법을 무시하며 재군비에 나서고 교과서를 개악하는 자민당의 정치는 국민에게 또다시 전쟁의 시대가 도래하지 않을까 하는 불안을 가져다주었다. 일본노동조합총평의회(총평)는 군사기지 반대·재군비 반대 같은 평화 원칙을 내세웠고, 일본교직원조합(일교조)은 '제자들을 또다시 전장에 보내지 말라'는 표어를 내세워 평화 헌법을 옹호하는 시민운동의 선두에 섰다. 그 결과, 자민당은 헌법 개정의 발의에 필요한 국회 의석 3분의 2를 확보하는 데 실패했다.

1960년 미일안전보장조약의 개정에 반대하는 운동이 대미 종속을 강요하는 조약 개정을 저지하지는 못했지만, 미국 대통령의 방일을 단념시키고 조약 개정을 강행한 기시 노부스케 내각이 퇴진하도록 압박했다.

이에나가 교과서 재판과 시민운동

평화 헌법을 옹호하는 시민운동이 고양되는 가운데 1965년 이에나가 사부로 도쿄교육대학 교수는, 고교용으로 자신이 집필한 『신일본사』의 검정 체험을 통해 교과서 검정 제도가 헌법과 교육 기본법을 위반하는 검열에 해당한다고 법원에 제소했다. 검열과 다르지 않은 검정 제도하에서 이에나가 교수는 교과서 집필을 그만둘까 고민하기도 했지만, 만약 그대로 그만둔다면 문부성의 뜻대로 집필한 교과서만 채택되어 버린다고 생각해서 그 심경을 법정에서 밝혔다.

이에나가 사부로

나는 패전 이전 세대의 한 사람인데, 우리 세대의 사람들은 무모한 전쟁 때문에 몇 백만 명이나 비참한 죽음을 맞이했다. 그러나 나는 그 무모한 전쟁을 막으려는 노력을 하지 못하고, 조국의 비극을 방관한 죄를 깊이 반성하고 있다. 나는 전쟁에 저항하지 못한 죄의 만분의 일이라도 갚아야 한다는 심정으로 감히 이 소송을 시작하게 되었다.

— 교과서 검정 소송을 지원하는 전국 연락회,
『이에나가 교과서 재판』

이런 이에나가 소송을 지원하는 목소리가 전국에서 일어나 '교과서 검정 소송을 지원하는 전국 연락회'가 결성되고, 광역 자치단체인 47개 도도부현(都道府県) 전 지역에서 지부가 만들어져 전국적인 시민운동으로 발전했다. 도쿄의 어떤 여성은 "교과서 재판에서 힘을 얻어 헌법·교육 기본법 학습회를 계속하고, 학부모회의 민주화를 진전시켰다. 그 와중에 아동회와 졸업식, 음악회, 전람회 등에 의욕적으로 참가하는 아이들을 보고 교사들의 자치를 육성하는 교육 실천의 위대함을 느끼게 되었다." 하고 지원 운동을 회고했다.

1970년 도쿄지방재판소의 스기모토 료키치 재판장은 교과서 검정 제도가 일본국 헌법·교육 기본법 위반이라며 이에나가의 손을 들어 주는 획기적인 판결을 했다. 이 판결에서 그는 '국가의 기능은 교육의 외적 제 조건을 정비하는 것으로, 교육의 내용에 개입하는 것은 허용할 수 없다'고 했다. 이는 국민이 아이들의 학습권을 보장하는 것이 교육의 자유라고 한 것이다. 또 교육의 자유·학문의 자유는 연구자뿐만 아니라 초·중·고등학교의

스기모토 판결로 교과서 재판에 승소하고 법원 앞에서 기뻐하는 지지자들

교사에게도 있다고 명시했다. 이에나가 교수는 판결 보고 집회에서 재치 있게 말했다. "스기모토 판결은 국민 모두가 승리한 것입니다. 세계에서도 보기 드문 교과서 재판을 제가 시작했으니까, 아이디어 상은 제게 주시기 바랍니다. 승리의 영광은 국민 여러분의 것입니다."

이 판결은 문부성을 동요시키는 한편 민간 교육 연구회와 일교조의 운동, 시민운동에 큰 힘을 주었다. 이것을 계기로 교과서 기술이 개선되기 시작했다. 간토대지진 때 군대·경찰·자경단이 저지른 한국인 학살 사건과 희생자의 숫자, 아시아태평양전쟁 중의 한국인·중국인 강제 연행 등이 교과서에 기술된 것이다.

제2차 교과서 문제와 교과서의 개악

미국은 1973년 말부터 석유파동으로 발생한 불황을 극복하고 경제 대국으로 성장한 일본에 방위 분담을 늘리라고 요구했다. 일본 정부도 경제 대국에 걸맞은 국제적 책임을 다해야 한다고 강조했다.

1979년에 자민당은 『걱정스러운 교과서 문제』 개정판을 발행하고, 사회과 교과서는 농민 봉기와 시위만 쓰여 있다며 제2차 교과서 공격을 시작했다. 당시 초등학교 1학년의 모든 국어 교과서에는 러시아 민요인 〈커다란 순무〉가 실려 있었다. 자민당은 이 작품을 소련 민속학자의 작품으로 오인하고는, 자본가를 순무에 빗대어 1학년에게 노동자와 농민의 단결을 가르치는 교재라고 비방해 국회에서도 문제를 제기했다. 개선되기 시작한 교과서가 또다시 엄격한 검정이라는 위험에 처한 것이다. 예를 들어, 고교 일본사에서는 중국의 항일 통일 전선에 대해 '일본의 침략에 대항'했다고 쓰여 있었다. 이를 두고 자국의 역사를 나쁘게 쓰지 말라면서 '침략'을 '진출'로 바꿔 쓰게 했다. 이 문제는 교과서 문제가 처음 제기된 1950년대 후반부터 거론되어 검정 강화의 상징이 되었고, 일본 국내뿐만 아니라 한국과 중국 등 아시아의 여러 나라로부터 비판받았다.

이에 대해 정부는 1982년 검정 기준에 '근린 아시아 여러 나라와의 사이에 있었던 근현대 역사적 현상을 다룰 때는 국제적 이해와 협조의 견지에서 필요한 배려를 하도록 한다'는 조항을 추가하는 것으로 결론지었다. 그 뒤 '침략'이라는 기술이 부활했다. 일본 정부는 아시아로 경제적 진출을 확대하기 위해서도 가까운 나라들을 배려하지 않으면 안 되었다. 이런 움직임에 대항해 1986년에 개헌 단체인 '일본을 지키는 국민 회의'가 고교용

『신편 일본사』를 편집해 검정을 통과했지만, 교과서를 채택하는 고교에서 8000부 정도만 채택되었다. 전체 역사 교과서의 0.6퍼센트에 해당하는 것이었다.

냉전의 종결과 제3차 교과서 문제

1989년에 베를린 장벽이 무너지고, 다음 해에는 독일이 통일되면서 냉전이 막을 내렸다. 소련과 동유럽 사회주의권이 붕괴되고 중국·인도 등이 시장을 개방하면서 다국적기업이 활동할 수 있는 시장은 10억 명 규모에서 50억 명 규모로 확대되었다. 일본의 해외 직접 투자 금액은 1980년대 10년간 15배 늘어났고, 유럽 국가들과 미국에 이어 일본도 다국적기업 국가가 되었다. 일본의 재계는 외국에 있는 다국적기업의 권익을 보호하기 위한 자위대의 해외 파병을 강하게 요구하기 시작했다.

1991년 자민당은 자위대를 '전쟁을 할 수 있는 군대'로 만들기 위해 국민의 역사 인식을 바꾸고 국가에 대해 긍지를 갖게 하지 않으면 안 된다고 주장했다. 또 1993년 자민당의 역사 검토 위원회는 "대동아전쟁은 침략 전쟁이 아니었다. 일본군 '위안부'와 난징 사건은 조작되었다. 지금 사용하는 교과서의 시정을 요구할 필요가 있다." 등 세 가지 결론을 냈다.

1991년에는 김학순 할머니를 비롯해 일본군 '위안부'였던 여성들이 도쿄지방재판소에 개인 배상을 요구하며 제소하기도 했다. 또 한국 정부는 일본 정부에 진상 규명을 요구했다. 이에 일본 정부는 1993년에 '정부 조사 결과'를 발표하고, 국가가 관여해서 본인의 의사에 반하는 위안부 모집을 했다고 인정했다. 따라서 1997년의 중학교 역사 교과서에는 일본군 '위안부'가 기술되기 시작했다.

그러나 보수파는 1997년 '새로운 역사 교과서를 만드는 모임'(새역모)을 결성하고, 난징대학살은 없었다든가 일본군 '위안부' 기술을 삭제하라는 등 기존 교과서에 대한 공격을 시작했다. 자민당 의원은 국회에서 근현대사의 기술이 자학적이라고 비방하고, 교과서 회사에 개정을 요구했다. 그 결과, '침략'이라는 단어는 바뀌지 않았어도 많은 교과서가 난징대학살의 기술을 줄이고 일본군 '위안부' 기술은 삭제했다.

『새로운 역사 교과서』의 등장

이에나가 교과서 소송이 세 차례 이어졌지만, 1997년 최고재판소가 난징 대학살과 난징 전투에서 벌어진 부녀자 폭행 등 네 군데에서 검정에 위법 이 있었다고 확정하고 종료했다. 그러나 그 뒤에도 교과서 소송 지원 운동 을 계승하고 교과서의 내용과 제도를 개선하는 운동을 해야 한다고 결의한 사람들이 1998년에 '아이들과 교과서 전국 네트워크 21'을 결성했다. 그 직 후 '새역모'는 중학교용 『새로운 역사 교과서』, 『새로운 공민 교과서』를 만 들어 출판사 후소샤에서 펴내고 2001년 4월 검정에 합격했다.

『새로운 역사 교과서』는 도요토미 히데요시의 조선 침략을 '출병'이라고 쓰고, 청일전쟁의 기술에 앞서 '조선 반도는 일본을 향해 돌출되어 있는 흉 기'라고 하는 등 일본의 대외 침략을 정당화한다. 이 교과서 문제로 2001년 3월 한국에서는 50곳이 넘는 시민 단체가 '일본의 교과서를 고치는 운동 본 부'를 결성하고, 일본 정부에 역사 왜곡을 시정하라고 강하게 요청했다. 또 일본의 시민·교육 단체와 연대해 채택 저지 운동도 전개했다. 이를 계기로 일본과 한국의 역사 교사와 연구자의 교류와 공동 연구가 시작되었다.

2006년에 아베 신조 내각이 출범했다. 이 내각은 전후 최초로 '임기 중 에 헌법을 개정하겠다'고 선언하고, 교육 기본법부터 개정해 애국심을 육 성하는 것을 교육의 목표로 삼았다. 또 그때까지 검정에 합격한 교과서들에 '오키나와전의 집단 자결에 대한 일본군의 강제'가 있었음을 서술한 문장을 삭제시켰다. 집단 자결 문제에 대해서는 2007년 국회에서도 설전이 벌어졌고, 기노완 시에서 열린 오키나와 현민 대회에는 (섬이 많은 오키나와 현의 총 인구 136만 명 중) 11만 명이 집결해 문부성을 상대로 기술을 부활시키라고 결의했다. 고교생 대표는 "거짓을 진실로 말하지 말기 바란다. 추악한 전쟁을 미화하지 말기 바란다. 추악해도 진실을 알고, 배우고, 전하고 싶다." 하고 호소했다. 그러나 문부성은 검정 의견을 철회하지 않았고, 문장의 부분적 수정만 받아들였다.

아베 내각이 출범한 2006년, '새역모'에 내분이 일어났다. 그 결과, 새로 결성된 일본 교육 재생 기구가 이쿠호샤에서 후소샤판 역사·공민 교과서를 계속 출판하게 되었다. 후소샤와 결별한 '새역모'는 지유샤에서 역사·공민 교과서를 출판하게 되었다.

오키나와전 기술에 대한 문부과학성의 검정 의견 철회를 요구하는 현민 대회에 모인 오키나와 사람들

2011년, 다시 중학교 교과서를 채택하는 시기가 왔다. 역사·공민 교과서는 이쿠호샤와 지유샤를 포함해 출판사 일곱 군데의 것이 있었다. 채택률은 이쿠호샤의 역사 교과서와 공민 교과서가 각각 3.7퍼센트와 4.1퍼센트, 지유샤의 역사 교과서와 공민 교과서는 각각 0.05퍼센트와 0.02퍼센트였다. 2005년 교과서 채택 때 후소샤의 역사 교과서가 0.39퍼센트, 공민 교과서가 0.19퍼센트 채택된 것에 비해 열 배 가까이 증가했으며 그중 60퍼센트는 대도시인 요코하마 시에 해당했다.

'새역모' 계열 교과서의 채택이 증가한 것은 '새역모'를 지지하는 지방자치단체의 수장이 자신과 생각이 같은 교육 위원을 임명해 학교와 교사의 의견을 배제하고 채택을 진행했기 때문이다. 이런 움직임이 비밀스럽게 진행된 것을 눈치 채지 못해서 뒤늦게 비판 운동을 시작한 지역도 있다. 게다가 동일본 대지진으로 언론이 교과서 문제를 크게 다루지 못한 것도 영향을 주었다.

교과서 문제의 배경

교과서 문제는 세 차례 모두 집권 정당의 헌법 개정·군사 대국화 움직임이 고양되던 시기에 일어났다.

제1차 교과서 문제는 미국의 점령이 끝나고 동서 내전이 격화되던 시기에 구성된 하토야마 내각이 헌법 개정과 재군비를 추진할 때 시작되었다. 기시 내각에도 이어졌지만, 재군비를 혐오하고 전후 민주주의를 옹호하는 시민운동의 저항 때문에 실패했다.

제2차 교과서 문제는 오히라 마사요시 내각에서 나카소네 야스히로 내각의 시대까지 이어지는, '전후 정치의 총결산'이라고 불리며 군사 대국화를 지향하던 시기에 불거졌다. 전후 최초로 수상이 야스쿠니 신사에 공식

참배한 것도 이때다. 그러나 '침략'을 '진출'로 바꾸는 문제는 중국, 한국 등 아시아의 여러 나라로부터 격렬한 비판을 받고 검정 기준에 '근린 아시아 여러 나라를 배려한다'는 조항을 추가하는 것으로 결론지었다. 이것은 아시아 여러 나라를 상대로 한 수출의 감소를 염려한 재계의 요청을 고려한 결과이기도 했다.

제3차 교과서 문제는 1985년 이후, 급속하게 다국적기업화해 해외에 진출한 일본 기업의 권익을 보호하기 위해 자위대의 해외 파병과 그것에 방해가 되는 헌법 9조의 개악을 실현하려고 하는 재계와 자민당 등이 추진했다. 이들은 구조 개혁을 통해 국민의 소득 격차, 지역 격차가 확대되는 현상 때문에 생기는 국민의 불만을 덮고 감추기 위해서라도 애국주의와 국가주의를 강조할 필요가 있었다. 애국심 교육으로 군대가 국민을 지켜 줄 것이라고 믿게 해 난징대학살·일본군 '위안부'·집단 자결을 역사에서 말살하고, 일본군의 오명을 씻어 내려고 했다.

교과서 문제가 세 차례 불거지고 2009년에 정권이 자민당에서 민주당으로 바뀌었지만, 문부성의 검정 자세는 바뀌지 않았다.

1987년 6월,
민주주의를 외치다

1980년 서울에서 시작된 민주화 운동은 전국적으로 확산되었다. 전두환은 광주에서 발생한 대규모 시위에 군대를 보내 철저하게 탄압했다. 그 뒤 지속적으로 전개되던 민주화 운동은 1987년에 평범한 시민들의 지지를 얻어 확산되었다. 사람들은 무엇을 주장하며 일어섰을까?

1980년 5월, 서울의 봄

1979년 10월 26일, 박정희 대통령이 측근에게 암살당했다. 큰 충격 속에서도 많은 사람들이 이제 민주주의를 되찾을 수 있다고 생각했다. 하지만 대통령 피살 사건 수사를 보안사령관 전두환이 담당하면서 상황이 달라졌다. 그는 군부가 정치에 적극적으로 개입해야 한다고 주장하는 군대 내 강경파 '신군부'를 이끌던 인물이다. 전두환과 신군부는 그해 12월 12일에 쿠데타를 일으켜 온건파를 제거하고 군을 장악했다.

오랜 독재의 겨울이 끝나고 새로운 민주화의 봄이 올 거라고 기대한 사람들은 1980년 5월을 '서울의 봄'이라고 불렀다. 그런데 '서울의 봄'이 신군부의 쿠데타로 위기를 맞았고, 야당 정치인을 비롯한 민주화 세력은 위기를 깨닫지 못하고 있었다.

1980년 5월 서울역의 대학생 시위대

신군부와 유신을 지지하는 정치 세력은 민주 헌법을 만들 생각이 없었고, 민주화 세력들은 다양한 목소리를 하나로 합치지 못했다. 1980년 5월 15일, 참다못한 대학생들이 서울역 앞에 모였다. 10만이 훨씬 넘는 대학생들은 한 목소리로 "유신 철폐! 민주 쟁취!"를 외쳤다. 어느 누구도 이 기세를 꺾을 수 없을 것 같았다. 하지만 군이 개입할 수 있다는 우려 속에 사태를 지켜보기로 하고 시위대가 해산했다. 뒷날 많은 사람들이 이를 '서울역 회군'이라고 불렀다.

광주의 봄, 5·18광주민주화운동

정국을 장악할 기회를 엿보던 신군부 세력은 대통령 암살 직후 내려진 계엄령을 1980년 5월 17일 자정, 전국으로 확대·강화했다. 민주 인사들은 체포하거나 집에서 나오지 못하게 가두었다. 강압적인 조치에 대한 반발 속에서 광주와 목포 등에서 격렬한 시위가 벌어졌다. 이 지역은 박정희 정권 시절 내내 다른 지역에 비해 경제적 지원이나 투자에서 차별받고 있었다. 게다가 이 지역 사람들이 지지하던 유력 야당 정치인인 김대중이 체포당했다는 소식에 자극을 받아 폭발한 것이다.

5월 18일 광주에 내려간 공수부대는 학생 시위를 단순히 해산하는 차원을 넘어서 곤봉을 이용해 진압하기 시작했다. 군인들의 폭력을 보고 놀란 시민들이 말리자 시민들에게까지 폭력을 행사했다. 상상을 초월하는 진압으로 광주는 순식간에 아수라장이 되었다. 분노한 광주 시민들은 스스로 무장해 시민군을 조직한 뒤 군대를 내몰고 시내를 장악했다. 시민들은 자치 조직을 꾸려 질서를 유지하며 평화롭게 사건을 해결하기 위해 노력했다. 광주는 그 어느 때보다 평온했다.

하지만 신군부는 민주화 운동이 번지는 것을 막기 위해 광주를 물 샐 틈

없이 에워싸고 언론을 통제해 광주 시민들을 폭도로 몰았다. 광주 시민들은 진실을 알리고 시위를 다른 지역으로 확산하려고 했지만, 모든 통신 수단이 끊겨 소용이 없었다. 어떤 사람들은 한국군 작전 통제권을 가진 미국이 사태를 평화적으로 해결하는 데 도움을 줄 것으로 기대했다. 하지만 미국이 광주 진압을 위한 군의 이동에 동의해 오히려 신군부의 폭력을 방조했다는 사실이 나중에 밝혀지면서 반미 운동이 일어나는 계기가 되었다.

신군부는 5월 27일 새벽에 계엄군 2만 5000명을 다시 광주로 투입했다. 도청에서 마지막까지 저항하던 시민군이 계엄군에 진압되면서 민주화 운동은 끝이 났다. 총을 든 시민군, 주먹밥과 빵을 시민군에게 제공한 사람, 헌혈하거나 부상자를 도운 사람, 광주의 진실을 알리기 위해 노력한 사람들. 이런 사람들의 힘은 그 뒤 전두환 정권 시기에 민주화 운동의 바탕이 되었다. 광주의 진실을 정권이 감춰 한동안 묻혀 있었지만, 많은 사람들이 그날의 진실을 널리 알려 나갔다. 광주의 진실을 알리는 사진들이 거리에 기습적으로 나붙고, 광주의 사실을 알리는 외국 다큐멘터리들이 몰래 상영되었다.

광주를 짓밟고 들어선 전두환 정부는 정부나 대통령을 비판하는 목소리를 막기 위해 수단과 방법을 가리지 않았다. 마음에 들지 않는 언론 기관을 강제로 통폐합하고 보도 지침을 만들어 배포했다. 언론이 제대로 된 보도를 할 수 없게 원천 봉쇄한 것이다. 당연히 반대 세력이나 학생들의 운동을 강력하게 탄압했다. 한편 전두환 정부는 사회악을 모두 없앤다는 명목으로 군 부대 안에 삼청교육대를 설치하고 폭력배나 부랑배 등을 강제로 끌고 가 혹독한 군대식 훈련과 노동을 시켰다. 여기에 정치범이나 대학생, 무고한 일반 시민 등도 다수 끌려갔고 사망 사건도 적지 않았다.

전두환 정권은 국민들을 달래기 위한 정책을 펴기도 했다. 야간 통행금지를 해제하고 학생들의 교복을 자율화했다. 아시안게임이나 올림픽 같은 국제 스포츠 행사를 유치하고 야구와 씨름은 프로 시대를 열었다. 하지만 이런 것들이 세상을 속이기 위한 사탕발림이라는 것을 사람들은 알고 있었다.

1987년, 박종철과 이한열

전두환 정권이 그토록 가리고 싶어 한 광주의 진실은 시간이 갈수록 점점 드러났고 민주화에 대한 요구도 커져 갔다. 게다가 대통령 친인척이 연루된 부정부패 사건까지 잇달아 터지면서 전두환 정권은 점점 궁지에 몰리고 있었다. 1987년은 전두환의 임기 마지막 해였다. 연말에 새로운 대통령 선거를 앞두고 사람들은 다시 대통령 직선제를 외치기 시작했다. 그런데 민주화 운동을 벌이던 대학생 박종철이 경찰의 조사를 받다가 목숨을 잃는 사건이 일어났다. 당연히 정치적으로, 사회적으로 큰 파장을 일으켰다. 하지만 철저한 조사 요구를 무시하고 사건은 두 경찰관이 조사 과정에 저지른 실수로 서둘러 마무리되고 말았다. 게다가 대통령 직선제에 관해서도 국민의 바람과 어긋나는 발표를 했다. 4월 13일, 전두환 대통령이 간선제를 유지하겠다는 뜻을 담은 호헌 조치를 발표한 것이다. 명분은 개헌에 대해 정치권이 합의하지 못해 기존 헌법대로 할 수밖에 없다는 것이었다. 간선제가 유지되면, 민주적인 정권을 세우는 일은 힘들어질 수밖에 없었다.

그런데 5월 18일, 천주교 정의구현전국사제단이 박종철의 죽음을 축소 왜곡한 사실을 폭로하면서 민주화 운동의 불이 다시 붙었다. 민주적인 헌법을 만들자는 사람들이 모여 '민주 헌법 쟁취 국민운동본부'가 만들어졌다. 이 국민운동본부는 6월 10일에 여는 거대한 대중 집회를 계획했다. 6월 10일은 여당 대표인 노태우가 대통령 후보로 지명되어 전두환의 권력을 이어 가는 것이 선포되는 날이었다. 이를 반대한다는 의미로 같은 날 오후 6시부터 집회를 열기로 한 것이다.

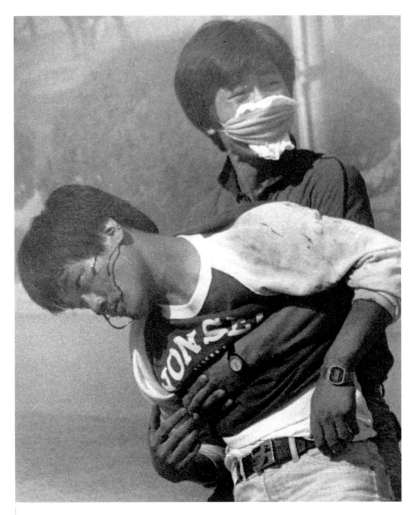

최루탄을 맞고 쓰러지는 이한열

국민대회 전날 각 대학의 학생들도 교내 집회를 열고 6·10대회에 참여할 준비를 하고 있었다. 학생들이 교문 밖으로 나오는 것을 막기 위해 교문 앞에는 전투경찰이 배치되었다.

6월 9일, 연세대에서도 '6·10대회 출정을 위한 연세인 결의 대회'가 열렸다. 경찰은 교문 밖으로 나오려는 학생들을 향해 최루탄을 쏘아 대기 시작했다. 학생들의 대열 맨 앞에 서 교문 밖에 있던 연세대생 이한열은, 전투경찰이 최루탄을 쏘며 학교로 쫓아 들어오자 이를 피해 달리다 뒷머리에 최루탄을 맞고 쓰러졌다. 쓰러진 이한열은 혼수상태에 빠졌고, 10일 대회에 참가할 수 없었다.

민주화 운동의 성지가 된 명동성당

경찰은 시위가 일어날 만한 서울 시내 곳곳에 진을 치고 이날의 집회에 철저히 대응하기로 했다. 하지만 국민운동본부가 정한 시위의 방법은 경찰이 방패와 최루탄으로 막을 수 있는 것이 아니었다. 국민운동본부의 발표대로 거리의 시민들은 손수건을 흔들고, 차량들은 6시 시보에 맞추어 경적을 울렸다. 벽이나 차량에는 '호헌 철폐, 독재 타도'라는 글자들이 자꾸 늘었다.

최루탄을 쏘고 곤봉을 휘두르는 전투경찰에게 시위를 벌이는 대학생이나 시민들이 전처럼 폭력적으로 대응하지 않고 구호를 외치거나 거리에 주저앉는 비폭력 저항에 나섰다. 무장한 전투경찰은 이런 시위대를 억지로 해산하고 학생들을 끌고 갔다. 하지만 분명히 전과 다른 상황이 여기저기서 나타났다. "왜 잡아가요? 학생들을 왜 잡아가요?" 하고 항의하면서 학생들의 시위를 바라보기만 하던 시민들이 경찰을 막아서기 시작했다. 시위에 참여하지 않은 시민도 경찰에 쫓기는 시위대를 숨겨 주거나 시위대에 박수를 쳤다.

경찰에 몰린 시위대는 명동성당으로 모여들었다. 명동성당은 종교계를 대표하는 민주화 운동의 중심지였다. 경찰들은 명동성당을 에워싸고 시위대를 압박했다. 사람들은 명동성당에서 농성을 시작했다. 아무 준비도 없이 갑자기 시작된 농성이지만 시민들의 지지로 힘을 얻었다. 명동성당 농

명동성당 앞의 시위대

성이 시작된 이후 명동성당 벽에는 농성단을 지지하는 대자보가 붙었다. 곳곳에서 시위대를 위한 모금 운동이 벌어지고 천주교 사제단은 농성단을 지원하기 위해 명동성당으로 발길을 옮겼다. 회사원들이 점심시간을 이용해 명동성당 주변에서 호헌 철폐를 외치는 시위를 벌였다. 경찰에게 쫓겨 명동성당에 고립된 시위대는 그렇게 시민들에게 환영받았다.

> 누가 도시락을 주자고 주도했는지 모르겠지만, 그게 자연스러운 일이었어요. "왜 주냐?" 그런 반응은 별로 없었던 것 같고, 다시 도시락을 학교 교문·명동성당 교문으로 갖다 줬는데 그때 도시락 안에 "잘 먹었습니다. 고마워요." 이런 식의 쪽지들이 들어 있었다고 하더라고요.

당시 계성여고 2학년이던 김현숙의 기억이다. 계성여고는 명동성당 옆에 있는 학교다. 민주 헌법을 쟁취하는 일은 여고생들에게도 '자연스러운 일'이었으며 기꺼이 자기 점심 도시락을 양보하고 농성단과 교감하면서 기쁨을 느끼는 일이 되었다.

6월 10일에 시작된 민주화 시위는 명동성당을 중심으로 시민운동이 되어 갔고, 이런 움직임이 전국으로 확산되었다. 지방에서도 많은 사람들이 시위에 참여했다. 경찰과 대치하는 과정에 마찰이 빚어져 폭력적인 상황이 연출되기도 했지만 갈수록 시위는 확산되었다.

18일 거리에서는 시위 현장에서 보기 드문 모습이 펼쳐졌다. 시위대를 막기 위해 무장한 채 서 있던 전투경찰에게 카네이션과 장미를 꽂아 주는 사람들이 등장한 것이다. 꽃을 꽂으면서 그들은 말했다. "전경도 대한민국 국민입니다. 최루탄 쏘지 마세요." "평화와 화해의 꽃이에요." 현장에 있던 한 전투경찰은 그때 심경을 꽃의 가시가 마음을 찌르는 것 같다고 말하기도 했다. 이한열이 최루탄에 맞아 혼수상태에 빠진 이후 시위대를 향해 쏘아지는 최루탄은 민주화 요구를 폭력으로 막아 버리려는 정권의 상징으로 여겨졌다. 시민들은 시위대를 막아서는 경찰들에게 민주화를 위해 함께하자고 평화의 손을 내밀었다.

그리고 26일, 전국에서 국민 평화 대행진이 있었다. 6월 10일 항쟁이 시작된 뒤 가장 큰 규모인 100만여 명이 참여한 집회가 전국적으로 열렸다. 대통령 직선제를 중심으로 헌법을 새로 만들어야 한다는 것은 이제 거스를 수 없는 시대적 요구가 되었다.

6·29선언과 이한열 영결식

민정당 차기 대통령 후보로 지명된 노태우는 직선제 개헌안을 수용한다는 6·29선언을 발표했다. 이로써 새로운 헌법을 세우고 민주적인 절차를 통해

1987년 6월 29일의 풍경
6·29선언이 발표되자 '오늘 기쁜 날 찻값은 무료'라고 써 붙인 가게가 등장했다.

연세대 교문을 나서는 이한열 장례 행렬

새 대통령을 국민이 직접 뽑을 수 있게 되었다. 결국 1987년 뜨거웠던 6월
은 국민이 승리하고, 그해 10월 민주 헌법을 쟁취하는 성과를 냈다.

　그러나 항쟁 과정에서 의식을 잃고 쓰러진 이한열이 끝내 7월 5일에 숨
을 거두어 많은 사람들을 안타깝게 했다. 이한열의 장례식 행렬이 지나간
시청 앞에는 그 전달 26일에 모인 100만여 명의 시위대를 넘어서는 엄청난
인파가 몰려들었다. 비록 그해 연말에 치러진 대통령 선거에서는 야당 후

보들의 분열로 노태우 후보가 당선했지만, 6월 항쟁으로 시민의 힘을 느낀 사람들은 꾸준히 민주화의 흐름을 이어 나갔다.

정권 교체는 실패했지만 국민의 힘으로 민주적인 헌법을 만들어 내면서 민주주의에 대한 자신감과 열망은 한층 더 높아졌다. 그 열기를 노동운동이 이어 갔다. 7월 말 울산 현대중공업을 시작으로 3개월 간 전국적인 노동자 대투쟁이 시작되었다. 사실상 전국 총파업이었고, 이것이 전국 규모의 단일 노조가 없던 상황에서 자연스럽게 발생했다는 점은 더 놀라운 사실이다. 이 시기에 전국적으로 3300여 건의 노동쟁의가 일어나 수많은 노동조합이 생겨나고, 그동안 열악한 환경에서 일하던 노동자들이 비로소 자신들의 목소리를 밖으로 크게 외칠 수 있게 되었다. 또 교사들이 민주적인 학교와 교육을 만들기 위한 전국교직원노동조합을 결성했고, 정치·사회 분야에서 시민을 대변하고 스스로 목소리를 내는 단체, 환경의 중요성을 일깨우며 운동에 앞장서는 단체 등 많은 사람들이 스스로 참여하고 활동하는 민주화의 움직임이 꾸준히 이어졌다.

현재 한국과 일본은 미국과 맺는 관계를 중요하게 생각한다. 따라서 그것이 대등하지 않다고 해도 동아시아나 세계의 움직임을 고려하면 어쩔 수 없다고 생각하는 사람들이 많다. 그런데 미군의 주둔이 필요하다고 주장하는 것이 미군 기지가 놓인 지역 사람들의 눈에는 제멋대로 하는 행동으로 보인다. 오키나와에서 총칼을 겨누면서 기지를 만들던 미군과 2011년 동일본 대지진 때 '친구 작전'이라는 구호 활동을 전개하는 미군의 모습은 대단히 다르게 보였을 것이다. 누구든 추구하고 싶어 하는 평화를 미군 주둔이 지키고 있을까?

남과 북으로 분단된 한반도에서 비무장지대는 사람들이 들어갈 수 없는 지역이기 때문에 야생 조류를 비롯

5

평화 공존의
동아시아를 위하여

한 동물들의 낙원이 되는 아이러니를 낳았다. 새들은 국경이 없다. 그런데 한일 양국 간에는 바다에 떠 있는 자그마한 섬을 둘러싸고 '우리 고유의 영토'를 소리 높여 외치는 대립과 갈등이 있다. 작은 섬이 국가라는 신체의 일부라도 되는 듯하다.

그럼에도 사람들은 바다를 넘나들면서 교류하고 이동한다. 민족 하나가 국가 하나를 만든다는 생각이 빛을 내던 시기도 있다. 지금은 어떨까? 그런 생각이 과연 평화나 풍요로운 삶을 가져올까?

각기 다른 지역의 문화나 습관은 차이는 있지만 상하 관계는 없다. 다른 문화를 접했을 때 공감하려면 상상력이 필요하다. 풍부한 상상력이야말로 평화를 만드는 토대가 되는 것임에 틀림없다.

'생명이야말로 보물'이라는 오키나와의 절규

오키나와와 미군의 관계를 상징적으로 보여 주는 사건이 1995년 9월에 일어났다. 미국 해병대원 세 명이 12세 소녀를 납치해 폭행한 사건이다. 미일지위협정에서는 일본 측이 기소하지 않는 한 용의자의 신병을 일본 측이 구속할 수 없기 때문에 충분한 조사가 불가능했다. 이에 오키나와 사람들의 분노가 폭발했다. 현 내 모든 지자체와 현의회가 항의 결의문을 채택하고, 1972년 일본 복귀 후 최대 규모인 8만 5000명이 모인 현민 총궐기 대회가 열렸다. 왜 오키나와에 이런 일이 일어나는 것일까?

'독립의 날'과 '굴욕의 날'

1949년에 중화인민공화국이 세워지고 1950년에 6·25전쟁이 일어난 뒤로 동아시아에서 냉전이 강화되었다. 미국은 동아시아 정세에 대응해 일본을 공산주의 방파제로 만들기로 했다. 특히 오키나와는 미국의 아시아 태평양 전략에서 핵심적인 위치를 차지해 기지가 점차 늘어났다.

1951년 9월, 샌프란시스코에서 제2차 세계대전의 패전국인 일본과 전승국인 연합국이 평화 조약을 맺었다. 이 조약으로 미국의 일본 점령은 종결되고 일본은 독립국이 되었으나, 오키나와는 일본에서 분리되어 계속 미국 지배하에 있었다. 같은 날 미일안보조약도 체결되었다. 조약이 발효된 다음 해부터 4월 28일을 본토에서는 '독립의 날'이라고 하지만, 오키나와에서는 이날을 '굴욕의 날'이라고 부른다. 그리고 1950년대 기지 반대 운동으

로 본토에서는 미군 기지가 줄어
들었는데, 오키나와에는 기지
가 집중되었다.

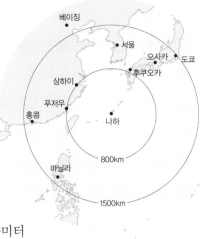

동아시아 속 오키나와

    종전 후부터 평화 조약이
발효될 때까지 7년간 미군은
오키나와의 토지를 무상으로
썼지만, 평화 조약이 발효된
뒤에는 지주와 사용 계약을 맺어
야 했다. 그래서 미국은 3.3제곱미터
당 연평균 1엔으로 20년간 장기 임대 계약을 요
구했다. 콜라가 한 병에 10엔인 시대였다. 군용지를 갖고 있던 지주들은 대
부분 계약을 거부했다. 그러나 1953년 4월에 토지 수용령이 공포되었다.
미군이 토지 수용을 선언할 경우, 지주가 계약을 거부해도 30일이 지나면
미군이 토지를 사용할 권리를 갖는다는 일방적인 내용이었다. 이때부터 미
군의 토지 수용에 저항하는 운동이 오키나와 전역에서 시작되었다. 그 저
항운동을 상징하는 장소가 이에지마다.

토지 몰수에 대한 저항

오키나와 본섬의 서쪽에 있는 이에지마에서 1953년 7월에 퇴거 명령이 떨
어졌다. '이에지마 토지를 지키는 모임' 대표인 아하곤 쇼코 씨를 시작으로
주민들은 미군과 교섭할 때 미군에게 탄압의 구실을 주지 않기 위해 '진정
규정'을 만들어 대항했다.

    · 미군과 접촉할 때 낫, 몽둥이, 그 밖의 물건을 들지 말 것.

· 귀 높이 이상 손을 들지 말 것.

· 큰 소리를 내지 말고, 차분하게 얘기할 것.

· 인간성에서는 생산자인 우리 농민들이 군인보다 우월하다는 것을 자각하고, 파
  괴자인 군인을 인도한다는 마음가짐이 중요함.

　　미군과 교섭할 때 아하곤은 "미군이 오키나와에서 적용하는 토지 수용
법으로 미국의 농민들에게서 토지를 몰수할 수 있는가?" 하고 이 법의 부
당성을 지적했다. 또 미군 병사에 대해서는 '가족이 기다리는 미국으로 돌
아가라, 당신들이 미국으로 돌아가면 행복해진다, 그리고 우리도 행복해질
수 있다'는 논리로 설득했다.

　　1901년 오키나와에서 태어난 아하곤은 19세에 기독교인이 되었고,
24세에 이민 모집에 신청해 남미로 건너갔다. 그리고 33세에 귀국해, 러일
전쟁 때 전쟁 반대를 외치던 우치무라 간조가 건설에 협력한 농민 학교인
'흥농학원'에서 공부했다. 그 후 농민이 생활과 작업을 같이 하면서 무료로
학문과 종교를 배우는 농업 학교를 만들려고 이에지마로 갔다. 그러나 오
키나와 전쟁으로 건설 중이던 학교는 파괴되었고, 아하곤의 아들도 오키나
와 전쟁에서 죽었다. 이에지마의 주민 1500명이 전쟁에서 희생되었고,
1945년 5월에 이에지마가 미군에게 점령되어, 살아남은 주민 2500명은 케
라마 제도로 강제 이주되었다. 전후 주민들이 다시 이에지마로 돌아갔을
때는 섬의 63퍼센트가 미군 기지로 되어 있었다. 이때부터 아하곤의 토지
몰수 반대 운동이 시작되었다.

생명이야말로 보물

미군은 오키나와의 모든 섬에서 완전무장한 병사들을 동원해 주민을 총검

으로 위협하고 폭력으로 제지하면서 불도저로 집을 부수고, 불을 지르고, 농지를 밀어 버렸다. 농토를 빼앗긴 농민들은 텐트에서 생활하면서 출입이 금지된 군용지에 들어가 경작하기 시작했다. 농사를 짓지 않으면 살아갈 수 없었기 때문이다. 이에 대해 미군은 경작하고 있던 농민들을 잇달아 체포해 군사재판에 회부하고 유죄 판결을 내렸다. 그래도 농민들이 농사를 포기하지 않았기 때문에, 미군은 경작지에 석유를 부어 농작물과 나무를 태워 버렸다. 먹을 것이 없어진 사람들은 소철 열매를 주식으로 삼고 감자 같은 것으로 연명했지만 영양실조로 죽는 사람이 나올 정도로 힘들었다.

"우리는 미군이 집을 태워 버려서 살 곳이 없어지고, 일도 없어지고, 먹을 것도 없어졌다. 이제 어떻게 하면 좋단 말인가? 현민 여러분, 가르쳐 주세요." 살기 위해 필요한 모든 수단을 빼앗겨 버린 주민들은 그 비참한 실상을 많은 사람들에게 호소하려고 '구걸'을 결의했다. '구걸 행진'이라 불리

구걸 행진

평화를 이야기하는 아하곤 쇼코

는 이에지마 토지 투쟁 진상 보고 행진이 시작되었다. "구걸하는 것은 부끄럽지 않다. 그러나 우리 토지를 몰수하고 우리를 구걸로 내몬 미군은 더더욱 부끄러울 것이다." 현수막에 이렇게 적어 오키나와의 남쪽에서 북쪽을 향해 10개월도 넘게 행진했다. 이때 이에지마의 토지 투쟁이 전국적으로 주목받기 시작했다.

미군이 기지 건설을 위해 '총검과 불도저'로 주민의 생활을 빼앗았을 때 아하곤을 비롯한 주민들은 폭력을 쓰지 않고 '무저항의 저항'으로 일관했다. 주민에 대한 미군의 비인간적 태도에 주민은 비폭력으로 맞서 인간적·정신적 우위를 지키면서 미군과 충돌했기 때문에 목숨을 잃는 것을 피할 수 있었다.

그 뒤 미 군용지 강제 사용의 부당성을 밝히려는 재판이 시작되고, 이에지마에 '누치토타가라의 집'이 세워졌다. 이 집은 일본이 아시아태평양전쟁을 일으킨 12월 8일에 문을 연 반전 평화 자료관이다. '누치토타가라'는 오키나와에서 예전부터 말해 온 것으로 '생명이야말로 보물이며, 이것보다 중요한 것은 없다'는 뜻이다. 아하곤은 목숨을 빼앗는 전쟁이야말로 최대의 악이며, 기지가 있다는 것은 전쟁이 언젠가 일어난다는 것을 뜻한다고 보았다. 따라서 미군에게 빼앗긴 오키나와의 토지를 지키려는 투쟁은 자신의 목숨과 일본인의 목숨, 그리고 미군의 목숨도 중요하기 때문에 하는 것이라고 주장했다. 이런 자세 때문에 아하곤은 비폭력운동을 전개한 인도의 간디와 비교되어 '오키나와의 간디'라고 불리게 되었다.

조국 복귀 운동과 베트남전쟁 반대 운동

미군 훈련 중의 사고와 범죄 등으로 오키나와 주민의 생활과 안전이 위협받는 일은 끊이지 않았다. 1959년에 우루마 시의 미야모리 초등학교로 미군 제트기가 추락해 어린이 열한 명을 포함한 열일곱 명이 사망하고 200명 넘게 부상을 입은 사건이 있었고, 1965년에는 낙하산 강하 훈련 중 트레일러가 민가를 덮쳐 초등학생이 압사하는 사건이 일어났다.

미군 범죄는 1960년대에 연평균 1000건 가까이 일어났지만, 체포율은 적고 체포되더라도 무죄가 되는 경우가 많았다. 당시 미군 병사들이 일으킨 범죄에 대한 수사권, 체포권, 재판권은 모두 미군이 갖고 있었다. 미군 사령관이 재판장이 되고 판결을 내리는 배심원은 피고의 상사와 동료 중에서 선발되었기 때문에, 사건·사고를 일으킨 병사 중 대부분이 무죄가 되었다. 유죄가 된 경우에도 충분한 배상금을 지불하지 않았고, 형이 집행되었는지를 확인할 수 없었다.

종전 전에 일본에서 차별받던 오키나와에서는 오키나와를 지배하게 된 미군을 해방군으로 생각하고, 일본으로부터 독립을 주장하는 사람들도 나

북부 훈련장

이에 섬

캠프 한센

오키나와 섬

가테나 탄약고

캠프 슈왑

가테나 비행장

나하 항만 시설

화이트 비치

후텐마 비행장

타났다. 그러나 미군의 행동은 모든 것에 우선했고, 군용지를 강제 접수하고 엄격하게 언론을 통제하는 등 주민의 생활과 권리를 제한했다. 그러자 오키나와의 현상을 바꾸려면 오키나와가 평화 헌법을 가진 일본에 복귀할 수밖에 없다는 생각이 오키나와 사람들 사이에 퍼져 갔다.

오키나와의 미군 기지

1965년 2월에 미국이 베트남 내전에 개입해 베트남전쟁이 일어나자, 사세보와 이와쿠니 등 일본 각지에 주둔하고 있던 미군이 오키나와를 경유해서 베트남으로 출격했다. 미일안전보장조약상 재일 미군의 군사행동은 일본 정부와 사전 협의가 필요했기 때문에, 일단 오키나와로 이동한 다음 출격하는 방법을 썼다. 오키나와에서 출격하는 경우, 오키나와가 미일안전보장조약을 적용하지 않는 지역이라서 사전 협의의 대상이 아니었기 때문이다.

이렇게 오키나와가 베트남전쟁의 최전선 기지가 되자 오키나와 사람들 사이에 전쟁에 사용되는 기지의 존재를 인정하면 베트남 사람들을 공격하는 것과 다름없다는 자각이 생겼다. 그래서 많은 사람들이 베트남전쟁 반대 운동에 참여했다.

오키나와의 일본 복귀와 미군 기지

1972년 5월 15일, 27년 만에 오키나와가 일본으로 복귀했다. 일본 정부는 '비핵·본토와 같은 조건의 반환'을 내걸었지만, 현실과 거리가 멀었다. 핵무기는 미일 간 '밀약'으로 일본에 반입되었고, '기지의 섬'이라는 기능도 일본 복귀 뒤 크게 변하지 않았다. 1972년 이후 일본 본토의 미군 기지는 60퍼센트가 반환되었지만, 오키나와에서 반환된 것은 15퍼센트에 지나지 않았다. 그 결과, 일본 전체 면적의 0.6퍼센트에 불과한 오키나와 현이 일본 전체 미군 기지 면적의 74.2퍼센트를 차지하게 되었다. 오키나와 미군 기지는 오키나와 전체 면적의 10.4퍼센트, 오키나와 본토 면적의 18.8퍼센트나 된다.

이렇게 과중한 미군 기지의 존재는 복귀 후에도 예전처럼 오키나와 사람들의 생명을 계속 위협하고 있다. 1972년부터 2008년까지 미군·군속 들의 범죄는 5584건 발생했고, 항공기 추락과 유탄 등에 따른 사건·사고는 1434건을 넘어서고 있다. 1995년의 소녀 폭행 사건은 이런 상황에서 일어난 것이다.

미일안전보장조약과 오키나와

소녀 폭행 사건을 계기로, 다음 해인 1996년 오키나와 현에서는 일본 최초로 미일지위협정의 개정과 기지 축소를 요구하는 현민 투표가 실시되었다. 유권자의 60퍼센트가 투표하고 약 90퍼센트가 찬성 의사를 표시했다. 이것은 전 유권자의 53퍼센트에 해당한다.

미군에게 토지를 빌려주고 임대료를 받는 사람과 미군 기지에서 일하는 종업원 등 미군에 의존해서 생활하는 사람들이 오키나와에는 많다. 또 오키나와에 미군 기지가 있기 때문에 그에 대한 담보로 국가로부터 기지 교부금을 비롯한 거액의 보조금이 지급되고 있다. 오키나와 현 내의 시·군 중에는 기지와 관련된 수입이 세입 총액의 20퍼센트를 넘는 지역도 있다.

이렇게 미군의 존재가 오키나와 현의 경제에 영향을 미치고 있기 때문에 기지의 축소를 요구하는 현민 투표에 사람들이 얼마나 참여하고, 어떻게 의사를 표명할지가 주목받았다. 현민 투표는 기지의 축소, 반환에 대한 오키나와 사람들의 관심과 기대가 크다는 것을 보여 주었다.

오키나와 현민의 이런 움직임은 전국적으로 영향을 끼쳐 미일안전보장 체제의 형태, 오키나와에 집중되어 있는 미군 기지 문제에 대해 여러 논의 를 일으켰다. 전국적으로 고조되는 여론에 대응해 미일 양국 정부는 '오키

후텐마 비행장

나와에 대한 특별 행동 위원회(SACO)'를 설치했다. 이 위원회에서는 후텐마 비행장을 포함해 열 개 시설의 반환을 합의했다. 이것은 오키나와 미군 기지 면적의 21퍼센트에 해당하는 것이다. 그러나 후텐마 기지를 비롯해 대부분의 시설이 현 내 이전을 조건으로 하고 있다. 따라서 오키나와 현민들은 이 합의가 오히려 기지를 고정화하는 결과를 가져온다며 강하게 반발하고 있다.

2009년 총선거에서 자민당이 패하고 민주당이 정권 교체를 실현해 하토야마 내각이 탄생했다. 자민당 정권 시대에 결정된 SACO 합의를 개정하고, 수상 자신이 기지 문제의 상징적 존재인 후텐마 기지의 '국외, 최소한 현외 이전'을 주장했기 때문에 오키나와에서는 기대가 높았다. 그러나 하토야마 내각과 그 뒤를 이은 칸·노다 내각은 오키나와에서 미군의 존재가 아시아 태평양 지역의 안전과 일본의 방위를 위한 억제력이 되고 있다는 미국의 주장을 받아들였다. 이들은 SACO 합의 이전 단계로 돌아가 오키나와 현 내의 나고 시 헤노코에 이전하는 것으로 이야기를 진행하고 있다. 이것은 오키나와 사람들의 깊은 실망과 강한 분노를 불러일으키고 있다.

미군 기지 철거를 요구하는 오키나와의 목소리

2010년 4월, 후텐마 기지의 반환과 기지의 국외·현외 이전을 요구하는 집회가 오키나와에서 열려 9만 명이 참가했다. 그 직후 실시된 현민 설문 조사에서 미군 기지 철거, 국외 이전을 요구하는 소리는 76퍼센트나 되었다. 오키나와 현이 아닌 일본 내 다른 지역으로 옮겨야 한다는 의견은 16퍼센트에 그쳤다. 또 미일 안보 체제의 유지를 지지하는 의견은 7퍼센트밖에 되지 않고, 군사적인 동맹 관계를 끊고 평화 우호 조약으로 바꾸자는 의견은 55퍼센트를 넘었다. 이것은 오키나와의 '아픔'을 다른 현으로 떠넘기려는 것이 아니라 아픔 그 자체를 없애야 한다는 오키나와 사람들의 심정을 나타낸 것이다.

오키나와의 미군 기지 반환 문제는 미일안전보장 체제의 형태와 함께 생각하지 않으면 안 된다. 미일안전보장조약이 맺어진 지 60년이 지났고, 그동안 세계정세는 크게 변했다. 이제 미일 간 군사적 관계를 근본적으로 재정립할 시기가 왔다고 할 수 있다.

주한 미군과
평화를 바라는 사람들

2002년 6월 13일, 중학교 2학년이던 심미선과 신효순이 친구 생일잔치에 가고 있었다. 갓길을 걷던 이 두 학생을 군사훈련 중이던 주한 미군의 장갑차가 덮쳤다. 50톤 장갑차에 깔린 여중생들은 그 자리에서 사망했다. 하지만 주한 미군은 '어느 누구의 과실도 없었다'고 했다. 장갑차의 선임 탑승자와 운전병과 지휘 책임을 맡은 중대장이 무죄 선고를 받았다. 어떻게 이런 결과가 나올 수 있었을까?

불평등한 한미행정협정

한국과 미국의 관계는 일본 식민지였던 한국이 해방되는 것과 함께 본격적으로 시작되었다. 한국인은 대부분 미군을 해방군으로 환영했고, 미국이 자국의 이익보다 자유와 평등이라는 보편적 가치를 존중하는 신사의 나라라고 보았다. 미국과 맺은 우호 관계는 1950년에 6·25전쟁이 일어나면서 더욱 강화되었다. 미국은 유엔군 파견을 주도하고 대규모로 군대를 파견해 북한 침략을 물리쳤다. 전쟁이 끝난 뒤에는 막대한 경제원조로 한국을 도와주었다.

1953년에는 한미상호방위조약을 맺어 미군이 한국에 합법적으로 주둔할 수 있게 되었다. 1966년에는 주한미군지위협정(Status of Forces Agreement)을 맺었다. 이 협정은 영어 이름의 머리글자를 따 소파(SOFA)

라고 불린다. 그런데 이 협정에는 문제점이 있다. 먼저 미군이 주둔하는 목적을 명확히 밝히지 않고 있다. 철수에 관한 협의 규정도 없다. 협정의 유효 기간은 무기한이다. 한국은 미군 주둔 비용을 상당히 많이 부담하는데, 주한 미군이 범죄를 저질러도 제대로 처벌할 수 없다. 주한 미군 기지가 설치됨에 따라 생긴 한국인의 피해도 적절하게 보상받지 못한다.

소파를 개정해야 한다는 목소리가 높아지고 있지만, 미국의 반대와 한국 정부의 소극적 태도로 별다른 진전을 보지 못하고 있다.

청소년 행동의 날

한국인들은 아메리카합중국을 아름다운 나라를 뜻하는 미국(美國)이라는 한자어로 부른다. 개항 무렵인 신미년(1871)에는 미국 군함이 쳐들어와 전쟁을 치렀지만, 한국인들은 미국이 한국을 도와 일본을 물리쳐 줄 것으로 생각했다. 강화도조약과 달리 조미수호통상조약에는 어려울 때 서로 돕는다는 조항이 있었기 때문이다. 그런데 1905년의 가쓰라-태프트 밀약에서 미국이 일본의 한국 지배를 인정했다는 사실이 밝혀졌다. 그런데도 많은 한국인들이 미국에 대한 기대를 버리지 않았다. 해방과 6·25전쟁을 겪으면서 미국의 원조 물자로 허기를 면한 50대 이상 한국인들에게 미국은 (아름다움을 넘어) 은인의 나라로 생각되었다. 미국은 한국을 지켜 주는 자유와 정의의 나라였다.

미국에 대한 인식 변화는 1980년 5·18광주민주화운동을 겪으면서 시작되었다. 당시 전두환의 무력 진압에 반발한 광주 시민들은 미국이 7함대를 파견했다는 소식을 듣고 환호했다. 미국이 군부 독재 세력을 몰아내 줄 거라고 기대했기 때문이다. 그러나 미국이 파견한 항공모함은 북한을 견제하기 위한 것이었지, 광주 시민을 보호하기 위한 것이 아니었다. 더 나아가 미국이 전두환의 광주 학살을 방조했다는 사실이 밝혀지면서 시민들의 의식이 조금씩 바뀌었다. 그래도 한국인들이 가장 호감을 가지고 있는 나라는 여전히 미국이었다.

그래서 두 여학생의 사망 사건은 다른 주한 미군 사건처럼 묻힐 수도 있었다. 이 사건을 사회적 쟁점으로 확대시킨 주인공은 의정부 지역 청소년들이다. 미선과 효순의 언니들이 의정부여고생 200여 명과 함께 미2사단 앞에 찾아가 진상 규명을 요구하며 눈물로 항의 시위를 했다. 학생들은 인터넷을 통해서도 사건을 알리며 청소년들에게 참여를 호소했다. 이들이 정한 '청소년 행동의 날'에는 또래 청소년 수백 명이 의정부역 광장에 모였다.

이 사실이 알려지면서 일부 사회단체들이 참여하기 시작했다. 점차 언론의 주목도 받게 되었다.

이런 와중에 사건의 가해자로 지목된 미군들이 무죄판결을 받았다. 이에 한 네티즌이 11월 30일에 광화문에서 촛불을 들자고 제안했다. 10만이 넘는 시민과 학생이 촛불을 들고 모였다. 촛불집회는 그 전에도 있었다. 하지만 이 집회는 단순한 퍼포먼스가 아니었다. 시민들이 스스로 모여서 평화롭게 자신

미선·효순 추모 집회에 참여한 청소년들

들의 뜻을 보여 주는 시위 문화의 시작이었다. 그 지점에 바로 청소년들이 있었다. 박정희 정권 시절인 1975년 4월, 신일고 학생들이 유신 반대 인쇄물을 뿌려 아홉 명이 구류 처분을 받은 이후 20여 년 만에 주목받은 고등학생들의 사회참여였다. 2002년의 이 촛불집회는 대통령 선거에도 영향을 끼쳤으며, 2008년 미국산 소고기 수입 반대 촛불집회로까지 이어졌다.

괴물이 되기 시작한 미국

2006년에 개봉된 영화 〈괴물〉은 어두컴컴한 미8군 영안실에서 시작된다. 군무원이 시체 방부 처리에 쓰이는 포름알데히드 용액을 싱크대에 부으면,

가족의 사투가 시작된다

한강, 가족, 그리고…

괴물

영화 〈괴물〉 포스터

배경이 천천히 영안실에서 한강으로 바뀌면서 '괴물'의 등장을 암시한다. 영화에 등장한 미군 기지의 독극물 방류 사건은, 실제로 2000년에 미8군 영안실에서 발생했다. '한강'과 '괴물'에 관한 이야기를 준비하던 봉준호 감독은 뉴스를 보고 이 사건을 괴물 탄생의 배경으로 삼기로 결심했다고 한다.

이보다 1년 전인 1999년에는 독극물의 한강 방류, 미군 기지 내의 기름 오염, 매향리 오폭 등 미군과 관

련된 굵직한 사건들이 각 지역에서 터져 나왔다. 이 오염 사건들이 알려지면서, 미국을 보는 사람들의 시각이 조금씩 바뀌었다. 평등하고 상식적인 선에서 한미 관계를 재확립해야 한다는 국민적 요구도 높아졌다. 이런 흐름 속에 두 여중생의 사망 사건이 일어났기 때문에 촛불시위가 대규모로 발전한 것이다.

미국에 대한 인식 변화는 그 뒤 여론조사에서도 드러났다. 한국인에게 가장 좋아하는 나라를 물으면 2001년까지만 해도 미국이라는 답이 36퍼센트를 웃돌았다. 그런데 2003년의 같은 조사에서 응답자 중 25.3퍼센트만 미국이라고 답했다. 2001년보다 10.7퍼센트나 떨어졌다. 특히 20~30대에서 호감도가 크게 떨어진 것으로 나타났다.

세 번씩이나 쫓겨난 사람들

2003년 4월 말 주한 미군은 2사단을 동두천에서 평택으로 이전한다고 밝혔다. 그 대상이 된 마을은 평택시 팽성읍 대추리와 그 일대였다. 1941년에 일본은 팽성읍에 아시아태평양전쟁에 필요한 비행장과 군사기지를 만들면서 주민을 대추리로 강제 이주시켰다. 대추리 주민들은 6·25전쟁이 한창이던 1952년 10월에 또 고향을 떠나야 했다. 미군이 캠프 험프리스(K-6) 기지를 만들었기 때문이다. 당시 대추리에 살던 조선례 할머니는 이렇게 회상한다.

우리는 활주로로 나갔거든. 활주로여 우리 집이. 비행기 뜨는디. 우리는 또 영감님이 일찍 세상 뗘서 아들만 삼 형제 쬐끄만 거 데리고 그냥 쫓겨 나왔지. 불도저로다가 뒤 담부터 밀어 버리고, 창문 있는 디다 잔뜩 흙을 부어 놓고, 나가라고! 그냥 몸뚱이만 내리 쫓겨났지. 그래서 이 동네 사람들이 산에서 살었어. 산이서도 살고 그냥, 겨울이니께! 아주 그냥 제일 추울 때 그렇게 해서 집을 질 수가 있어? 몸 약한 사람들은 그때 다 죽었어요. 어린애들하고 노인네들하고. 쫓겨난 집들이 한 150가구 됐수.

이때 주민들 중 일부는 마을을 떠났지만, 대다수는 떠나지 않고 가까운 마을로 가서 황무지를 일궜다. 집을 짓고, 논과 밭을 일궈서 대추리라는 이름처럼 가을이 풍요로운 마을을 만들어 낸 것이다. 그런데 2007년에 또다시 '주한 미군의 재배치와 국가 안보, 굳건한 한미 동맹'을 내세운 정부가 이를 빼앗아 간 것이다. 세 번째 강제 이주다.

주민들은 "한 번도 아니고, 두 번도 아니고, 세 번씩이나 쫓아낸다는 것이 사람으로서 할 짓이냐?" 하고 저항했다. 토지를 팔고 떠난 주민들도 있지만, 많은 주민들은 수십 년을 고생해서 일궈 낸 삶의 터전을 빼앗길 수 없다며 저항했다.

우리 아들, 멀리도 안 가고 저 산구퉁이에다가 묻었는디. 그래도 보고 싶으면 건너다 보고 가 보는디, 저것을 놔두고 몇 천 리 가서 보고 싶으면 와 보지도 못혀. 묘를 안 해 놔서 평평해지고 흔적이 없어도 그 자리는 알지. 그 자리에 가, 가 갖고 그저 쳐다보고 눈물만 흘리고, 엄마 왔다고 그냥 그려. 근디 내가 딴 데로 가면은 와 보지도 못혀 인자. 그런게 나는 더 못 간다 그랬어, 나는.

20여 년 전에 제대로 먹이지도 못하고 돈이 없어 병원에도 못 간 탓에 열 살 난 큰아들을 잃어야 했던 원정현 할머니가 떠나지 못하는 이유다.

농민들은 끝까지 정부의 매수에 응하지 않았다. 문정현 신부를 중심으로 결성된 단체인 평화유랑단 '평화바람'이 전국을 돌아다니며 미군 기지의 평택 총집결을 반대하는 활동을 펼쳤다.

동아시아의 평화를 위협하는 군사기지 확장

2001년 조지 W. 부시 대통령은 '비핵보유국이라도 생화학 무기를 사용할 경우 미국은 핵으로 보복한다'고 발표했다. 최대의 핵보유국으로서 능력을 한껏 과시한 것이지만 비판이 만만찮았다. 핵전쟁에 대한 우려가 높아지자, 2010년에는 미국이 정책을 바꾸었다. 버락 오바마 대통령이 비핵보유국에 대해서는 '이 국가들이 생화학 무기나 사이버 공간을 이용해 미국을 공격해도 핵무기를 사용하지 않겠다'고 발표했다. 그 대신 미국은 한 시간 안에 전 세계 어디든 신속하게 공격할 수 있는 군사 능력을 확보하겠다는 계획을 밝혔다.

주한 미군은 북한의 침략을 대비하는 임무가 있었다. 그런데 2006년, 미국이 '해외 주둔 미군 재배치 계획(GPR)'을 발표했다. 북한의 침략을 방

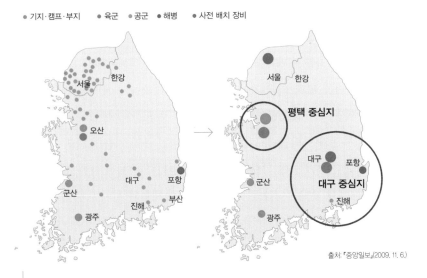

● 기지·캠프·부지　● 육군　● 공군　● 해병　● 사전 배치 장비

출처: 「중앙일보」(2009. 11. 6.)

주한 미군의 작전 지역 변경

각지에 흩어진 기지를 신속기동군의 작전 계획에 따라 크게 두 지역으로 통합하는 안이다.

어하는 임무를 한국군에게 맡기는 대신 주한 미군을 '신속기동군화'한다는 계획이었다. 새로 '신속기동군화'된 주한 미군의 목적은 전 세계 여러 나라의 분쟁 지역에 재빠르게 투입되는 것이다. 즉 북한을 억제하기 위해 한반도에 주둔하던 미군이 한반도뿐만 아니라 중국, 타이완 같은 한반도 주변은 물론이고 아프리카의 분쟁에까지 개입하겠다는 뜻이다.

소파가 개정되지 않는 한 미군이 한국의 동의를 구하지 않은 채 먼저 공격을 단행해도 한국은 어쩔 수 없다. 평택에 주둔하는 신속기동군이 분쟁이나 전쟁에 개입하면, 한국은 의지와 상관없이 그것에 휘말리고 평택은 공격 대상이 될 수 있다. 미국은 '한국민의 의지와 관계없이 동북아 지역 분쟁에 개입하는 일은 없을 것이라는 한국의 입장을 존중한다'고 밝혔다. 하지만 이런 약속이 꼭 지켜진다고 장담할 수는 없다.

평화를 추구하는 사람들

사람은 평화로운 삶을 누릴 권리가 있다. 이를 행복추구권이라고 한다. 사람은 스스로 의사를 결정하고 행동할 권리도 있다. 이를 자기 결정권이라고 한다. 그런데 평택 미군 기지 이전 문제는 평택에서 계속 살려고 하는 사람들의 의견이 제대로 반영되지 못했다.

대추리 주민과 사회단체, 많은 문인과 예술인 들이 미군의 평택 기지 이전에 반대했다. 사람들은 대추리 들판에서 평화를 주제로 시를 읊고 노래를 불렀다. 몇몇 미술 작가는 대추리에 살면서 벽화와 설치 작품을 제작했다. 문인들은 책을 펴냈다. 마을 담벼락에 시가 걸리고 그림이 그려지면서 대추리는 예술 마을로 새롭게 태어났다. 2002년에는 일본 오키나와 사람들이 운동을 벌여 효과를 본 '한 평 반전 지주회'와 비슷한 '미군 기지 확장 예정지 한 평 사기 운동'도 시작했다. 4만 원을 내고 땅 한 평의 주인이 된 뒤 정부의 협의 매수에 응하지 않음으로써 미군 기지 확장을 반대하려고 한 것이다. 한 평 사기 운동에는 일반 시민들도 상당수 참여했다.

그러나 정부는 매수에 응하지 않은 토지 70만 평을 강제 수용하고, 주민들이 농사를 짓지 못하도록 농수로를 끊거나 농로에 굴을 파서 농기계가 들어가지 못하게 방해했다. 그리고 2006년 5월 4일에 대추리 초등학교의 철거를 단행했다. 결국 2007년에 주민들이 어쩔 수 없이 이사하면서 미군 기지는 평택으로 이전했다.

국방부가 평택 토지를 강제 수용한 뒤 '한 평 반전 지주회'는 총회를 열어 공탁금으로 '평택평화센터'를 설립하기로 했다. 현재 평택평화센터는 계속 확장하는 미군 기지의 문제점을 많은 사람에게 알리고, 미군 주둔에 따른 각종 피해를 접수해 피해자들을 지원하고 있다.

오키나와, 평택, 제주

제주도의 남쪽 강정마을에는 해군 기지가 건설되고 있다. 이를 두고 정부·군과 시민·환경단체 등이 상당 기간 대립했다. 건설 중인 기지가 미군 기지는 아니지만, 앞으로 미군 기지가 될 가능성이 있다. 소파 규정상 미국이 요구하면 한국은 군사시설 이용을 허가할 수밖에 없기 때문이다. 제주도는 아시아태평양전쟁 말기 일본군이 일본 본토를 지키기 위해 군사시설을 만들어 놓은 곳이기도 하다. 제주도 곳곳에는 당시 만들어 놓은 진지, 대공포 기지, 활주로 등이 남아 있다.

지금 강정마을 주민들은 대부분 심한 스트레스와 우울증을 앓고 있다. 해군 기지 건설이 주민들의 삶을 외면한 채 진행되었기 때문이다. 기지 건설을 찬성하거나 반대하는 사람들이 서로 싸우는 과정에서 이웃끼리, 한 집안 식구끼리도 심한 마음의 상처를 입었다. 게다가 정부는 기지의 필요성

제주도에 남아 있는 일본군 진지 자리

을 강조하고 보상금을 지불했다는 이유로 사업 진행을 강행했다. 오손도손 평화롭게 살아가던 평범한 마을 사람들의 삶이 뿌리부터 흔들리고 있다.

오키나와와 평택 대추리, 제주 강정마을까지 공통적으로 보이는 모습은 군사기지가 주민의 삶과 평화를 위협한다는 사실이다. '생명이야말로 보물'이라는 오키나와의 구호가 시간과 국경을 넘어 공감을 얻을 수 있는 이유다.

휴전선을 넘어
철마는 달리고 싶다

2011년 10월, 경의선 열차를 몰던 한준기 씨가 별세했다. 1927년 일본 후쿠오카에서 태어나 1945년 11월 귀국해서 기관사가 된 그는 서울과 개성을 거쳐 토성역까지 80여 킬로미터 구간을 오갔다. 그가 마지막으로 몬 기관차는 장단역에서 멈춰 섰다. 분단의 상징처럼 녹이 슨 채 버려져 있는 기관차는 임진각에서 다시 달릴 날을 기다리고 있다. 언제쯤이면 이 기관차가 서울에서 개성을 거쳐 신의주까지 다시 달릴 수 있을까?

58년 만에 만난 100세 엄마와 75세 딸

2009년 9월 29일, 금강산 이산가족 면회소에서 100살 된 백발 할머니 김유중 씨가 75세의 셋째 딸 리혜경 씨를 만났다. 서울에서 금강산까지는 차로 네 시간밖에 안 걸리지만, 모녀가 만나는 데 58년이나 걸렸다. 말없이 우는 남측 엄마에게 북측 딸이 "엄마, 울지 마세요." 하면서 눈물을 닦아드렸다. 겨우 이틀 만남을 뒤로하고 모녀는 다시 헤어졌다.

분단과 전쟁으로 한반도에는 수많은 이산가족이 생겨났다. 이산가족은 전쟁이 끝난 뒤 32년 동안 서로 만날 수 없었다. 남북한이 서로 적으로 여기고 교류하지 않았기 때문이다.

남북 정부가 이산가족 상봉을 처음으로 논의한 것은 1971년이고, 1985년이 되어서야 비로소 만날 수 있었다. 2010년까지 만난 이산가족은

2009년 남북이산가족 상봉 현장
58년 만에 100세 엄마와 75세 딸이 만났다.

모두 4130가족, 2만 848명이다. 그것도 며칠 동안 짧게 만날 수 있었을 뿐
이다. 편지 교환이나 자유 왕래는 꿈일 뿐이다. 2002년, 남북 정부는 원하
는 때에 가족을 만날 수 있는 이산가족 면회소를 금강산에 설치하는 데 합
의했다. 건물은 2007년에 완공되었지만, 남북 관계 악화로 문이 굳게 닫혀
있다.

　2010년 8월 말 현재 남한 정부에 등록된 이산가족찾기 신청자 수는
12만 8129명이다. 이 중 4만 4444명은 이미 사망했다. 남아 있는 신청자들
의 연령도 70세 이상이 77퍼센트를 넘어, 앞으로는 이산가족 상봉이 아니
라 돌아가신 분의 무덤을 찾아가야 할 상황으로 변하고 있다.

대결에서 대화로

이산가족이 겪는 아픔은 남북이 지금도 서로 적대시하며 대치하는 상황을 잘 보여 준다. 이승만 정권을 비롯한 역대 정권은 반대 세력을 빨갱이로 몰아 탄압했다. 제3대 대통령 선거에서 진보당 당수 조봉암이 평화 통일을 주장하며 돌풍을 일으켰는데, 이승만 정권은 그를 간첩으로 몰아 사형했다. 이런 상황에서 드러내 놓고 남북 대화를 주장하기는 쉽지 않았다.

하지만 남북 교류와 평화 통일을 주장하는 목소리가 작아도 끊이지는 않았다. 평화 통일 주장은 4·19혁명으로 이승만 정권이 무너지자 봇물처럼 터져 나왔다. 먼저 혁명을 주도한 학생들이 시국 토론회를 통해 통일 문제를 제기했다. 여러 혁신 정당과 사회단체들은 청년 학생들과 힘을 합쳐 남북 협상을 주장했다. 평화 통일 운동은 남북 학생 회담과 남북 학술 토론회를 제의하는 등 점차 구체화되면서 거세졌다. 이때 가장 주목받은 것이 한반도를 스위스처럼 영세 중립국으로 만들어 통일하자는 중립화 통일론이다. 이런 열기는 한국인들이 이승만 정부의 혹독한 탄압 속에서도 통일을 바라고 있었기 때문에 가능한 것이었다. 1950년대 후반 한국에서 농민을 대상으로 여론조사를 했다. "당신이 가장 소원하는 바가 무엇이오?"라는 질문에 농민들은 '잘 사는 것', '자식들이 잘 되는 것'만큼 '민족 통일'이 중요하다고 대답했다.

4·19혁명 뒤 집권한 장면 정부는 '평화 통일'의 원칙을 세웠다. 북한을 '타도의 대상'에서 '공존을 통한 통일의 상대'로 여긴 것이다. 하지만 장면 정부와 보수 세력들은 평화 통일 정책을 내세우면서도 '선건설 후통일'을 주장했다. 즉 경제개발에 집중해서 북한에 대한 경제적 우위를 갖춘 다음 체제 우월성을 바탕으로 통일을 이루자는 것이었다. 이 주장은 통일을 위한 경제개발이라기보다는 경제개발을 위한 통일 유보론에 가까웠고, 최소

4·19혁명 이후 통일을 간절히 바라는 시민들의 시위 행렬

한의 남북 교류와 접촉도 시도하지 않아 통일 논의에 실질적인 진전은 가져오지 못했다.

　5·16쿠데타로 대화와 협상을 통한 평화 통일 주장은 다시 된서리를 맞고 말았다. 박정희 정권은 반공을 국시로 삼고 한국·미국·일본의 삼각 동맹을 강화해 북한을 압박했다. 정권에 반대하는 세력은 툭하면 반공법, 국가보안법 위반 혐의로 구속했다. 심지어 사형선고를 내리고 열여덟 시간 만에 사형을 집행하기도 했다. 빨갱이로 찍히면 정상적인 생활을 할 수 없었다.

　그러나 이렇게 혹독한 탄압도 남북 대화를 주장하는 사람들을 완전히 잠재울 수는 없었다. 대결 상황은 1970년을 전후한 시기부터 바뀌었다. 베트남전쟁에서 어려움을 겪던 미국 대통령 닉슨은 1969년에 "아시아 국가들은 그들 국가의 방위를 스스로 책임질 수 있어야 한다. 미국은 앞으로 아시아 지역에서 발생하는 전쟁에 개입하지 않을 것이다." 하고 선언했다. 이 선언은 결국 미국과 중국, 중국과 일본의 국교 정상화로 이어졌다. 국내의 경우 1971년 제7대 대통령 선거에서 야당 후보 김대중이 비정치적 남북 교류, 한반도 평화를 위한 4대국 안전 보장안 등을 선거 공약으로 내걸었다. 김대중은 예상을 뛰어넘는 돌풍을 일으켜 박정희 정부를 놀라게 했다. 이어진 국회의원 선거에서 공화당이 승리했지만, 야당도 개헌을 막을 수 있는 의석을 확보했다.

이런 변화에 따라 박정희 정권은 북한과 고위 정치 교섭을 해 1972년 7월 4일에 '자주·평화·민족 대단결'이라는 통일 원칙을 발표했다. 7·4남북 공동성명은 정부 당국자들 간 비밀 회담으로 만들어졌고, 남북한 정권이 저마다 권력 기반 강화에 이용했다는 비판을 받고 있다. 하지만 대결을 지향하는 통일 노선을 버리고 평화 통일의 원칙에 합의했다는 데 큰 의의가 있다.

남북한 정권이 필요에 따라 만든 화해 분위기는 오래가지 못하고, 1973년에 다시 대결 국면으로 돌아갔다. 하지만 남북은 조금씩 대화와 교류의 폭을 넓혀 갔다. 1980년대 들어 적십자 회담과 올림픽 단일팀 출전을 위한 체육 회담 등을 열었다. 남북은 무력 통일이 아닌 평화 통일 방안도 내놓았다. 남한은 경제와 민간 교류 등을 확대하면서 상호 신뢰를 회복한 다음 통일을 이룬다는 '한민족 공동체 통일 방안'을 내놓았고, 북한은 남과 북에 다른 체제를 갖는 '연방제 통일 방안'을 주장했다.

치바의 하늘에 날린 한반도기

1991년 일본 치바에서 세계탁구선수권대회가 열렸다. 이때 남북 단일팀이 구성되었고, 관중석에는 태극기와 인공기 대신 하늘색으로 한반도를 그린

세계탁구선수권대회의 한반도기
1991년 4월 일본 치바에서 열린 세계탁구선수권대회에 남북이 단일팀으로 참가해 한반도기가 사용되었다.

한반도기가 처음으로 등장했다. 그리고 남한의 현정화와 북한의 이분희가
중심이 된 단일팀이 단체전에서 중국을 꺾고 우승을 차지했다. 당시 일본
에 있던 한 유학생은 이렇게 말한다.

> 1970년대 한국에서 초등학교를 다녔던 제게 북한은 붉은 피부를 하고 얼굴에 흉
> 악한 털이 나고 먹이를 향해 탐욕스럽게 침을 흘리는 늑대였습니다. 그러나
> 1991년 치바에서의 단일팀은 통일의 가능성을 피부로 와 닿게 한 것이었습니다.
> 지금까지 보지 못했던 감동의 깃발. 하얀 바탕에 하늘색 한반도 깃발. 그 한반도
> 깃발 아래 하나가 되었던 남과 북. 조국이 분단된 것도 서러운데, 남과 북으로 갈
> 라져 남의 땅인 일본에서조차 서로 하나가 되지 못했던 동포들이 얼싸안고 함께
> 응원을 했던 순간들. 통일의 가능성을 직접 피부로 보여 준 사건이었습니다.

온통 빨간색으로 칠해졌던 기억 속의 북한은 치바의 남북 단일팀을 계기로 무너지기 시작했다. 이것은 당시 무르익은 남북 화해의 분위기 덕이기도 했다.

남한에서 1987년 6월의 민주 항쟁을 거치면서 통일에 대한 열기가 피어올랐다. 이 열기가 1988년 올림픽 공동 개최 노력으로 이어졌지만, 공동 개최는 무산되고 말았다. 마침 평양에서 세계청년학생축전이 열렸고, 북한의 주최 측이 한국 대학생의 참석을 요청했다. 학생들은 정부에 참가 허가를 요청했지만 정부가 허가하지 않았다. 1989년은 민주화와 통일 운동을 주도하던 문익환 목사와 군사정부에 저항하면서 사회 비판적인 작품을 많이 발표한 작가 황석영이 비밀리에 북한을 방문해 발칵 뒤집혀져 있던 시기다. 이들은 북한을 고립시키는 미국의 정책에 따라 정부가 주도하는 통일 정책을 극복하고 민간이 주도하는 통일 운동을 시도하기 위해 방북했다.

이때 대학생 임수경은 도쿄와 서베를린, 동베를린을 거쳐 평양에 도착했다. 그리고 '하나 된 조국'과 '평화'를 외쳤다. 백두산에서 판문점까지 행진한 그녀는 걸어서 군사분계선을 넘어 통일 의지를 밝히려고 했다. 그러나 북한은 물론이고 경비를 담당한 유엔군도 돌발 사태를 우려해 이를 반대했다. 그러나 그녀는 뜻을 굽히지 않고 8월 15일, 그를 데리러 북한에 간 가톨릭 신부와 함께 군사분계선을 걸어서 넘어왔다.

1987년에는 한국의 민주화 운동이 만개했다. 독일이 통일되고 소련이 해체되는 등 동유럽의 민주화와 개방을 경험했다. 한국 정부는 적극적인 북방 정책을 통해 소련, 중국 등과 국교를 맺었다. 또 남북 관계 개선과 한반도 평화 정착을 위해 유엔 가입을 추진했다. 그때까지 줄곧 단일 국호와 단일 의석으로 유엔 가입을 주장하던 북한도 변화하는 국제 정세, 사회주의권의 약화와 고립을 우려해 기존 주장을 바꾸지 않으면 안 되었다. 이에 따라 1991년 9월, 남북한이 유엔에 동시 가입했다. 유엔 동시 가입은 한반도의 두 나라를 공식적으로 인정해 분단을 영구화한다는 우려가 있었지만, 남북한 중 어느 쪽도 한반도의 유일한 합법 정부라는 주장을 더는 하지 못하고 화해와 공존을 통한 통일의 길을 모색하게 했다.

유엔 동시 가입을 계기로 한반도의 평화 정착을 향해 한 걸음 더 내딛은 남북한은 1991년 12월에 평화 통일을 위한 기본 틀로서 남북 기본 합의서를 체결했다. 기본 합의서는 통일을 한민족의 공동 번영을 위한 과정으로 보았다. 그리고 남북한이 당장 통일할 수는 없지만 서로 상대방의 체제를 인정하고, 군사적으로 침범하지 않으며, 교류와 협력을 통해 단계적으로 통일을 향해 간다는 약속을 공식적으로 발표한 것에 큰 의미가 있다. 또 밀사 외교가 아니라, 남북의 고위 관리가 공식 회담을 통해 합의했다는 점에서 남북 대화의 새로운 장을 마련한 것이기도 하다. 통일을 위한 협력의 시대가 공식적으로 열린 것이다.

남북 화해를 연 사람들

한국의 최대 재벌이라고 할 수 있던 정주영이 1998년 6월에 소 500마리를 끌고 북한에 갔다. 북한이 고향인 그는 어린 시절 집에서 소 판 돈을 몰래 훔쳐 가지고 나왔다고 한다. 갈라진 한반도에서 자신이 할 수 있는 마지막 일이 남북한의 화해와 통일에 대한 기여라고 생각한 그가 어린 시절의 빚을 갚으며 민간 교류에 앞장선 것이다. 1998년에 출범한 김대중 정부도 '햇볕 정책'이라고 불리는 남북 화해 협력 정책을 입안해 북한에 대한 유화 정책을 추진했다.

1998년 11월 18일 강원도 동해항에서는 1418명을 태운 유람선이 북한 금강산을 향해 출발했다. 백두산과 함께 한민족의 영산으로 꼽히는 금강산에서 분단 반세기 만에 최대 규모의 민간인 교류가 펼쳐진 것이다. "이번엔

김대중과 김정일
2000년 6월 평양에서 남북정상회담이 열려 남쪽의 김대중 대통령과 북쪽의 김정일 국방위원장이 손을 마주 잡고 있다.

그저 금강산만 보고 오겠지만, 우리가 이렇게 가다 보면 나중에 오는 사람들은 가족을 만나고 고향에도 갈 수 있을 거야." 월남한 지 반세기 만에 꿈에 그리던 북녘 땅을 밟은 90세 노인은 '하늘을 날 것처럼 기분이 좋다'며 웃었다. 금강산에서 북쪽 관리인이 남쪽 관광객들에게 금강산 노래를 불러주고, 관광객들은 〈우리의 소원〉을 같이 부르기도 했다. 남쪽의 관광객은 '작은 통일이 이루어졌다'면서 '자주 오고 가면 더욱 친해질 것'이라고 했다. 몇 해 전까지만 해도 상상조차 못할 일이었지만 남한 민간인의 북한 방문은 진정한 화해를 향한 큰 발걸음이었다.

2000년 6월 15일에는 평양에서 한국의 김대중 대통령과 북한의 김정일 국방위원장이 만났다. 분단 이후 처음으로 남북한 정상이 만난 것이다. 양국이 합의한 공동 선언은 남북한의 통일과 미래에 대한 이정표를 제시했다. 1972년 공동성명에서 '외세 의존과 간섭을 배제'한 통일에 합의했다면, 이 회담에서는 '낮은 단계의 연방제'라고 하는 구체적인 국가 체제를 바탕으로 '우리 민족끼리 힘을 합쳐 자주적으로 해결'하자고 해 좀 더 적극적인 통일 구상을 보여 주었다.

2007년 10월에는 노무현 대통령이 평양에서 김정일 국방위원장을 만나 두 번째 정상회담을 했다. 이때는 2000년에 합의한 내용에서 한발 더 나아가 한반도의 안정적인 평화 체제를 구축하기 위한 실무적인 협의를 진행했다. 그리고 상호 불가침 의무 준수, 남북한의 군사적 분쟁을 막기 위한 서해 평화 협력 특별 지대 설치, 공동 어로 구역과 평화 수역 설정, 백두산 관광, 이산가족 영상 편지 교환 사업 등 구체적인 방안이 논의되었다. 남북이 갈라진 60여 년 동안 팽배하던 불신과 적대적 관계 대신 같은 민족으로서 서로 신뢰를 회복할 수 있는 계기를 만든 것이다. 금강산 관광 확대와 경의선 철도 연결을 통한 경제협력의 활성화, 이산가족의 지속적인 만남 등 민간 교류의 확대는 선언에 그치던 남북한의 만남이 일반인들도 피부로 느낄 수 있을 만큼 가까워졌다는 것을 말해 주었다.

다문화 공생 사회를 지향하는
한국과 일본

일본에서도 한국에서도 피부색이 다르고 문화도 다른 다양한 사람들이 함께 살고 있다. 세계화 시대이기 때문에 서로 다른 문화를 가진 사람들이 우리 주변에 점점 늘고 있다. 이 사람들은 어떻게 살고 있을까? 그리고 이 사람들을 우리 사회는 어떻게 받아들여야 할까?

두 명의 재일 한국인이 걸어온 길

2011년 9월 2일, 사이타마 현 사이타마 시에 있는 사이타마 스타디움 2002에서 월드컵 아시아 예선이 열렸다. 일본 대표와 북한 대표의 시합이었다. 경기장에는 북한의 지원을 받는 조총련계 학교인 조선학교를 졸업한 두 선수가 있었다. 한 사람은 북한 대표인 정대세, 또 한 사람은 일본 대표인 이충성이다. 일본에서 그들은 각각 '정대세', '리 타다나리'라고 불린다. 묘하게도 두 사람 모두 스트라이커다.

정대세는 1984년 재일 한국인 2세인 부모 아래 태어났다. 아버지는 한국 국적, 어머니는 조선적을 가졌다. 그래서 정대세가 입학할 무렵 어느 학교에 갈지를 두고 언쟁이 있었다고 한다. 어머니는 정대세를 조선학교에 보내 조선인으로서 살아가게 하고 싶어 했다. 조선고교를 졸업하고 조선대

북한 대표 정대세   일본 대표 이충성

학교에 진학한 정대세는 축구 재능이 만개해 프로의 길로 접어들었다. 일본 J리그를 거쳐 독일에서도 활약했고, 현재 한국의 K리그에 소속되어 있다. 2010년에는 북한의 국가대표로서 북한이 44년 만에 월드컵 본선에 진출하는 데 공을 세웠다. 그는 정치의 벽을 허물었다. 한국 국적을 포기하고 조선적을 취득하려고 했지만, 한국 정부가 거부했다. 광복 이전의 국적인 조선적을 가진 사람들은, 남한도 북한도 아닌 통일 국가의 국적을 원하는 경우와 북한 국적을 갖고 싶은데 북한이 일본과 국교를 맺지 않은 상태라 갖지 못하는 경우가 있다. 한국 정부는 북한을 국가로 인정하지 않기 때문에 국적 포기 신청 접수를 거부한 것이다. 그런데 이때 재일본조선인축구협회의 도움을 얻어 한국 국적을 유지한 채로 북한의 여권을 취득해 국제축구연맹(FIFA)으로부터 북한 대표로서 출장하는 것을 인정받았다.

한편 1985년에 태어난 이충성은 축구 선수가 되려고 하던 아버지의 영향으로 어렸을 때부터 축구를 아주 좋아했다. 초등학교는 조선학교를 다녔지만 축구를 하기 위해 일본 중학교와 고등학교에 진학했고, 18세에 프로 선수가 되었다. 그 뒤 청소년(U-19) 한국 대표 후보로 선발되어 훈련 캠프에 참가했지만 재일 한국인이라서 팀 동료들로부터 냉대를 받았다고 한다. 2007년에는 일본 국적을 취득하고 일본 올림픽 대표 선수로 선발되었다. 이때 이충성은 일본식 이름을 쓰면서도 '이(李)'라는 성을 남겨 일본 사회에서 자긍심을 갖고 살아가기로 결정했다고 말했다. J리그에서 팀을 옮긴 그는 슬럼프에 빠지고 무릎 부상으로 재활 기간을 겪기도 했다. 그래도 스트라이커로서 자긍심을 버리지 않았고, 영국 프리미어리그를 거친 뒤 다시 J리그에서 활약하고 있다.

이름을 쓰면 내 몸에 피가 끓는 것 같다

히가시오사카 시에는 재일 한국인이 많이 다니는 공립 중학교의 야간 학급이 있다. 1972년 개교 당시 20퍼센트 정도이던 재일 한국인 학생이 개교 2년 만에 절반을 차지하기도 했다. 재일 한국인이 많이 사는 오사카 시에서도 가까워 학군 밖에서 다니는 학생들도 있다.

그리고 고령의 여학생도 많다. 80세를 넘은 나이에 10년 넘게 학교를 다니는 경우도 있다. 이들은 한반도에서 건너간 재일 한국인 1세로 거의 대부분이 교육을 받지 못했다. 경제적 문제와 가정 사정으로 학교에 다닐 기회가 없었다. 학교에 다니면 연필 쥐는 법부터 시작해 일본어의 기초인 '아이우에오(あいうえお)'와 자기 이름 쓰는 법을 배운다. 일본에서 오래 살았기 때문에 일본어 회화는 어느 정도 할 수 있지만, 간판의 글자 같은 것은 간신히 읽었다. 70세를 넘은 재일 한국인 가운데 남성은 80퍼센트 이상이 일본어를 읽을 수 있지만, 여성의 경우 30퍼센트도 안 되었다.

나이 많은 여학생들은 조금만 지나면 주변에 자신과 처지가 비슷한 학생들이 있다는 것을 알게 된다. 교실에서는 교사와 학생들이 모두 본명을 사용한다. 1920년생인 어느 학생은 "우리들은 은행, 직장 등 어디서나 일본 이름을 사용한다. 여기에서는 선생님이 이갑순 씨라고 부를 때 깜짝 놀랐다." 하고 글을 지었다. 비록 일본어라도 글로 쓰면 자기 체험을 남기기 시작한다. 때로는 가족에게도 말하지 못하고 가슴에 담아 두던 것을 표현하기도 한다. 자기 이름을 쓰면 '내 몸에 피가 끓는 것 같다'고 느끼는 사람도 있다.

그런데 1993년 교육위원회가, 초등학교와 중학교에 다니지 못하거나 졸업하지 못한 사람들이 국적과 연령을 불문하고 몇 년이라도 다닐 수 있는 야간 중학교를 1킬로미터 이상 떨어진 곳으로 이전한다는 방침을 갑자기 발표했다. 180명이 넘는 학생을 대상으로 교실은 세 개뿐인 데다 보건 교사가 없고 자전거 주차장도 없는 곳으로 가라는 건 차별이라고밖에 할 수 없는 조치였다.

그래서 학생회가 중심이 되어 절박한 처지를 알리는 글을 돌리고 교육위원회에 항의하는 연좌 농성까지 하면서 '우리 야간 중학교를 빼앗지 말아 달라'고 호소했다. 일본인도 참가한 운동이 결실을 맺어 2001년에는 특별히 새로운 야간 중학교가 설립되었다. 이런 공립 야간 중학교는 일본 전역에 35개교가 있고 학생 수는 거의 3000명이다. 2000년대 이후 재일 한국인보다는 일본에 새로 들어온 외국인, 즉 뉴커머 학생들이 늘고 있다.

재일 한국인이 닦은 다문화 공생 사회의 길

1951년에 재일 한국인은 일본 국적을 잃고 무권리 상태에 놓이게 되었다. 게다가 연합국총사령부의 점령과 6·25전쟁을 거쳐 냉전 체제가 지속되는 중에 재일 한국인에 대한 일본 국내의 인권 침해가 끊이지 않아 생활이 어려웠다. 그러나 1970년대에 들어 일본에서 생활하는 주민으로서 재일 한국인이라는 의식을 갖고 국적 조항·취업 차별 철폐 운동을 확산시켜 나갔다. 재일 한국인 2세 박종석은 아이치 현에서 태어나 아라이 쇼지라는 일본식 통명으로 일본인 학교를 졸업하고, 스무 살이 되던 1970년에 일본 이름으로 히타치제작소 채용 시험을 봤다. 결과는 합격이었다. 그런데 합격 후 회사가 호적등본 제출을 요구했다. 일본인이 아니라 일본 호적등본이 없던 그는 자신이 재일 한국인이라는 것을 회사에 말했다. 그러자 회사가 외국인은 고용하지 않는다면서 채용을 취소했다. 그는 이것을 취업 차별·민족 차별이라고 여겨 재판을 청구했다.

이 히타치 취업 차별 재판이 재일 한국인과 일본인들의 지지를 받았다. 4년간 소송을 진행한 결과 히타치제작소의 행위가 위법이라는 판결이 나왔고, 박종석은 히타치제작소에 취업할 수 있었다. 입사할 때 아라이 쇼지가 아니라 박종석이라는 이름을 썼다.

그 뒤 공영주택 입주와 아동 수당 지급의 조건인 국적 조항이 철폐되었다. 1975년에는 오사카 부 오사카 시, 그리고 1980년에는 전 일본에서 공영·공단 주택 입주와 주택금융공사·국민금융금고 이용이 가능해졌다. 지금까지 많은 재일 한국인 변호사가 탄생했고, 권리 옹호 운동은 한층 더 속도를 내고 있다.

일본에서 공무원이 되려면 일본 국적을 취득해야 한다는 국적 조항이 있었지만, 1982년 임용특별조치법으로 다른 나라 국적으로도 국공립 대학의 교원이 될 수 있는 길이 열렸다. 또 1979년에 오사카 부 야오 시는 지방자치단체 중 처음으로 시 직원의 국적 조항을 철폐했다. 1996년에는 가나가와 현 가와사키 시가 소방대원을 제외한 일반 사무직의 국적 조항을 철폐했다.

이렇게 재일 한국인이 꾸준히 운동하고 국제적으로 인권 의식이 고양되는 가운데 일본 정부와 지방자치단체는 참정권·취업·교육을 둘러싼 인권 침해를 시정하라는 압력을 받고 있다.

짜장면, 그리고 재한 화교의 역사

한국에서 친숙한 음식인 짜장면은 복잡한 역사가 있다. 인천 차이나타운의 언덕을 올라가 보면 '원조 짜장면'이라는 가게가 있다. 짜장면은 한국에서 인기 있는 중화요리인 동시에 재한 화교의 역사다. 1882년 제물포조약으로 당시 산둥반도에서 인천으로 이주해 온 사람들이 짜장면을 만들기 시작해 한국에 정착시켰다고 한다. 그 뒤 청일전쟁·한국병합·중일전쟁 등의 복잡한 역사를 거쳤고, 재한 화교의 수가 1942년에 8만 2000여 명으로 절정이었다. 1945년에는 1만 2648명이었고, 냉전·분단 상황에서 한국과 타이완의 관계가 지속된 1961년에는 2만 3975명으로 증가하기도 했다.

그러나 1961년에 박정희 정부가 외국인의 토지 소유를 제한한 '외국인 토지법'을 제정하자 화교의 토지 소유와 경제활동이 제한되었다. 게다가 1963년에는 출입국 허가제를 실시했다. 이런 상황을 겪고도 짜장면은 1980년대에 한국의 일반적 음식이 되었다. 1992년에 한국이 중국과 국교를 맺고 타이완과는 국교를 단절하자, 재한 화교는 귀속 선택을 고민하게 되었다.

'내 국적은 타이완이지만, 고향은 아니다. 부모가 산둥성 출신이기 때문에 그곳이 고향이다.' 이렇게 생각하는 50대 이상의 화교도 있지만, 한국을 고향으로 여기는 10~30대의 젊은이도 많았다. 그들이 주로 쓰는 언어는 한국어지만 중국인으로서 의식도 있었다. 재한 화교들은 한국 정부는 그들을 난민으로 취급하고, 타이완인은 그들을 한국인으로 생각하며, 중국은 타이완 교민으로 취급한다고 느끼고 있다.

인천의 차이나타운 입구

 한편 인천공항과 인천항을 통해 중국과 왕래가 증가하고, 그에 따라 인천의 차이나타운도 짜장면 축제를 열기도 하며 관광지로서 활성화되고 있다.

 젊은 세대의 한국 화교들은 한국·타이완·중국이 각각 변하는 가운데 앞으로 국적을 한국과 중국 중 어느 나라 것으로 할지, 또는 현재 국적인 타이완 국적을 그대로 둘지에 대해 고민하고 있다.

한국과 일본의 다문화 공생

한국에 외국인이 화교만 있는 것은 아니다. 이미 외국인 인구가 100만 명을 넘어선 한국에서는 외국인 연예인과 외국인 선수의 활약을 자주 볼 수 있다. 학교에도 외국인 학생들이 있는 학급이 있고, 집 가까이에 외국인이 사는 경우도 있다. 외국인과 결혼하는 경우도 있다. 현재 서울에는 이슬람 마을, 일본 마을, 이탈리아 마을 등 외국인이 모여 사는 곳도 있다. 이곳에 사는 사람들은 자신들의 문화를 소중하게 여기면서 살고 있다. 바야흐로 한국 사회는 어떤 국적을 갖고 있든 저마다 자신들의 문화를 소중하게 여기면서 살 수 있는 사회를 지향한다.

한국은 일본 식민 지배에 대한 반발 때문인지, 한민족이라는 단일민족의 사고방식과 한국 문화라는 문화적 동일성을 강조한다. 그러나 지금과 같이 외국인 노동자와 국제결혼이 증가하는 세계화가 진전되는 가운데 민족은 달라도 한국 국민으로서 살아가는 사람들도 늘어나고 있다. 이와 반대로 한민족이지만 다른 나라 국민으로 사는 사람들도 늘어나고 있다. 이제 한국 사회도 변화에 적절히 대응하지 않으면 안 되는 상황이다.

2008년은 일본에서 브라질로 이민을 시작한 지 100년이 되는 해다. 브라질에서 일본계 브라질인으로 생활하는 사람이 있고, 그 2세·3세 중에는 일본에 가서 생활하는 사람도 있다. 게다가 하와이·미국 본토·페루를 비롯한 중남미로 많은 사람들이 이민을 가서 재외 일본인으로 생활하고 있다. 또 2011년 현재 일본에는 한반도와 중국, 브라질, 필리핀 등 여러 지역 출신 재일 외국인 등록자가 200만 명 정도 살고 있다. 도쿄 시부야에는 이슬람 사원인 '도쿄 자미'도 있다.

한국은 2002년에 미국 이민 100주년을 맞이했다. 미국 이민을 전후해 러시아, 중국, 일본 이민도 시작되어 현재 약 700만 명의 한국인이 해외에서 생활하고 있다. 물론 한국에도 일본과 중국 등 여러 지역의 사람들이 건너와 산다. 2010년 현재 중국, 미국, 동남아시아, 일본 등에서 온 약 125만 명이 한국에 있다.

재한 외국인과 재외 한국인의 참정권 보장

1997년 12월, 한국은 '국적법'을 개정해 아이들이 태어났을 때 부모 중 어느 한쪽이 한국인이면 한국 국적을 가질 수 있게 해 그 전까지 적용하던 부계 혈통주의를 개정했다. 따라서 재한 화교의 한국 국적 취득이 쉬워졌다.

2007년 8월 한국 내 외국인이 100만 명, 그중 외국인 등록을 한 사람은 약 72만 명이다. 국적별로는 중국 국적자가 약 44만 명이고, 미국·베트남·필리핀·타이·일본 국적자가 그 뒤를 잇는다. 이 재한 외국인 중에는 국제결혼을 한 외국인과 단순 기능직 노동자도 있다. 한국은 재류 외국인의 인권을 옹호하는 방향으로 노력하고 있다. 급증하는 외국인과 공생하기 위해, 또 사회 통합을 위해 '재한외국인처우기본법'이 2007년 5월에 제정되어

서울 용산구의 이슬람 사원
1976년에 한국 최초의 모스크로 건축되었다.

'재한 외국인'과 '결혼이민자'의 처우 개선을 도모하기 시작한 것이다.

또 2005년 6월에 '영주외국인지방선거권법'이 제정되어 영주 재류 자격을 취득한 날부터 3년이 경과한 19세 이상의 외국인은 대통령·국회의원 선거를 제외한 선거를 할 수 있다. 실제로 2006년 5월 31일에 실시된 한국의 전국지방선거에서 조건을 충족한 외국인 6726명이 투표했다.

게다가 2009년 2월 5일에는 공직선거법 개정안이 가결되어, 외국에 거주하는 19세 이상의 한국 국적 보유자에게 대통령 선거와 국회의원 선거의 선거권을 부여했다. 이에 따라 재일 한국인을 포함한 타국의 영주권 보유자도 유권자로 인정되어, 재외 한국인 약 240만 명이 2012년 4월 총선부터 투표할 수 있게 되었다. 실제로 2012년 4월 11일 총선에서 재일 한국인 2세인 강종헌이 통합진보당의 비례대표로 입후보하기도 했는데 낙선했다. 이 총선에서 재외 한국인 약 223만 명을 유권자로 포함해 3월 28일부터 4월 2일까지 그들의 투표를 진행했다.

한편 일본에서는 국회에 '영주외국인지방선거권부여법안'이 1998년 10월에 처음 제출되었는데, 제출과 폐기를 거듭하고 2009년 7월 국회 해산에 따라 폐기되어 버렸다. 따라서 재일 외국인은 지방선거권을 행사할 수 없다.

독도와
다케시마

동아시아의 여러 지역에서 영토를 둘러싼 갈등이 벌어지고 있다. 쿠릴 열도(치시마 열도), 독도(다케시마), 센카쿠 열도(댜오위다오), 세이사 제도(시사 군도, 파라셀 제도) 등이 그 현장이다. 이 갈등은 역사, 자원, 민족주의를 배경으로 하고 있어서 해결 방법을 찾기가 어렵다. 이 문제를 어떻게 해결할 수 있을까?

동아시아의 영토 문제

일본은 러시아, 한국, 중국, 타이완 등과 영토 분쟁을 벌이고 있다. 하보마이 제도, 시코탄 섬, 에토로후 섬, 쿠나시리 섬의 북방 영토와 독도는 각각 러시아와 한국이 실효 지배하고 있지만 일본 정부는 모두 자국 '고유의 영토'라고 주장한다. 반면, 일본이 실효 지배하고 있는 센카쿠 열도는 중국과 타이완이 영유권을 주장하고 있다.

한국과 중국 사이에서는 중국의 '동북공정'이라는 프로젝트의 추진 과정에서 고대사 왜곡 논쟁 및 이와 관련된 영토 문제 등이 불거졌다.

중국과 타이완, 베트남은 남중국해에 떠 있는 작은 산호초 섬을 둘러싸고 영토 갈등을 빚고 있다. 각국은 이 섬을 세이사 제도, 시사 군도, 파라셀 제도라고 부르며 영유권을 주장하고 있다. 현재 중국이 실효 지배하고 있

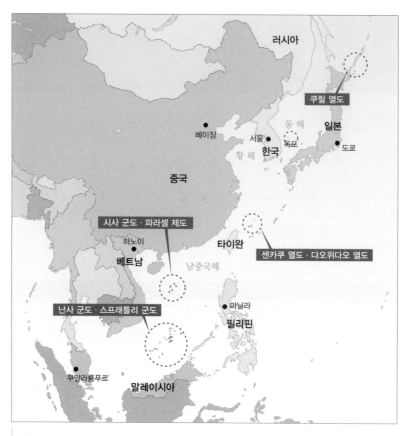

동아시아의 영토 분쟁 지역

는 이 섬은 일반 주민이 거주하지 않아 섬 자체로는 거의 가치가 없다. 그러나 광대한 배타적경제수역 안에 석유를 비롯한 해양 자원이 많아서 각국이 영유권을 주장하는 것이다.

　동아시아 영토 분쟁 중 해결된 사례도 있다. 중국과 옛 소련은 헤이룽 강(아무르 강) 지류에 있는 전바오 섬(다만스키 섬)의 영유권을 둘러싸고 갈등을 벌였다. 한때 대규모 군사 충돌로 두 나라가 핵전쟁을 포함한 전면전을 벌일 뻔했지만, 1991년에 중소국경협정이 체결되어 전바오 섬이 중국에 귀속되는 것으로 합의를 보았다. 그리고 남은 세 섬에 관해서는 계속 협의해, 2004년에 두 나라 정상이 최종적으로 중러국경협정을 체결하고 '역사적 쾌거, 쌍방의 승리'라고 선언했다.

독도는 어디에 있는가

동해 가운데에 있는 독도는 동도, 서도와 작은 암초 수십 개로 이루어져 있다. 주변에 난류와 한류가 교차하고 있어서 어족 자원이 풍부하다고 알려져 있다. 행정구역상 한국에서는 경상북도 울릉군 울릉읍 독도리, 일본에서는 시마네 현 오키노시마 초에 속한다.

한국에서 독도와 가장 가까운 거리에 있는 섬은 울릉도다. 6세기 초 신라가 이 섬에 있던 우산국을 정벌했다. 울릉도는 육지에서 멀리 떨어져, 여진과 왜구의 침탈을 자주 받았다. 한편 일본에서 독도와 가장 가까운 섬은 오키 제도다. 이곳은 크게 남쪽의 도우젠(島前)과 북쪽의 도우고(島後)로 나

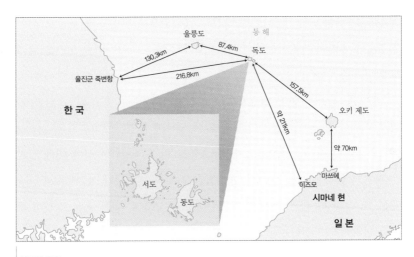

독도의 위치

뉘며 예부터 정치범의 유형지로서 알려졌다. 에도시대에는 막부의 직할지였지만, 실질적으로는 (현재 시마네 현에 포함된) 마쓰에 번이 파견한 관리가 지배했다.

왜 두 나라는 독도를 '자국의 영토'라고 주장할까

한국과 일본은 모두 독도를 다양한 근거로 자국의 '고유 영토'라고 주장한다. 첨예하게 대립하고 있는 문제들을 살펴보자.

첫째, 사료의 해석을 둘러싼 대립이다. 조선 시대 지리서인 『세종실록지리지』(1454)와 『신증동국여지승람』(1531)에 '무릉도(울릉도)'와 '우산도'가 나온다. 한국은 기록에 나오는 두 섬 중 '우산도'를 독도라고 보고, 이미 조선 시대 이전부터 울릉도와 독도를 알고 있었다고 주장한다. 그러나 일본은 우산도는 독도가 아니라고 주장한다. 이 두 자료에 나오는 우산도에는 사람이 많이 살고 있고 대나무가 울창하다는 기록이 있지만, 독도는 무인도이고 대나무도 없기 때문이다. 또 『신증동국여지승람』에 첨부된 지도에서 '우산도'는 울릉도와 거의 같은 크기로 그려졌으며 한반도와 울릉도 사이(울릉도의 서쪽)에 자리하는 등 전혀 실재하지 않는 섬이라며 독도가 아니라고 한다.

1877년, 시마네 현이 행정구역을 획정하기 위해 '울릉도 외 또 다른 한 섬'을 시마네 현에 포함할지 여부를 일본 정부에 물었다. 이때 일본의 최고 권력기관이던 다이조칸(太政官)에서 '울릉도 외 또 다른 한 섬에 대해 일본은 관계가 없다는 것을 명심할 것'이라는 지령문을 보냈다. 이에 대해 한국 측은 '또 다른 한 섬'이 독도를 가리킨다고 주장하고, 일본 측은 그것이 독도를 명확하게 지칭하지는 않는다고 한다.

1900년, 대한제국 정부는 칙령 41호를 내려 울릉도를 울릉군으로 승격하고 '울릉도 전체와 죽도, 석도'를 자국의 영토로 규정했다. 한국 측은 이 칙령에 나오는 석도가 독도라고 주장한다. 그러나 일본은 '석도'를 울릉도 바로 옆에 있는 '관음도'라고 주장한다.

둘째, 1696년 일본에 건너갔던 안용복이라는 인물에 대한 해석이다. 한국은 1696년에 안용복이 울릉도에 침범한 일본 어민들에 대한 항의로 '조울양도(朝鬱兩島)'라는 표지를 뱃머리에 달고 일본에 건너가 항의했다고 주장한다. 그 결과, 울릉도와 독도에 대해 일본 측으로부터 조선의 영토라는 것을 인정받았다는 것이다. 1696년에 에도막부가 울릉도 출어 금지를 결정한 것이 바로 그 확실한 증거라고 한다. 그러나 일본 측은 민간인으로서 있지도 않는 관직명을 사칭한 안용복의 말은 신빙성이 낮고, 에도막부가 내린 울릉도 출어 금지 조치가 독도까지 언급한 것은 아니라고 한다.

셋째, 일제강점기 전후 독도의 일본 영토 편입과 관련된 내용에 대한 대립이다. 1904년 독도 주변에서 강치를 잡던 시마네 현 오키 섬 주민 나카이 요자부로가 일본 정부에 다케시마 영토 편입 및 임대를 청원했다. 이에 대해 (일본) 정부는 1905년 1월 내각회의 결정으로 이 섬에 다케시마라는 정식 이름을 붙이고 시마네 현 오키도사 소관으로 한다고 했다. 그리고 시마네 현 지사는 같은 해 2월 22일부로 그 내용을 고시했다.

이에 대해 한국 측은 당시 조치가 대한제국에 아무런 문의나 통보도 없이 일방적으로 결정됐으며 그보다 전인 1900년에 대한제국 칙령으로 한국의 영토라고 규정했기 때문에 시마네 현의 편입 조치는 무효라고 한다. 일본 측은 국제법상 영토 취득 요건이 해당 토지에 대한 국가의 실효적 점유라면서 영유권을 주장한다.

한국이 일본의 불법 행위를 알게 된 것은 시마네 현 고시가 있고 나서 약 1년 후인 1906년 3월 28일, 울릉도를 방문한 시마네 현 관리들이 울릉군 군수에게 일본의 독도 영토 편입 사실을 알렸을 때다. 그 뒤 이 사실은 서울의 중앙정부에 보고되었고, 대한제국 정부는 즉각 반대하고 항의했다. 하지만 당시 제2차 한일협약(을사조약)으로 외교권을 강탈당하고 통감부의 지배하에 있었기 때문에 일본의 조치에 대해 외교적 수단에 따른 공식적 항의를 제기하지는 못했다.

독도가 두 나라 사이에서 문제가 된 때

독도가 양국 간의 분쟁이 된 계기는 1951년 9월에 조인되고 1952년 4월에 발효된 샌프란시스코강화조약이다. 일본은 이 조약에서 일본이 포기해야 할 한국의 영토에 독도가 들어 있지 않다며 자국의 영토라고 주장한다. 이에 대해 한국은 샌프란시스코강화조약의 기초 문서가 되는 연합국총사령관 각서 제677호(1946)에 독도가 들어 있었고, 비록 1951년 샌프란시스코강화조약문에 독도가 들어가 있지 않다고 해도 독도보다 더 큰 섬들도 하나하나 적시되지는 않았다며 독도가 일본 영토라는 것을 인정하지 않고 있다.

또 한국 정부는 샌프란시스코강화조약이 발효되기 직전인 1952년 1월 18일에 '인접 해양의 주권에 관한 대통령 선언'을 했다. 이 선언을 한 이유는, 해양 주권의 공표와 함께 샌프란시스코강화조약 체결로 1945년에 연합국총사령부의 총사령관이던 맥아더가 일본인의 어업 활동 구역을 획정한 제한선이 무의미해져 이를 대신할 필요성이 생긴 것이다. 제한선인 맥아더 라인에는 독도 부근이 한국 수역에 포함되어 있었지만 일본이 독립해 맥아더 라인이 의미를 잃었으니, 새 경계를 만든 것이다.

'이승만 라인'으로 불리는 이 선 안에 독도가 포함되자 일본 정부는 같은 해 1월 28일, 독도에 대한 영유권을 주장하는 외교 문서를 한국 정부에 보냈다. 이승만 라인 선포 뒤에도 일본 어민들이 동해에서 조업하자, 한국 정부는 어선을 나포하고 선원을 억류했다. 이에 대해 1954년 일본 정부는 독

독도

도가 일본 영토라는 역사적 근거가 있고, 근대 국제법상 영토 취득의 요건에 합치하기 때문에 국제사법재판소에 제소할 것을 제의했다. 이에 맞서 한국 정부는 독도가 역사적, 지리적으로도 '고유의 영토'라는 것이 명확하기 때문에 제3자의 판단은 필요하지 않다는 자세를 취하고 있다.

두 나라 어민들은 독도를 어떻게 생각할까

1994년에 당시까지 통용되던 공해 자유의 원칙을 실질적으로 변화시킨 유엔 해양법 조약이 발효되었다. 연안국에 배타적경제수역을 설정해 자원 개발을 인정하는 대신 자원의 관리와 해양 오염 방지 의무를 부과한 것이다. 한일 양국도 이 조약을 비준하고 신어업협정 체결을 논의했다. 그리고 서로 겹치는 배타적경제수역에 대해 한국은 독도와 시마네 현 오키 제도의 중간선을, 일본은 울릉도와 독도의 중간선을 각각 경계로 하자고 주장했

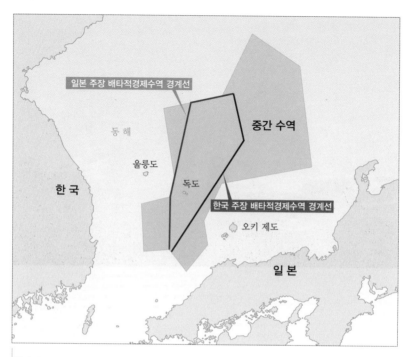

일본 주장 배타적경제수역 경계선

중간 수역

동 해

울릉도

독도

한국 주장 배타적경제수역 경계선

한 국

오키 제도

일 본

한일 배타적경제수역 협상안 개요도

다. 그 뒤 양국은 1999년에 독도가 없는 것으로 가정한 해역의 중간선 부근을 잠정 수역으로 삼았다.

협정이 발표되자 이 수역에서 어업을 하던 양국 어민들은 크게 반발했다. 울릉도 어민들은 1999년 신한일어업협정에 규정된 잠정 수역 설정으로 어업 활동에 큰 지장을 받고 있다고 여긴다. 1965년 한일어업협정을 적용할 때보다 어업 활동 영역이 축소되었기 때문이다. 한편 시마네 현과 돗토리 현 어업 관계자는 잠정 수역이 공동 관리 구역이지만 한국 어선이 점거하고 있어서, 이 주변 해역이 생활의 기반인 어민들이 큰 타격을 받고 있다고 한다. 그리고 시마네 현 의회는 이런 상황에 무관심한 일본 정부와 국민에게 자신들의 섬 주변에서 왜 어업을 못 하는가에 대한 불만을 호소하기 위해, 시마네 현에 독도(다케시마)가 편입된 2월 22일을 '다케시마의 날'로 정한 조례를 제정했다. 2005년 3월 16일의 일이다.

미래를 향하여

일본이 강제로 한국을 병합한 지 100년이 되던 2010년 8월, 한국의 KBS와 일본의 NHK가 한일 관계에 대한 여론조사를 했다. '한국과 일본의 관계를 진전시키기 위해 무엇이 필요한가?'에 대해 정치적 대화, 경제 교류, 역사 인식, 독도 등에서 중요하다고 생각하는 것을 두 가지 고르라고 했다.

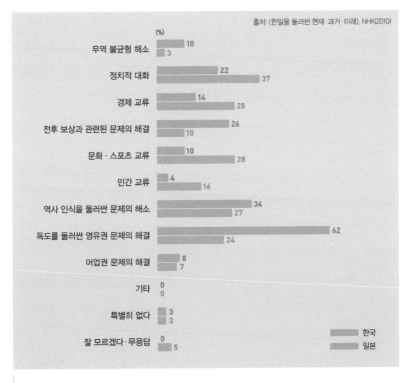

출처: 〈한일을 둘러싼 현재·과거·미래〉, NHK(2010)

(%)

	한국	일본
무역 불균형 해소	10	3
정치적 대화	22	37
경제 교류	14	28
전후 보상과 관련된 문제의 해결	26	10
문화·스포츠 교류	10	28
민간 교류	4	16
역사 인식을 둘러싼 문제의 해소	34	27
독도를 둘러싼 영유권 문제의 해결	62	24
어업권 문제의 해결	8	7
기타	0	0
특별히 없다	3	3
잘 모르겠다·무응답	0	5

한일 관계의 과제

이 조사 결과에서 알 수 있듯이 일본에서는 대다수 세대에서 '정치적 대화'의 비율이 높은 반면, 한국의 모든 세대는 '독도를 둘러싼 영유권 문제의 해결'을 가장 많이 선택했다. 요컨대 일본은 현대적인 문제를 과제로 거론하는 반면 한국은 역사적인 과제를 중심으로 거론하기 때문에, 한일 양국이 한일 관계의 과제에 대해서도 큰 차이를 보이는 것을 알 수 있다.

예를 들어, 독도에 대해 한국인들은 영토 문제만이 아니라 역사 문제로 보는 경향이 강하다. 한국은 독도를 일본이 한반도를 식민지로 지배하는 과정에서 가장 먼저 병합한 땅으로 인식하고 있다. 1905년에 일본은 한반도를 차지하기 위해 러시아와 전쟁을 벌였고 영국과 미국의 도움으로 승리해서 한국을 보호국으로 삼았다. 그리고 5년 뒤에는 국권을 강탈해 식민지로 만들었다. 이 과정에서 독도는 전쟁 수행을 위해 가장 먼저 편입되고 점령된 땅이라는 인식이다. 즉 한국인들은 일본이 독도를 '고유의 영토'라고 주장하는 것은 과거 일본이 일으킨 침략 전쟁에 대한 정당성을 주장하는 행위로 보는 것이다. 이에 대해 일본인들은 러시아와의 북방 영토 문제, 중국·타이완과의 센카쿠 열도 문제 등과 함께 독도 문제를 영토 문제로 인식한다.

그렇다면 독도 문제를 해결하기 위해 먼저 두 나라 국민들이 독도 문제에 대해 상대편의 주장과 이유를 이해하는 것이 필요하다. 한국인들은 독도에 대해서 왜 그렇게 민감한 반응을 보이는지, 시마네 현은 왜 독도의 날 조례를 제정해 여론에 호소하는지 이해할 필요가 있다.

서로를 이해했다고 해도 두 나라 정부가 국가의 이해관계를 냉정하게 분석하고 합리적으로 대화해 나가면서 독도 문제를 해결하기는 현실적으로 매우 어렵다. 따라서 민간 단위에서 그 역사적 변천을 공유하면서 문제 해결의 실마리를 찾아 가는 것이 중요하다. 그리고 젊은 세대들이 독도 문제에 대한 미래 지향적 인식을 바탕으로 구체적인 해결책을 제시하면서 서

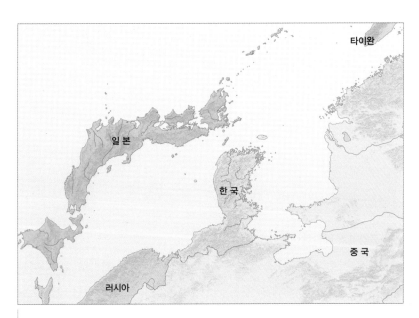

동해를 둘러싼 나라들

로 이야기하는 것이 반드시 필요하다. 물론 독도를 생활의 터전으로 살아 온 울릉도와 오키 제도 사람들의 목소리를 포함한 지역적인 문제까지 다양 한 시각에서 봐야 한다.

지도를 보자. 동해(일본해)는 아시아 대륙과 일본 열도에 둘러싸인 내해 다. 수심이 깊고 해류가 순환하기 때문에 인접 국가들의 환경 보전 의식이 아주 중요하다. 따라서 한일 양국은 현재의 이익뿐만 아니라 미래의 자손 들을 위해서도 함께 노력해야 한다. 두 나라가 진정한 이웃으로 거듭나는 것이 미래의 동아시아 안정을 위해서 중요한 과제라는 것은 두말할 필요가 없다. 그 중심에 독도가 있다.

젊은이들의 동아시아 선언

한류 드라마와 일류 애니메이션

일본에서는 2003년 4월에 처음 방영된 〈겨울 연가〉를 계기로 '한류' 붐이 일어났다. 이 드라마를 통해 처음으로 한국을 알게 되고 한국의 매력을 느끼면서 한국어를 배우기 시작한 사람이 많다. 또한 이 드라마의 주인공을 맡은 배용준이 '독도는 한국 땅'이라고 했을 때, 일본인 중에는 그가 일본에서 활동하지만 제대로 생각하고 말한다며 한국 사람들의 생각을 이해하려고 하는 사람들도 적지 않았다. 〈겨울 연가〉가 타이완에서 인기를 끈 것은 일본보다 1년 빠른 2002년의 일이다. 이것을 타이완 신문은 '한류 정강(韓流正强)'이라고 표현했다. 한류와 발음이 비슷한 베이징어 '한류(寒流)'를 따와 '한국 붐이 겨울 한파처럼 강하다'는 뜻을 나타낸 것이다. 그 후 드라마뿐만 아니라 K팝이 젊은이들 사이에 유행했다. 이와 거의 같은 시기에 중국에서도 '한류'가 일어나고 있었다. 1990년대 중국에서 홍콩과 타이완 문화가 유행한 뒤 일본 문화가 유입했지만 한류는 그것들을 단숨에 제쳐 버렸다. 그리고 드라마 〈대장금〉은 젊은이들이 중심에 있던 팬들의 연령층을 넓혔다. 대중매체가 정부의 엄격한 통제 아래 있는 미얀마는 물론이고 베트남, 말레이시아, 인도네시아 등 동남아시아에서도 한류는 확실히 확산되고 있다. 그런데 '일류'도 한류 못지않다. 〈도라에몽〉과 〈원령공주〉 등 일본

애니메이션의 인기는 타의 추종을 불허한다. 캐릭터는 모두 매력이 넘치게 개성적이며, 제작자들의 높은 기술과 독창성이 절찬을 받고 있다.

젊은이들의 한국 인식, 일본 인식

일본에서는 한국 드라마가 매일 방송되고 연말에 펼쳐지는 가요 축제인 NHK의 〈홍백가합전〉에도 많은 한국인 스타가 출연한다. 관련 서적이 많이 간행되는 등 '한류' 붐이 높아지자 이에 반발하는 '혐한류'의 움직임도 강해졌다. 이것은 대중매체와 인터넷의 영향을 받기 쉬운 청소년들의 분열을 가져왔다.

한국의 문화와 역사 인식을 전면 부정하는 젊은이들이 있는 반면, K팝에 빠져 있는 젊은이도 많다. 소녀시대나 카라 등 여성 그룹은 남녀를 불문하고 인기를 누리고 있다. 세련된 목소리와 무대 매너를 갖추었고, 한국식 발음이 있긴 하지만 일본어로 소통할 수 있기 때문에 친근감을 자아내는 것이다. K팝을 좋아하는 한 여중생은 도쿄 신오쿠보의 코리아타운에 자주 가는데, 그곳에서 "조선인을 다 죽여 버려!" 하고 소리를 지르며 미쳐 날뛰는 무리를 보고는 '일본 TV가 중국의 반일 시위를 자주 보도하는데, 이것은 왜 보도하지 않을까?' 생각했다고 한다. 혐한 시위에 반대하는 시위를 벌이는 일본인이 늘고 있다. 노골적인 인종차별을 외치는 무리를 그냥 두고 볼 수 없었기 때문이다.

한편 한국 젊은이들의 일본 인식도 정형화된 것이 많다. 일본인이 독도가 한국 영토라는 것을 인정하지 않거나 일본군 '위안부'에 대해 사과하지 않는 것은 과거의 식민지 지배를 옳다고 보기 때문이라고 생각한다. 그리고 한편으로는 그런 일본인이 만든 〈벼랑 위의 포뇨〉와 같이 서정성 넘치는 애니메이션의 인기가 높다. '한류' 붐 속에서 한국과 일본이 '가깝고도 먼 나라'에서 '가깝고도 가까운 나라'가 된다는 기대가 있었지만, 두 나라 사이의 틈을 메우는 것은 그렇게 간단한 일이 아니다. 하지만 드라마에서는 그려지지 않던 '서로의 역사를 마주 본다'는 어려운 주제에 뛰어든 젊은 이들이 있다.

평화로운 동아시아를 만들기 위해

1997년 홋카이도 북부에 있는 슈마리나이에 한국인, 일본인, 재일 한국인, 아이누 젊은이 들 100여 명이 모여 아시아태평양전쟁 당시 댐 공사에 동원되었다가 희생된 한국인과 일본인의 유골을 발굴하면서 함께 이야기를 나누었다. 이 활동이 2001년부터 '동아시아 공동 워크숍'으로 그 폭을 넓혀 지금까지 이어지고 있다. 유골을 발굴하는 공동 작업을 통해 같은 경험을 하고 함께 논의하면서 공통 인식을 키우는 노력을 계속했다. 이들은 국경을 넘어 논의를 심화해 서로 차이를 인정하고 존중하면서 미래의 가능성을 찾아낼 수 있다고 생각한다.

역사 문제의 발생과 갈등에 관한 사실을 정확히 인식하고, 이웃 나라의 역사와 문화에 대한 이해를 높여 평화와 공존의 중요성을 깨닫는 계기를 마련하기 위해 한국·일본·중국의 중고생도 직접 교류했다. '동아시아 청소년 역사 체험 캠프'라는 이름으로 2002년 서울에서 처음 모인 세 나라 학생들이 2013년에는 교토에서 열두 번째 행사를 치렀다. 학생들은 세 나라를 번갈아 방문하면서 답사와 스포츠 등을 함께 하고 동아시아의 역사에 대해 차분히 이야기하기도 한다.

이 행사에서 일본의 한 중학생은 이렇게 말했다. "한국과 중국의 학생들은 캠프에 참가하기 전에 열심히 공부하고 왔다고 느꼈다. 나는 아시아 역사를 몰랐다. 이것을 더 공부하고 싶다."

한국의 어떤 여고생은 "일본 곳곳에 있는 역사와 평화적 활동을 체험하면서 일본에 대한 인식이 바뀌었다. 또한 '내가 그동안 동아시아 역사에 대

제12회 동아시아 청소년 역사 체험 캠프에 참가한 고등학생들

해 무심하지 않았나.' 생각했다. 가까운 나라라고 말로만 하지 말고 좀 더 알려는 노력이 필요한 것 같다." 하고 소감을 말했다.

또 일본의 한 여중생은 '일본인 중에도 평화를 위해 노력하는 사람이 있는데, 왜 중국이나 한국에서는 알려져 있지 않은지' 물으면서, '일본군 위안부 문제를 교과서에서 삭제하는 등 일본이 가해국이었다는 사실을 숨기는 것이 평화로는 연결되지 않고, 그 반대인 전쟁의 길로 연결되어 간다'고 말했다.

세 나라의 중고생은 "평화로운 동아시아를 구축하기 위해 서로 의견을 교환하고 상대의 가치관과 문화를 존중할 수 있는 기회를 늘리며, 교류의 폭을 넓혀 간다. 스스로 적극적이고 이성적으로, 사실에 근거한 역사를 찾아 나가자." 하고 행동 지침을 정해 앞으로도 활동을 이어 가기로 했다. 이렇게 동아시아인들의 국경을 넘는 연대가 희망을 낳는 것을 다시 확인할 수 있는 시대가 다가온다.

역사 체험 캠프에 참가한 청소년들의 말대로 나라마다 역사 인식의 차이가 크고, 그 차이를 극복한다는 것은 쉬운 일이 아니다. 하지만 그 차이를 인정할 수는 있다. 즉 현실과 역사 인식의 차이가 있어도, 그 차이를 인정하고 존중함으로써 역사를 깊이 있게 이해할 수 있다. 일본인들 사이에 역사에 대해 다양한 견해가 있고, 이것은 한국인들도 마찬가지다. 그러므로 역사 인식을 공유하는 것이 아니라, 서로가 역사를 다르게 인식하는 존재임을 인정하는 데서 출발해 무엇이 어떻게 왜 다른지를 찾아 가는 것이 중요하지 않을까? 이 책이 그 답을 찾아 가는 데 도움이 되길 바란다.

| 참고 문헌 |

1 단발이 이야기하는 새로운 시대
김태웅, 『우리 학생들이 나아가누나』, 서해문집, 2006.
김육훈, 『살아있는 한국 근현대사 교과서』, 휴머니스트, 2007.
劉香織, 『断髪 近代アジアの文化衝突』, 朝日選書, 1990.
牧原憲夫, 『日本の歴史 13: 文明国をめざして』, 小学館, 2008.

2 민중이 있고 국가가 있는가, 국가가 있고 민중이 있는가
후쿠자와 유키치, 남상영 옮김, 『학문의 권장』, 소화, 2003.
家永三郎ほか 編, 『植木枝盛集』, 岩波書店, 1991.
高橋昌郎, 『福沢諭吉』, 清水書院, 1978.
鹿野政直, 『福沢諭吉』, 清水書院, 1967.
福沢諭吉, 『学問のすゝめ 現代語訳』, ちくま新書, 2009.

3 조선이 나아갈 길은
박은숙, 『갑신정변 연구』, 역사비평사, 2005.
이이화, 『한국사 이야기 18: 민중의 함성, 동학농민전쟁』, 한길사, 2003.
조경달, 박맹수 옮김, 『이단의 민중반란』, 역사비평사, 2008.

4 조선을 둘러싼 청과 일본의 전쟁
국사편찬위원회, 『한국사 40: 청일전쟁과 갑오개혁』, 국사편찬위원회, 2013.
하라다 게이이치, 최석완 옮김, 『청일·러일전쟁』, 어문학사, 2012.
大谷正, 『兵士と軍夫の日清戦争』, 有志舎, 2006.

5 제국주의에 맞선 아시아 연대
김경일, 『제국의 시대와 동아시아 연대』, 창비, 2011.

三橋広夫, 『これならわかるベトナムの歴史Q&A』, 大月書店, 2005.
歴史教育者協議会 編, 『東アジア世界と日本: 日本・朝鮮・中国関係史』, 青木書店, 2004.
海野福寿, 『伊藤博文と韓国併合』, 青木書店, 2004.

6 러일전쟁과 일본의 한국 식민지화
강준만, 『한국 근대사 산책 4』, 인물과사상사, 2007.
하라다 게이이치, 최석완 옮김, 『청일·러일전쟁』, 어문학사, 2012.
山室信一, 『日露戦争の世紀』, 岩波新書, 2005.
井口和起, 『日露戦争: 世界史から見た'坂の途上'』, 東洋書店, 2005.

7 일본, 무력으로 한국을 지배하다
이승일, 『조선총독부 법제 정책』, 역사비평사, 2008.
허영섭, 『일본, 조선총독부를 세우다』, 채륜, 2010.
森田芳夫, 『数字が語る在日韓国・朝鮮人の歴史』, 明石書店, 1996.
李元淳·鄭在貞·徐毅植·君島和彦, 『若者に傳えたい韓國の歴史共同の歴史認識に向けて』, 明石書店, 2004.

8 저항하는 사람들
강만길, 『고쳐 쓴 한국 현대사』, 창비, 2006.
송찬섭·홍순권, 『한국사의 이해』, 한국방송통신대학교 출판부, 1998.
역사문제연구소, 『미래를 여는 한국의 역사 5』, 웅진지식하우스, 2011.

9 식민지 시대 경성의 사람들
안재성, 『경성트로이카』, 사회평론, 2004.
최규진, 『근대를 보는 창 20』, 서해문집, 2007.
한국역사연구회, 『우리는 지난 100년 동안 어떻게 살았을까? 2』, 1998.

10 동아시아 민중이 함께하다
고사명 외, 『후세 다츠지』, 지식여행, 2010.
다카사키 소지, 김순희 옮김, 『아사카와 다쿠미 평전』, 효형출판, 2005.
오오이시 스스무·고사명·이형낭·이규수, 임희경 옮김, 『후세 다츠지』, 지식여행, 2010.
金贊汀, 『朝鮮人女工のうた』, 岩波新書, 1982.

11 중국 혁명의 뜨거운 열기
김희곤 외, 『제대로 본 대한민국 임시정부: 자주독립과 통합 운동의 역사』, 지식산업사, 2009.

배경한, 『쑨원과 한국: 중화주의와 사대주의 교차』, 한울, 2007.
保阪正康, 『孫文の辛亥革命を助けた日本人』, ちくま文庫, 2009.

12 일본의 침략에 한국과 중국이 손을 잡다

김호웅·김해양 편, 『김학철 평전』, 실천문학사, 2007.
역사학연구소, 『함께 보는 한국근현대사』, 서해문집, 2004.
염인호, 『조선의용대·조선의용군』, 한국독립운동사편찬위원회, 2009.

13 젊은이들이 전쟁터로 내몰리다

길윤형, 『나는 조선인 가미카제다』, 서해문집, 2012.
중경고등학교 역사탐구반, 『10대들의 역사 리포트: 남겨진 슬픔, 못다 전한 이야기』, 역사
        넷, 2003.
水野直樹, 『創氏改名: 日本の朝鮮支配の中で』, 岩波書店, 2008.
日本戦没学生紀念會 編, 『きけわだつみのこえ』, 岩波文庫, 1982.

14 아시아 사람들이 고통받다

나카자와 게이지, 김송이·이종욱 옮김, 『맨발의 겐』, 아름드리미디어, 2011.
요시다 유타카, 최혜주 옮김, 『아시아 태평양 전쟁』, 어문학사, 2012.
吉岡吉典, 『総点検日本の戦争は何だったのか』, 新日本出版社, 2007.
大日方純夫, 『初めて学ぶ日本近代史(下)』, 大月書店, 2003.
梅田正巳, 『これだけは知っておきたい近代日本の戦争: 台湾出兵から太平洋戦争まで』,
        高文研, 2010.

15 남북으로 갈라진 한반도

이기형, 『여운형 평전』, 실천문학사, 2000.
정근식 외, 『8·15의 기억과 동아시적 지평』, 선인, 2006.
정용욱, 『해방 전후의 미국의 대한 정책』, 서울대 출판부, 2007.

16 동족 간의 비극, 6·25전쟁

김동춘, 『전쟁과 사회』, 돌베개, 2006.
박완서, 『그 많던 싱아는 누가 다 먹었을까』, 웅진출판, 2005.
박태균, 『6·25전쟁: 끝나지 않은 전쟁, 끝나야 할 전쟁』, 책과함께, 2005.

17 미국이 패배한 베트남전쟁

지소철, 『베트남 전쟁』, 북이십일 아울북, 2012.
후루타 모토오, 박홍영 옮김, 『역사 속의 베트남 전쟁』, 일조각, 2007.
大石芳野, 『あの日, ベトナムに枯葉剤がふった』, くもん出版, 1992.

アレン・ネルソン, 『'ネルソンさん, あなたは人を殺しましたか?': ベトナム帰還兵が語る 'ほんとうの戦争'』, 講談社, 2003.

韓洪九, 『韓洪九の韓国現代史Ⅱ: 負の歴史から何を学ぶのか』, 平凡社, 2005.

18 한일조약, 남은 문제들

국민대학교 일본학연구소, 『의제로 본 한일회담』, 선인, 2010.

박진희, 『한일회담』, 선인, 2008.

高崎宗司, 『検証日韓会談』, 岩波新書, 1996.

旗田巍 他編, 『アジアアフリカ講座第3: 日本と朝鮮』, 勁草書房, 1965.

李修京 編, 『海を越える一〇〇年の記憶 日韓朝の過去清算と争いのない明日のために』, 図書新聞, 2011.

19 할머니들의 눈물이 아직도 흐른다

윤미향, 『20년간의 수요일』, 웅진주니어, 2010.

정진성, 『일본군 성노예제』, 서울대학교 출판부, 2004.

한일여성공동역사교재편찬위원회, 『여성의 눈으로 본 한일근현대사』, 한울, 2011.

吉見義明, 『従軍慰安婦』, 岩波新書, 1995.

西野留美子, 『日本軍'慰安婦'を追って』, マスコミ情報センター, 1995.

日本の戦争責任資料センター, アクティブ・ミュージアム'女たちの戦争と平和資料館' 編, 『ここまでわかった!日本軍'慰安婦'制度』, かもがわ出版, 2007.

20 남녀평등을 향한 긴 여정

埼玉と朝鮮編集委員会 編, 『くらしの中から考える: 埼玉と朝鮮』, 1992.

岩尾光代, 『新しき明日の来るを信ず: はじめての女性代議士たち』, NHK出版, 1999.

歴史教育者協議会 編, 『歴史を生きた女性たち全3巻』, 汐文社, 2010.

21 반핵 평화를 추구하는 일본 시민운동

한홍구·서경식·다카하시 데츠야, 『후쿠시마 이후의 삶』, 반비, 2013.

歴史教育者協議会 編, 『知っておきたいフィリピンと太平洋の国々』, 青木書店, 1995.

歴史教育者協議会 編, 『人物で読む近現代史(下)』, 青木書店, 2001.

丸浜江里子, 『原水禁署名運動の誕生—東京・杉並の住民パワーと水脈』, 凱風社, 2011.

22 1970년대 한반도의 남과 북

강만길, 『20세기 우리 역사』, 창비, 2009.

강준만, 『한국 현대사 산책: 1970년대』, 인물사상사, 2009.

정민수, 『북한의 이해』, 시그마프레스, 2004.

23 고도성장으로 생활이 변하다

강철구, 『일본 경제 부담 없이 읽기』, 어문학사, 2013.
이균, 『일본 경제 근대화의 발자취』, 한국학술정보, 2007.
大門正克, 『ジュニア日本の歴史 7: 国際社会と日本－1945年から現在』, 小学館, 2011.
渡辺治 編, 『日本の時代史 27: 高度成長と企業社会』, 吉川弘文館, 2004.
荒川章二, 『日本の歴史 16: 1955年から現在 豊かさへの渇望』, 小学館, 2009.

24 '산업 전사'의 땀과 눈물이 한국 경제를 일으키다

김원, 『여공 1970: 그녀들의 반(反)역사』, 이매진, 2006.
이병천 편, 『개발독재와 박정희 시대: 우리 시대의 정치경제적 기원』, 창비, 2003.
조영래, 『전태일 평전』, 아름다운전태일, 2009.

25 반복되는 교과서 문제와 시민운동

이원순·정재정 편저, 『일본 역사 교과서, 무엇이 문제인가』, 동방미디어, 2002.
일본교과서바로잡기운동본부, 『문답으로 읽는 일본 교과서 역사왜곡』, 역사비평사, 2001.
한일관계사학회, 『전환기 일본 교과서 문제의 제상』, 경인문화사, 2010.
教科書検定訴訟を支援する全国連絡会 編, 『家永·教科書裁判: 裁かれる日本の歴史』第
　　　2部 證言篇, 総合図書, 1969.
教科書検定訴訟を支援する全国連絡会 編, 『家永教科書裁判のすべて: 32年の運動とこ
　　　れから』, 民衆社, 1998.
徳武敏夫, 『教科書の戦後史』, 新日本出版社, 1995.
俵義文, 『教科書攻撃の深層』, 学習の友社, 1997.

26 1987년 6월, 민주주의를 외치다

6월민주항쟁계승사업회, 『6월항쟁을 기록하다』, 민주화운동기념사업회, 2007.
강준만, 『한국 현대사 산책 1980년대』, 인물과 사상, 2007.
김원, 『87년 6월 항쟁』, 책세상, 2009.

27 '생명이야말로 보물'이라는 오키나와의 절규

아라사키 모리테루, 정연신·미야우치 아키오 옮김, 『오키나와 현대사』, 논형, 2008.
亀井淳, 『反戦と非暴力』, 高文研, 1999.
前泊博盛, 『沖縄と米軍基地』, 角川書店, 2011.
佐々木辰夫, 『阿波根昌鴻: その戦いと思想』, スペース伽耶, 2003.

28 주한 미군과 평화를 바라는 사람들

강기희 외 42인의 작가·7인의 사진가, 『그대, 강정』, 북멘토, 2013.
이석우·이유진, 『한미행정협정과 국제법: 미군기지반환과 환경문제』, 학영사, 2007.

평화유람단 평화바람 엮음, 『들이 운다, 땅을 지키려는 팽성 주민들이 살아온 이야기』, 리북, 2005.

『주한 미군기지 이전 관련 연구 보고서: 용산기지 이전 협정과 관련한 헌법적 문제점』, 대한변호사협회, 2007.

29 휴전선을 넘어 철마는 달리고 싶다

김성보 외, 『사진과 그림으로 보는 북한현대사』, 웅진지식하우스, 2005.

김찬정, 『재일한국인 백년사』, 제이앤시, 2010.

서중석, 『사진과 그림으로 보는 한국현대사』, 웅진지식하우스, 2005.

역사비평 편집위원회, 『논쟁으로 읽는 한국사 2』, 역사비평사, 2009.

30 다문화 공생 사회를 지향하는 한국과 일본

재일코리안역사편찬위, 신준수·이봉숙 옮김, 『재일한국인의 역사』, 역사넷, 2007.

吉田淸吾·姜成明, 『日本代表·李忠成, 北朝鮮代表·鄭大世』, 光文社, 2011.

大門正克ほか 編, 『高度成長の時代3: 成長と冷戦からの問い』, 大月書店, 2011.

王恩美, 『東アジア現代史のなかの韓国華僑』, 三元社, 2008.

31 독도와 다케시마

김학준, 『독도 연구』, 동북아역사재단, 2010.

동북아역사재단 편, 『독도와 한일관계』, 동북아역사재단, 2009.

신용하, 『독도 영유의 진실 이해』, 서울대학교출판문화원, 2012.

전국사회과교과연구회, 『독도를 부탁해』, 서해문집, 2011.

호사카 유지·세종대 독도종합연구소, 『대한민국 독도: 일본 논리의 종언』, 책문, 2010.

內藤正中, 『竹島＝獨島問題入門日本外務省'竹島批判'』, 新幹社, 2008.

日本外務省, 『竹島問題を理解するための10のポイント』, 2008.

맺음말

毛利嘉孝, 『日式韓流: '冬のソナタ'と日韓大衆文化の現在』, せりか書房, 2004.

殿平善彦, 『若者たちの東アジア宣言: 朱鞠內に集う日·韓·在日·アイヌ』, かもがわ出版, 2004.

게이오기주쿠대학 강연_27 게이오기주쿠에서 유학한 조선 학생들_30 | **교토통신** 한일조약 체결을 반대하는 시위대와 맞선 한국군_208 | **국립중앙박물관** 조선 후기 풍속화에 나타난 갓과 상투(중박201309-4487)_18 | **국제신문사** 휴전의 의미_191 | **기노완 시** 후텐마 비행장_316 | **김성환** 고바우영감_209 | **김정민** 서울 일본 대사관 앞의 소녀상_225 전태일 동상_281 경의선 장단역의 증기기관차_329 | **김해양** 김학철_147 | **나눔의집/일본군'위안부'역사관** 못다 핀 꽃_222 | **나카무라 고로** 고엽제의 피해_198 | **내셔널지오그래픽**William Wisner Chapin/National Geographic Creative 일거리를 기다리는 지게꾼_103 | **눈빛출판사** 하얼빈 역의 이토 히로부미_63 안중근_65 군산항에 쌓인 쌀_88 토막_103 임시정부 초기의 주요 인물_129 김원봉_132 윤봉길_139 광복군 발대 기념식_146 38선 앞에 선 가족_174 조선총독부의 성조기_176 국군에게 주먹밥을 주는 소년들_189 | **독립기념관** 단발_21 서광범_35 전봉준_39 사발통문_39 일본 경찰의 감시하에 일하는 한국 노동자_82 광화문 비각 앞 만세 시위_91 덕수궁 앞 만세 시위_92 어린이날 포스터_105 조선의용군_144 신탁통치 반대를 주장하는 시위 장면과 인쇄물_178 모스크바 3상 회의 지지 시위_180 대한민국 정부 수립 기념식_182 | **동북아역사재단** 일본군 위안소 분포도_217 | **동아일보사** 갓을 쓴 채 공부하는 남학생들_12 1930년경 여학생들의 자수 수업_22 근정전의 일본 국기_80 칼을 찬 일본인 교사_86 강주룡_100 가마니 시장_106 인민공화국 통치하의 사람들_188 통일을 바라는 시민들의 시위 행렬_332 | **동학농민혁명기념재단** 무명동학농민군위령탑_42 | **류큐신문사** 오키나와 사람들_291 | **마이니치신문사** 한국인 학도지원병 출정식_153 일본 국립 경기장에서 열린 학도 출정식_157 | **메이지대학사자료센터** 1927년경의 후세 다츠지_120 | **몽양여운형선생기념사업회** 여운형_172 해방을 기뻐하는 한국인_173 | **민주화운동기념사업회** 달동네의 판잣집들_277 1980년 5월 서울역의 대학생 시위대_295 명동성당 앞의 시위대_301 1987년